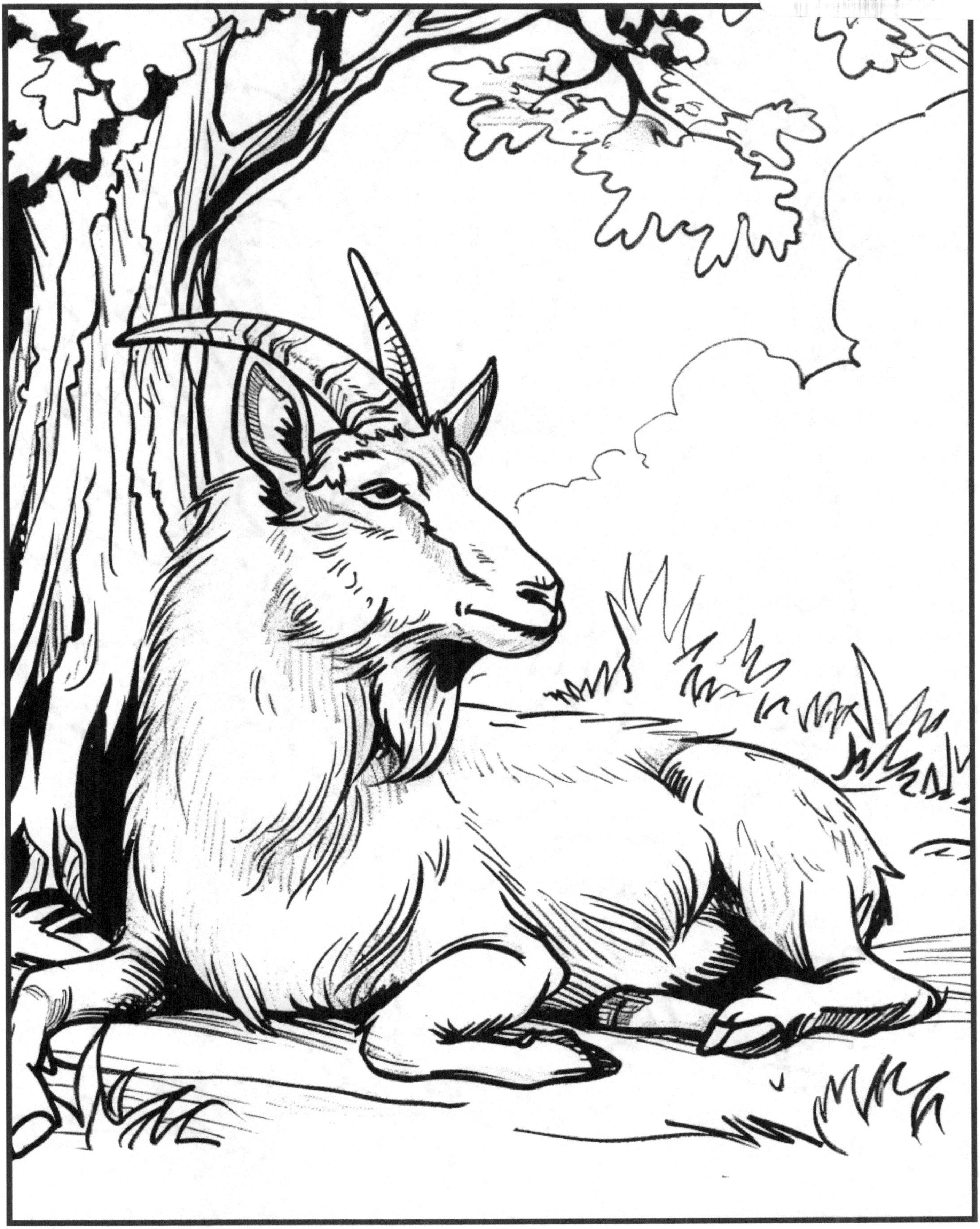

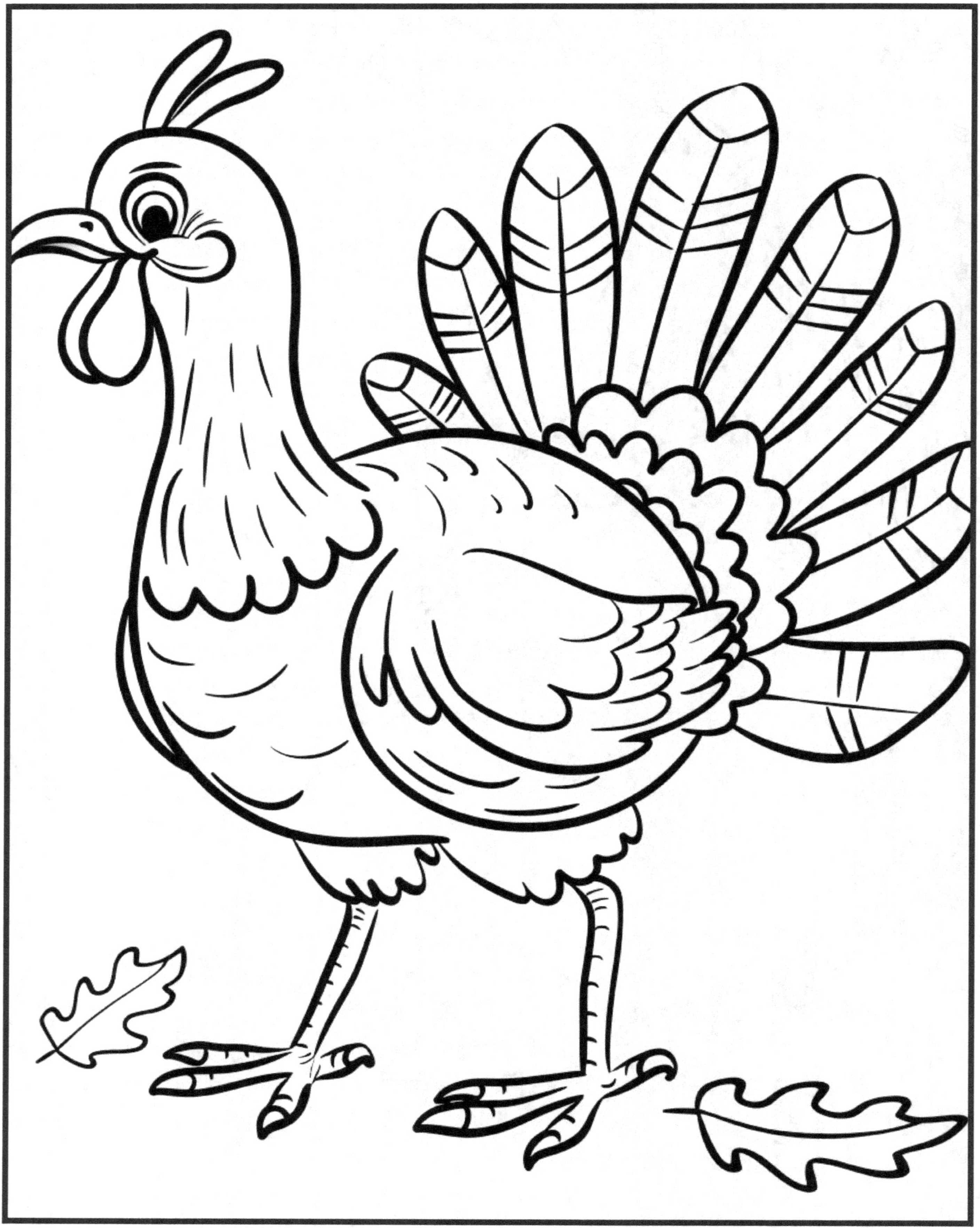

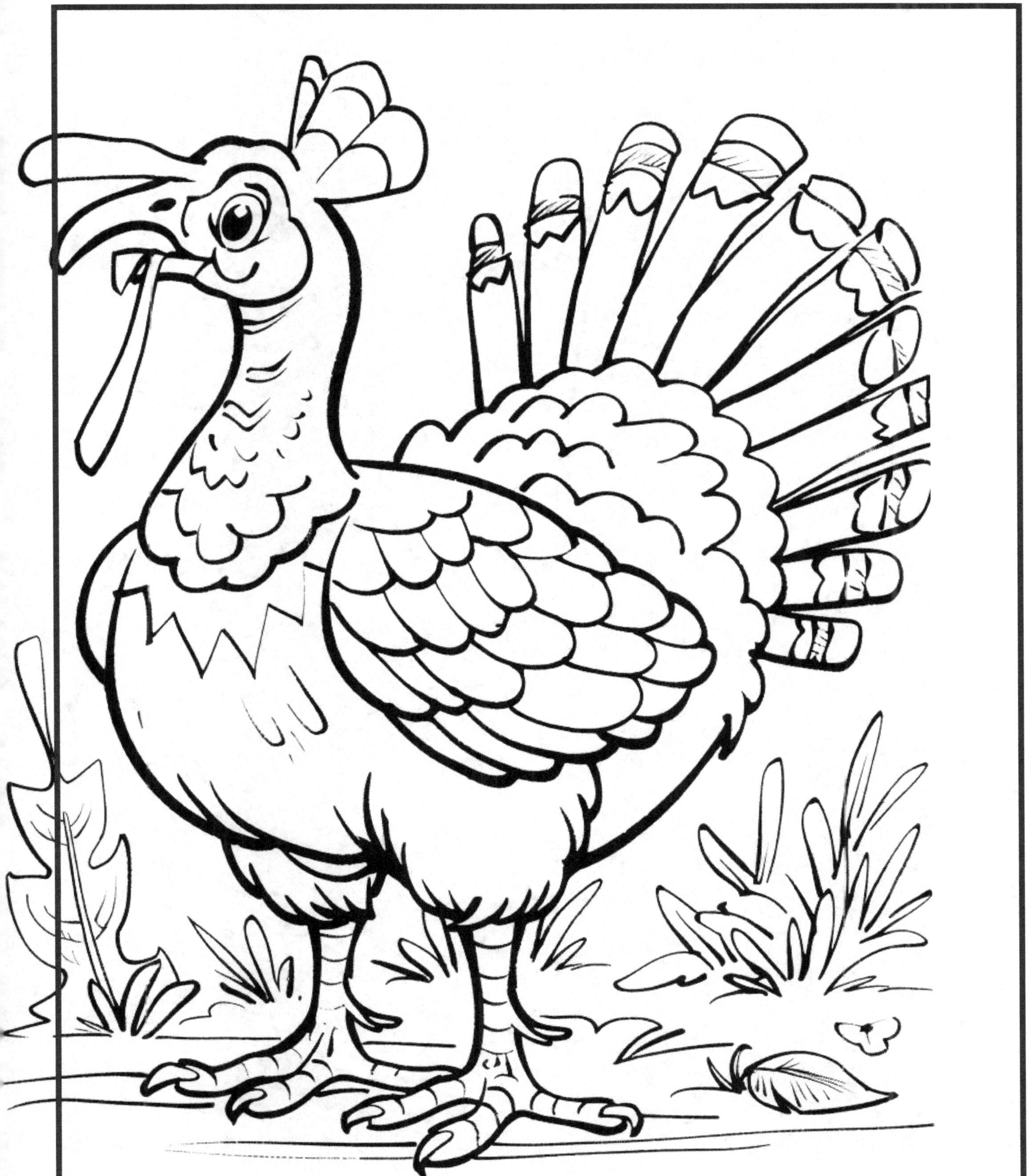

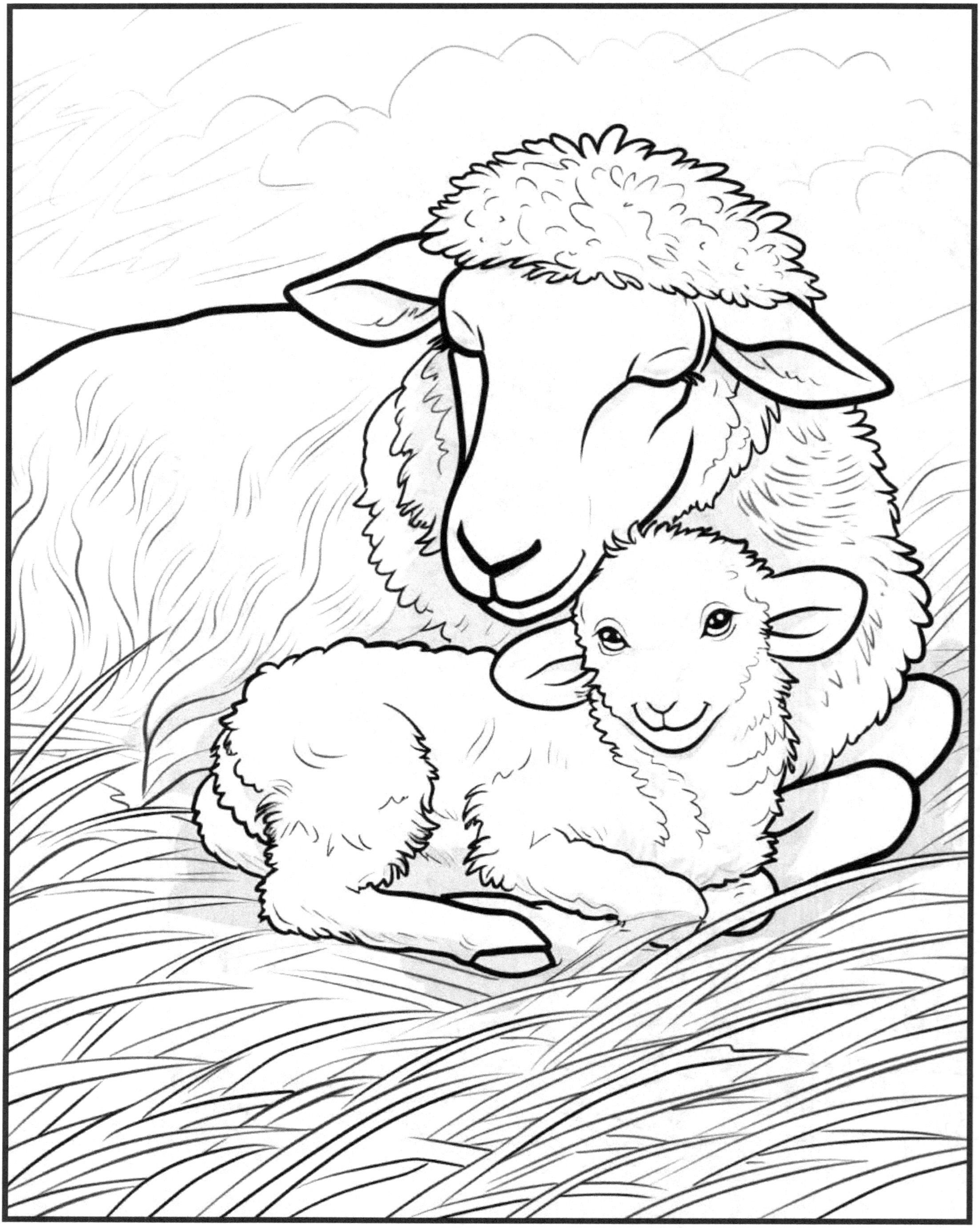

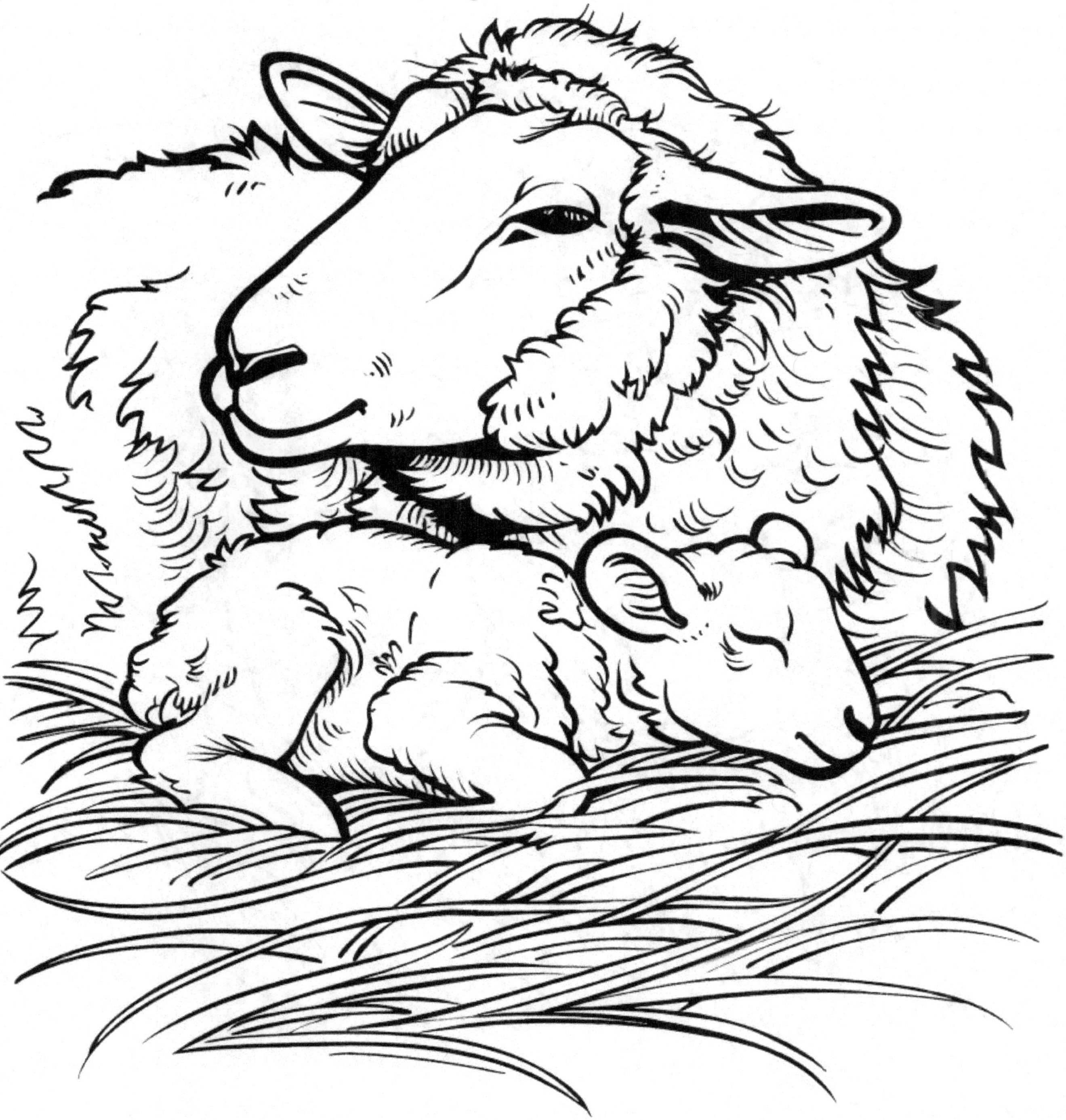

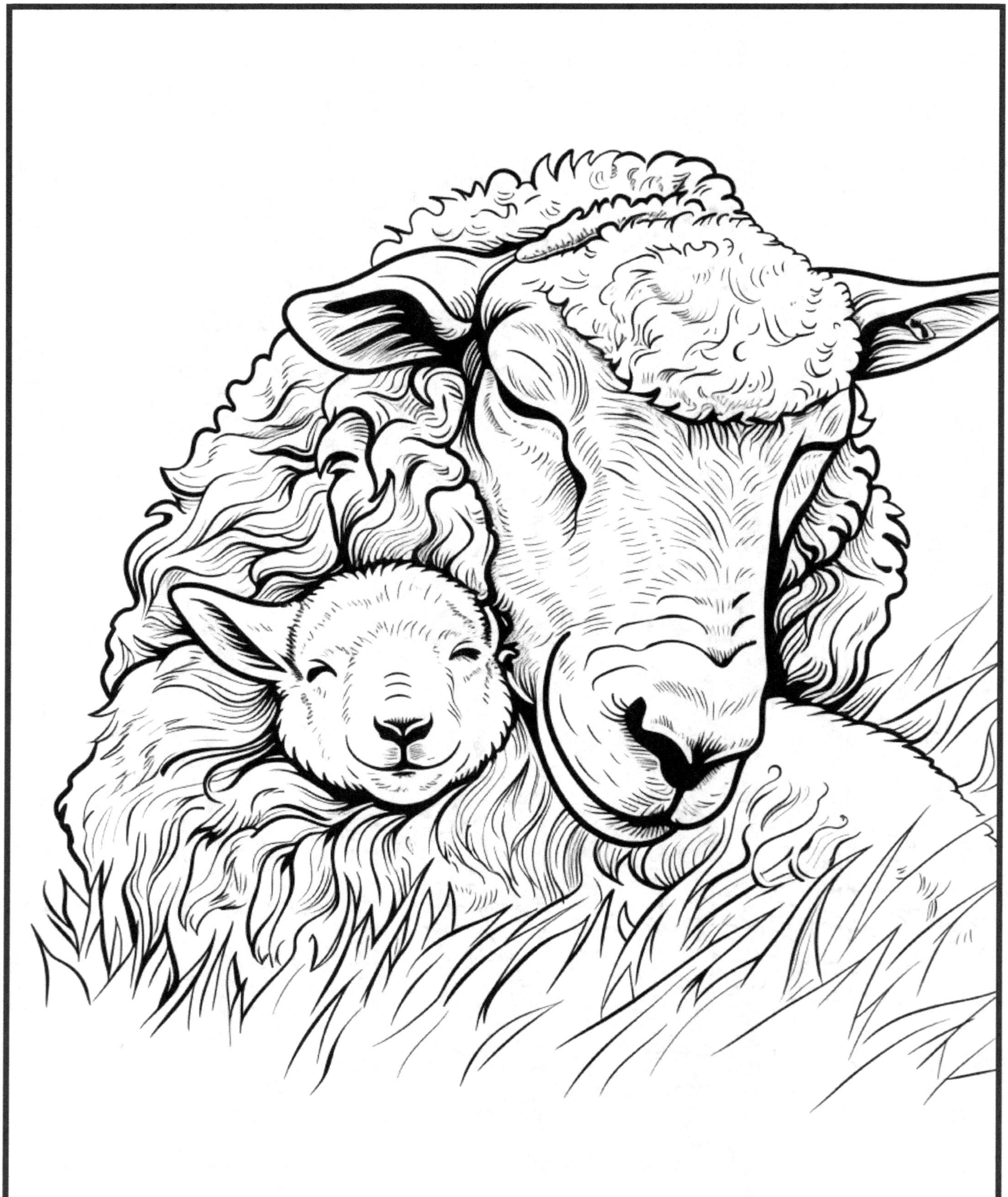

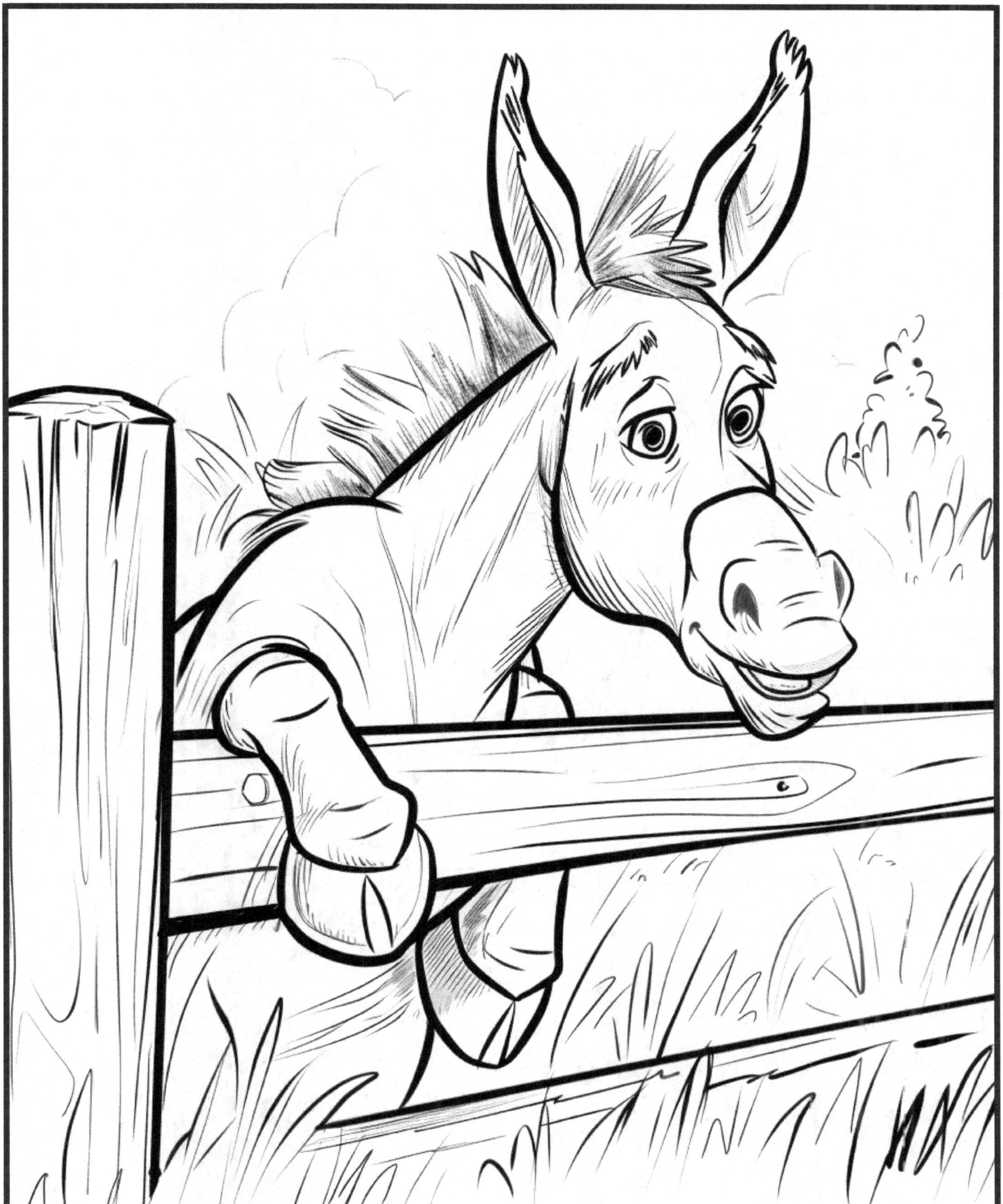

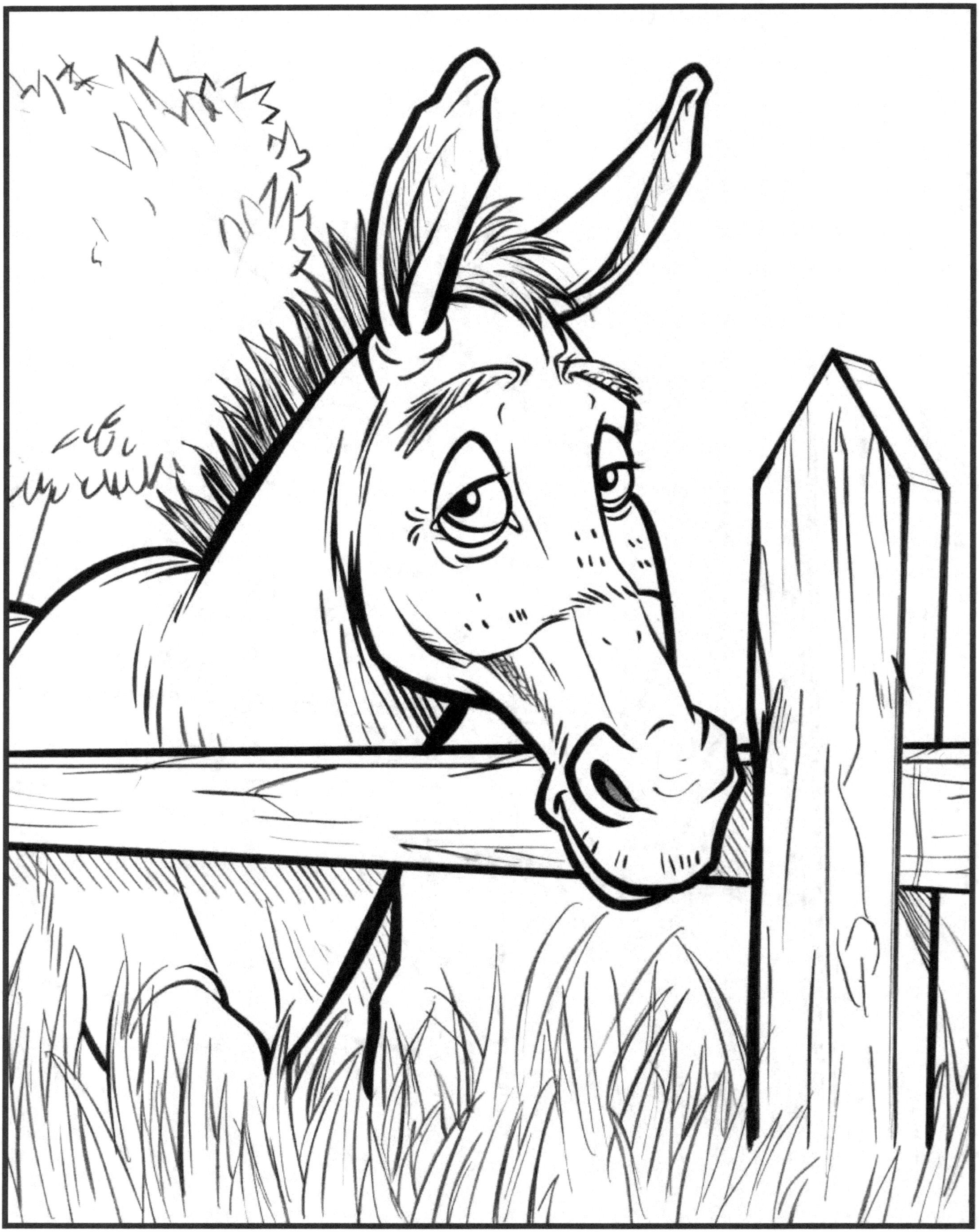

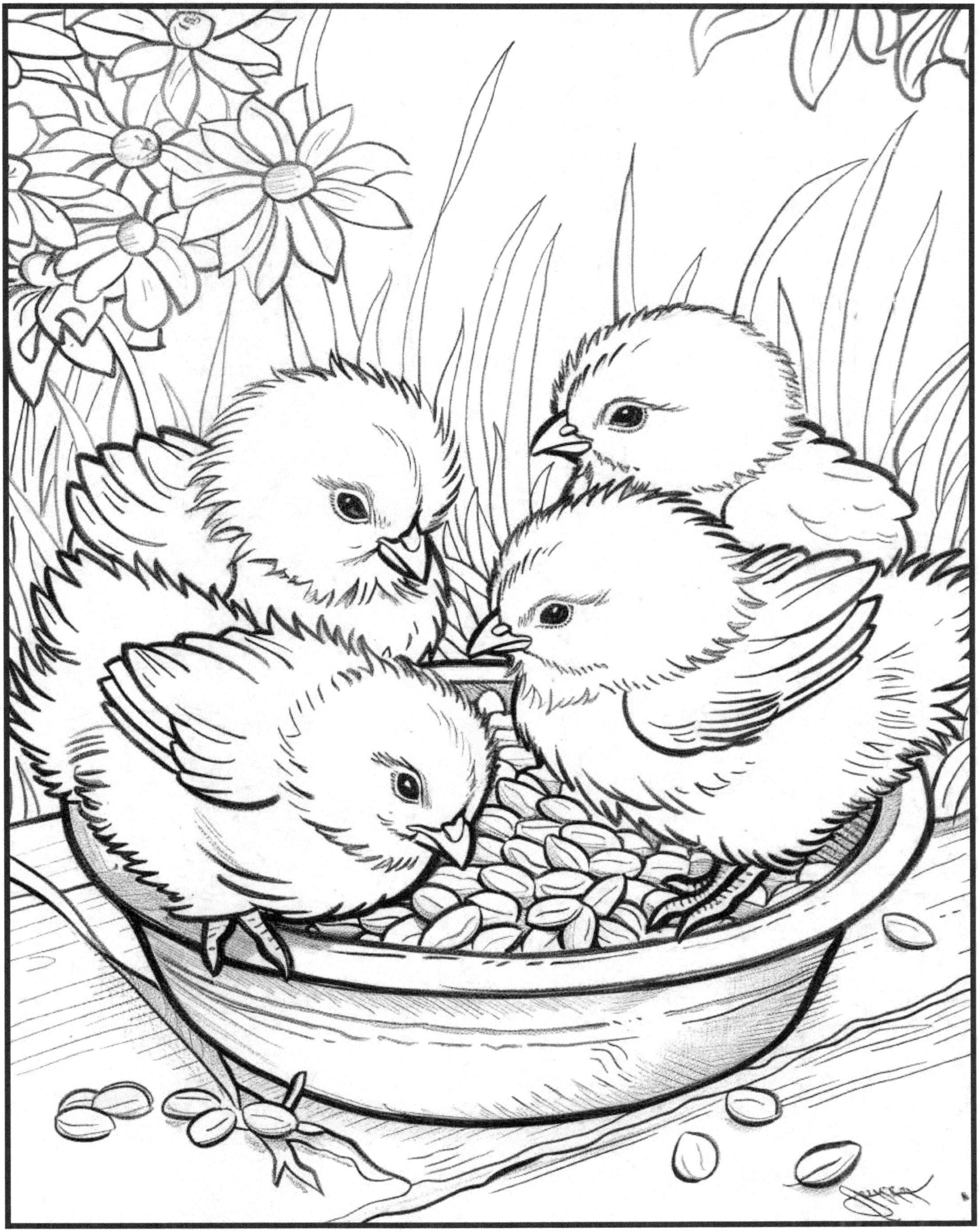

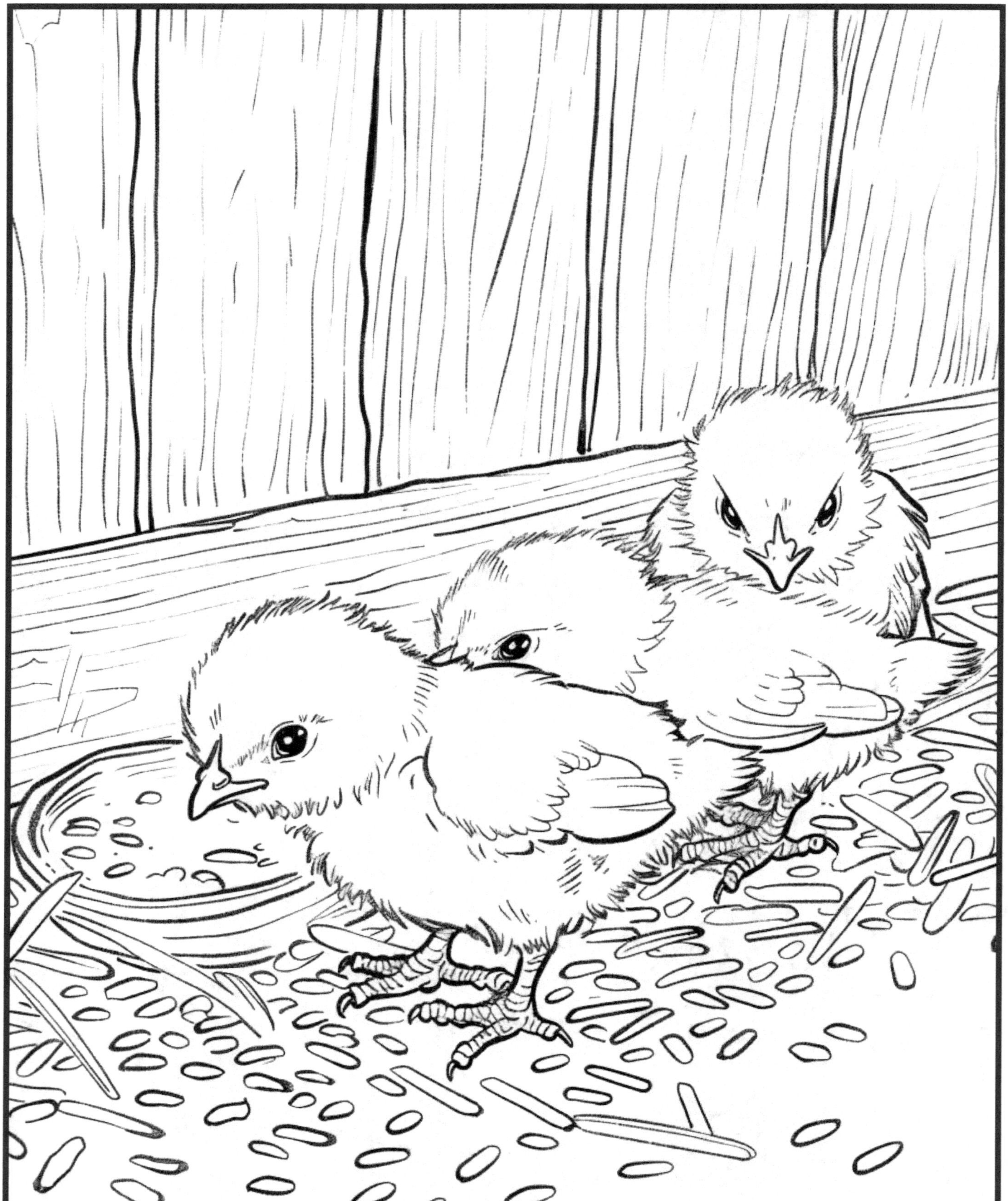

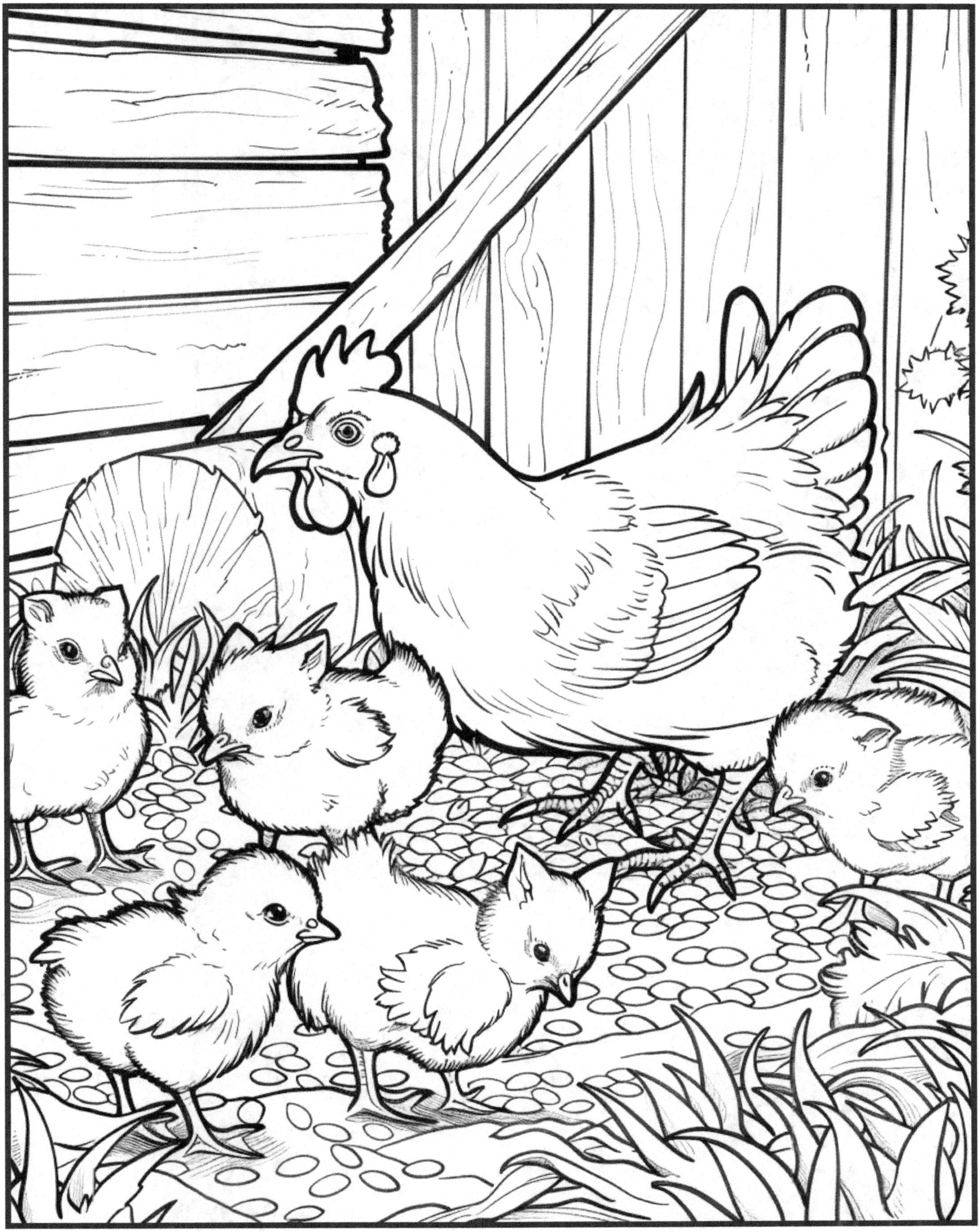

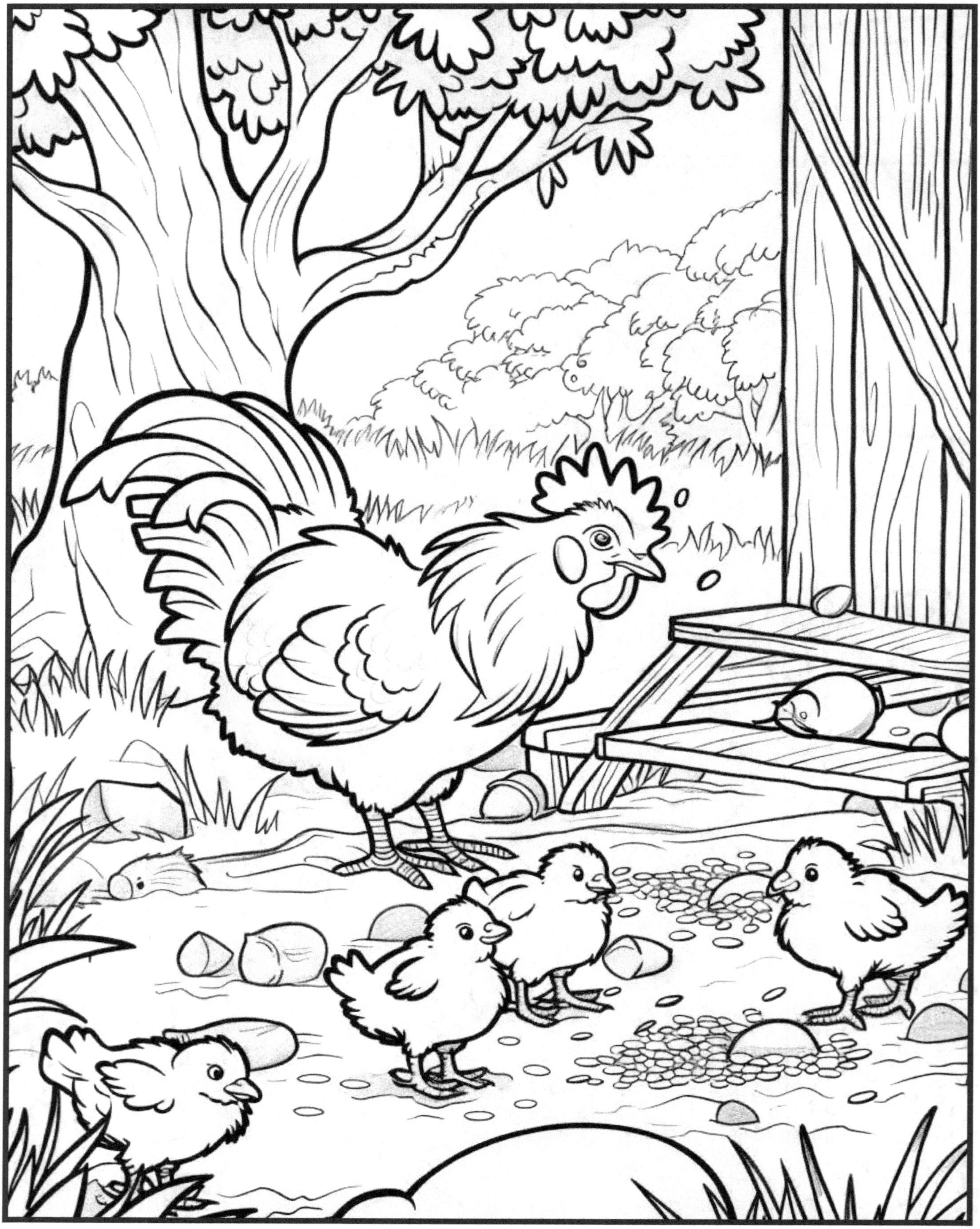

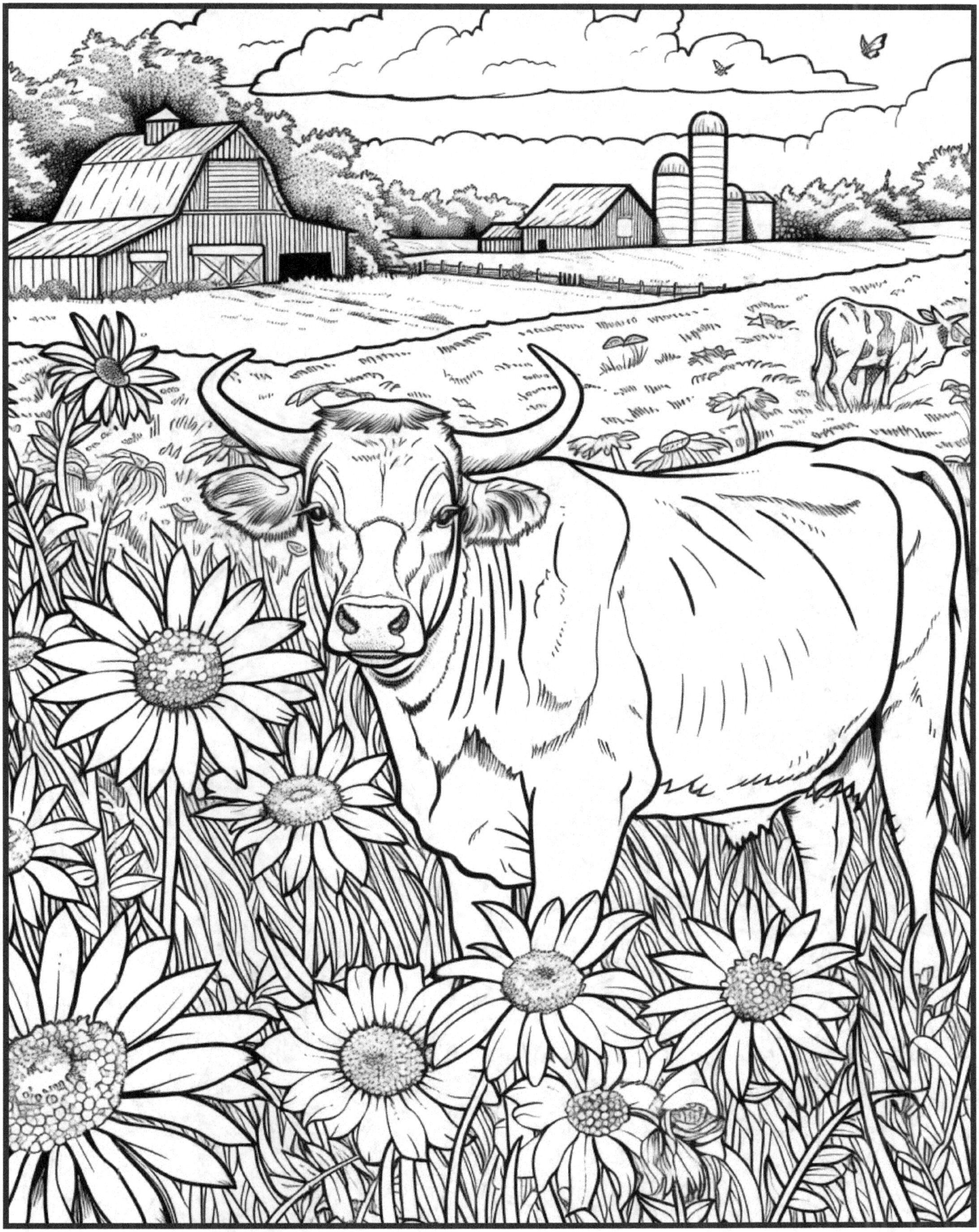

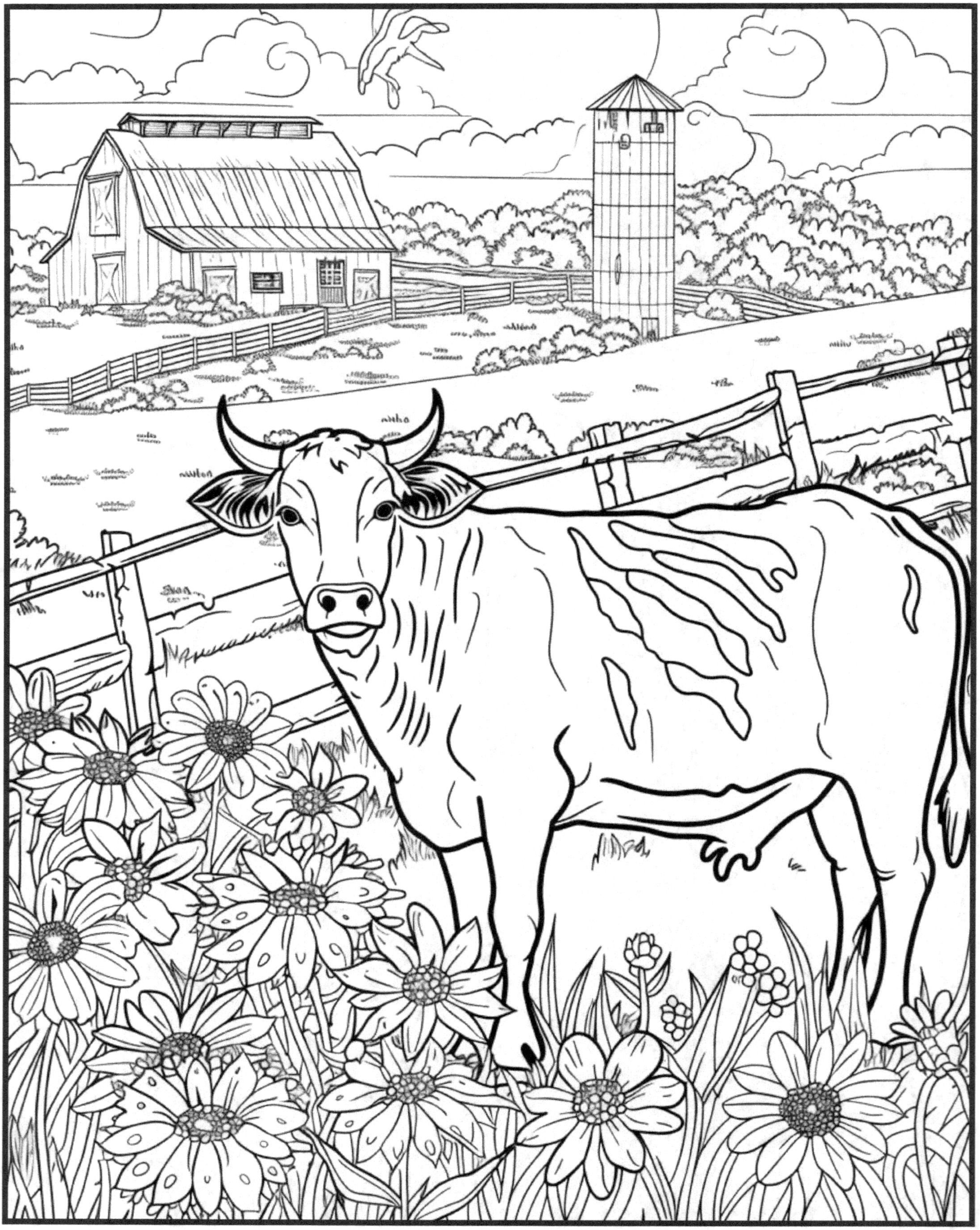

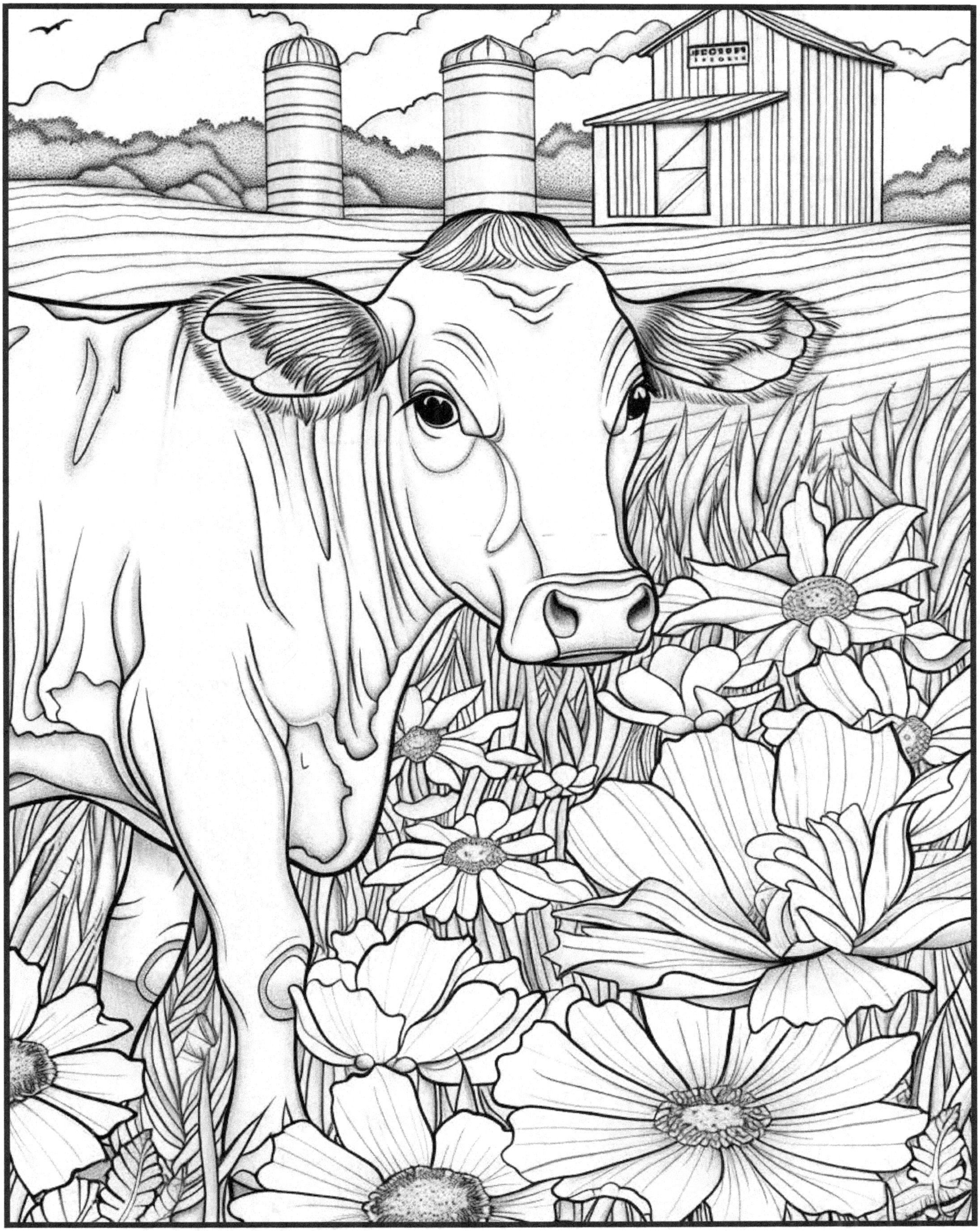

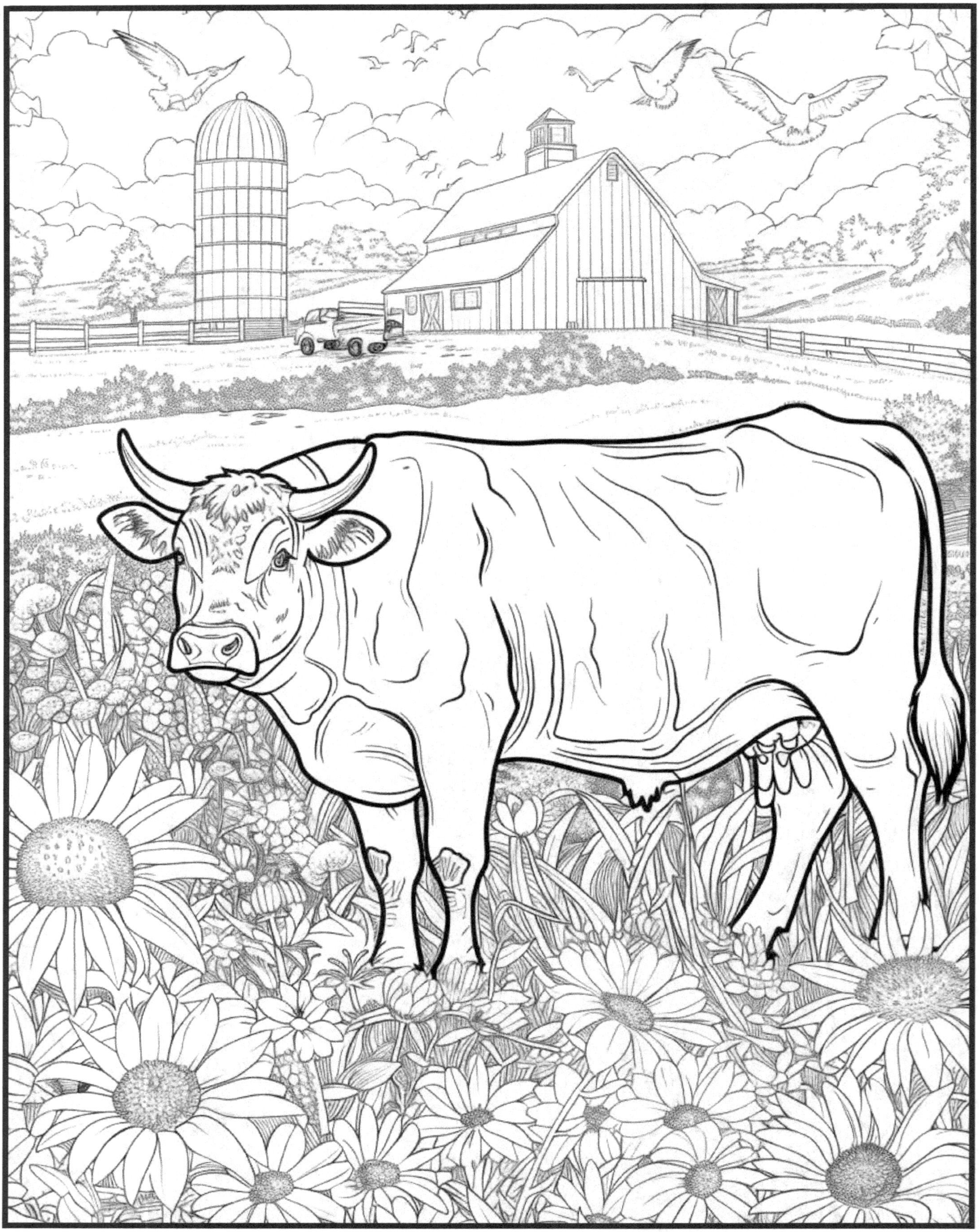

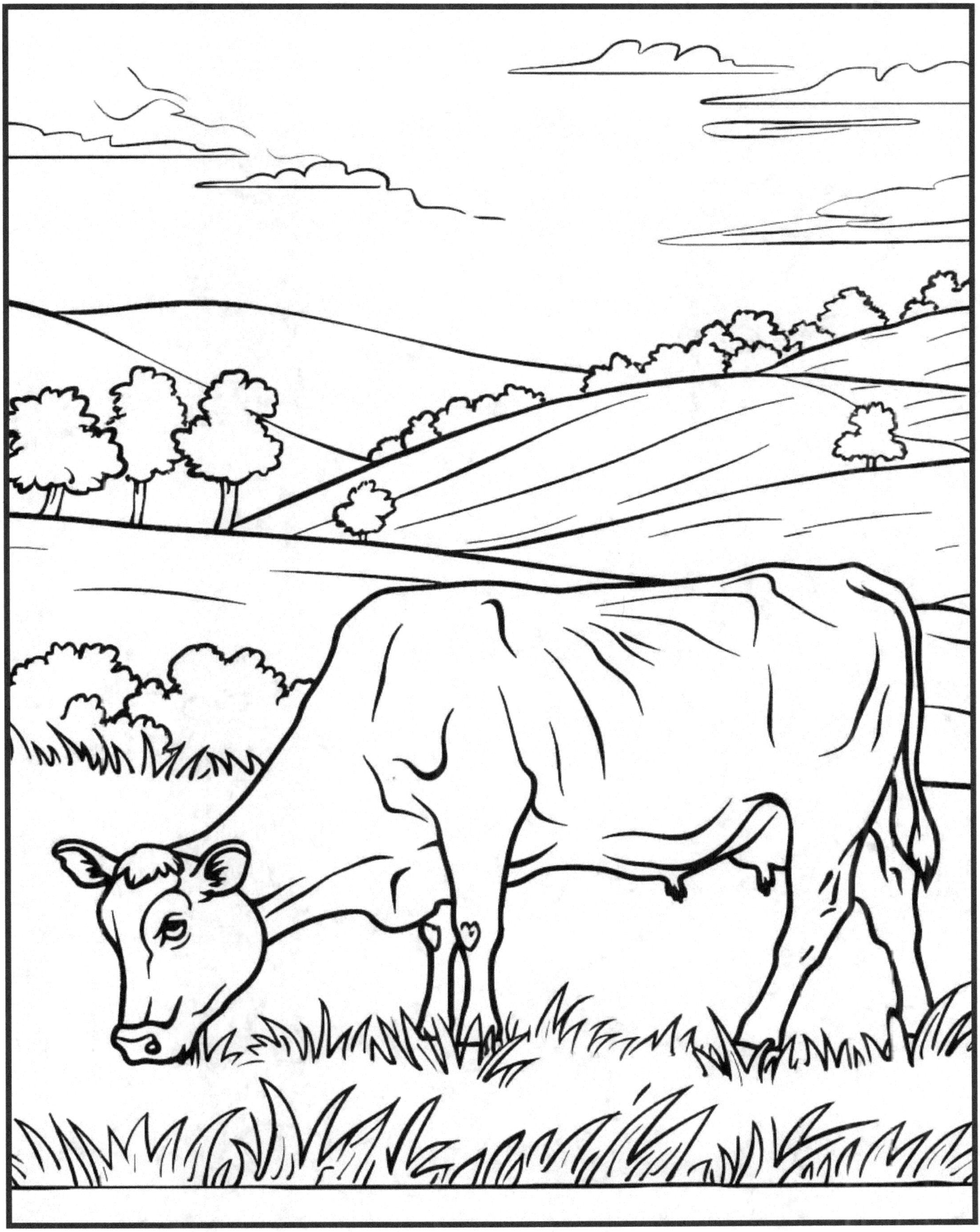

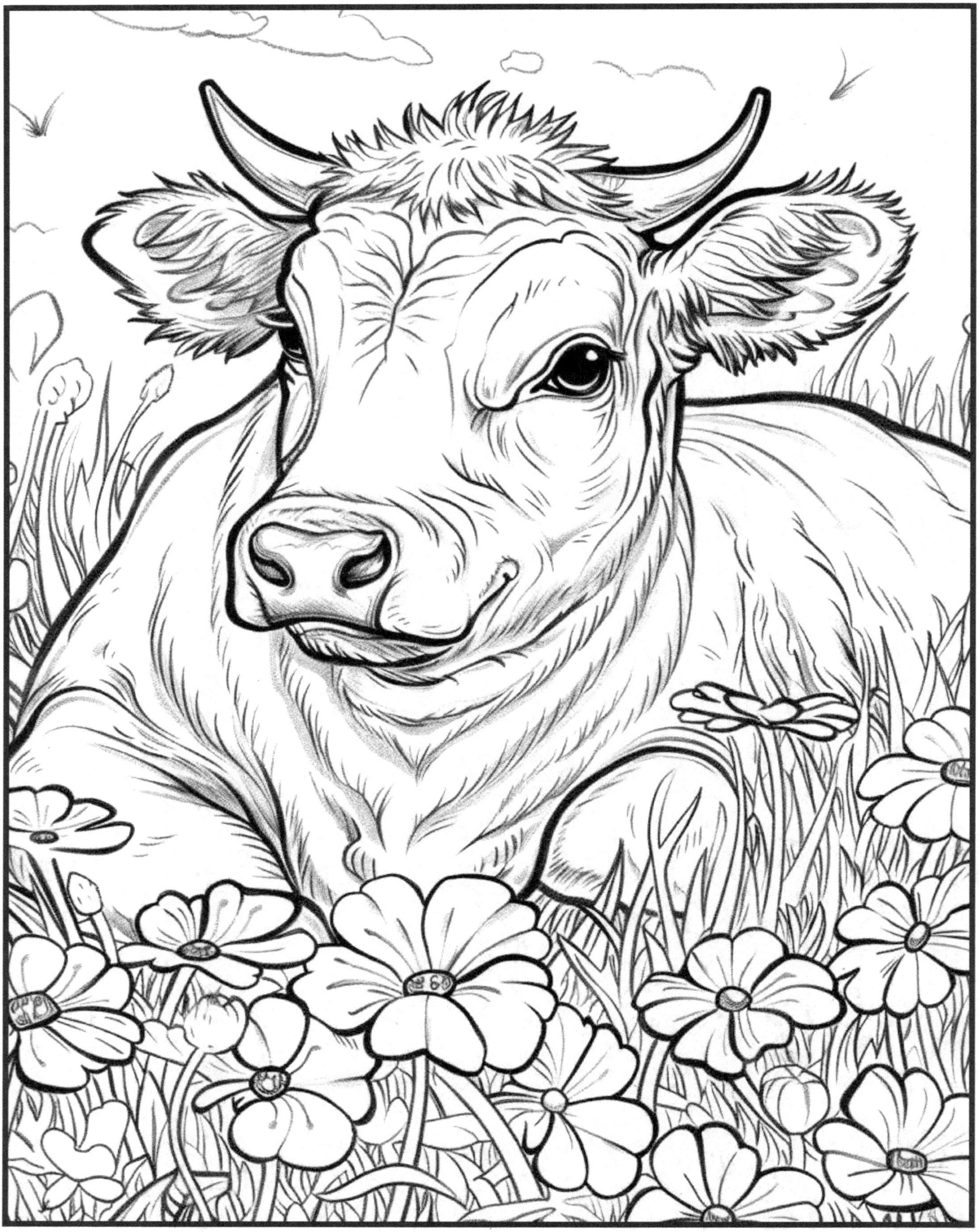

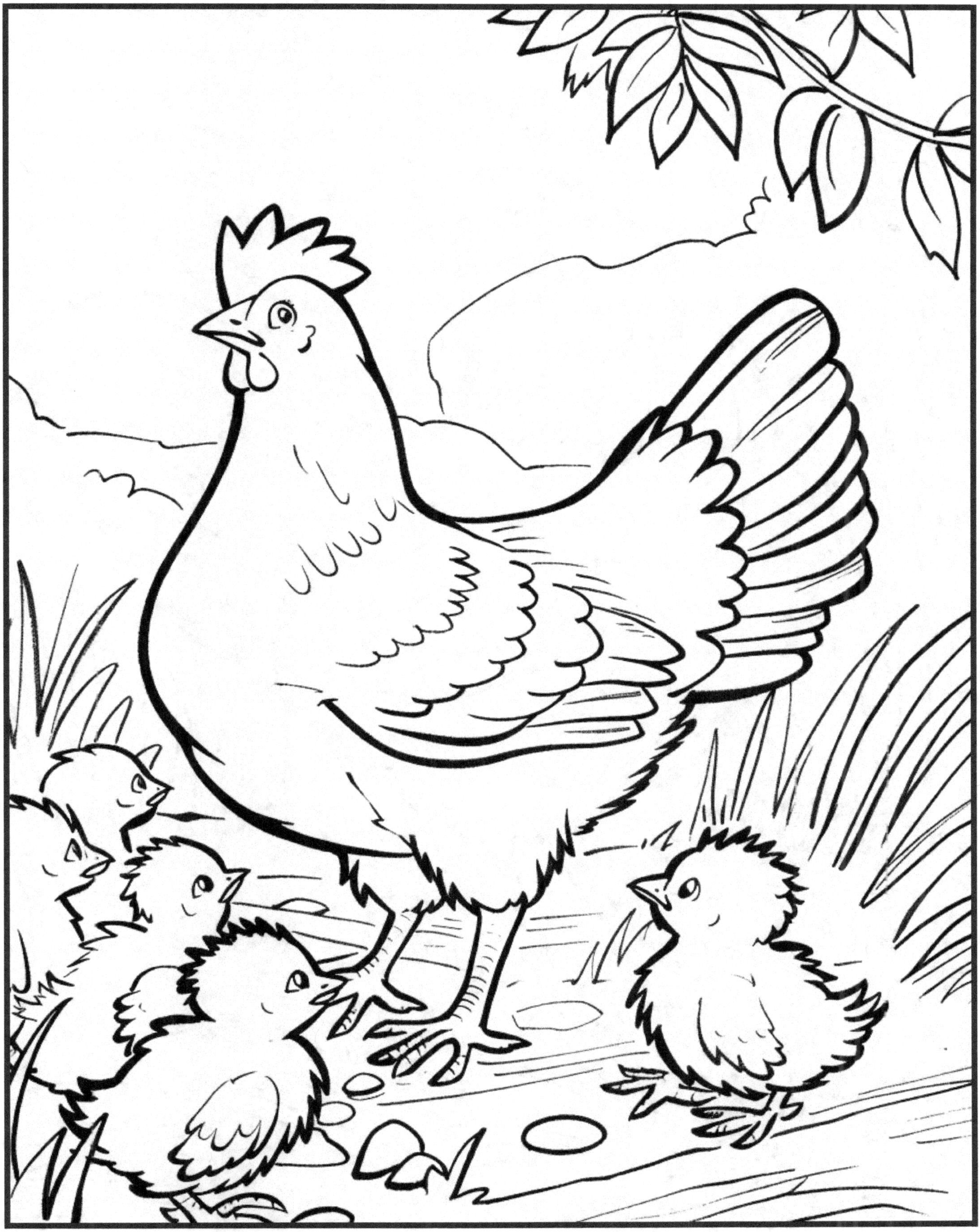

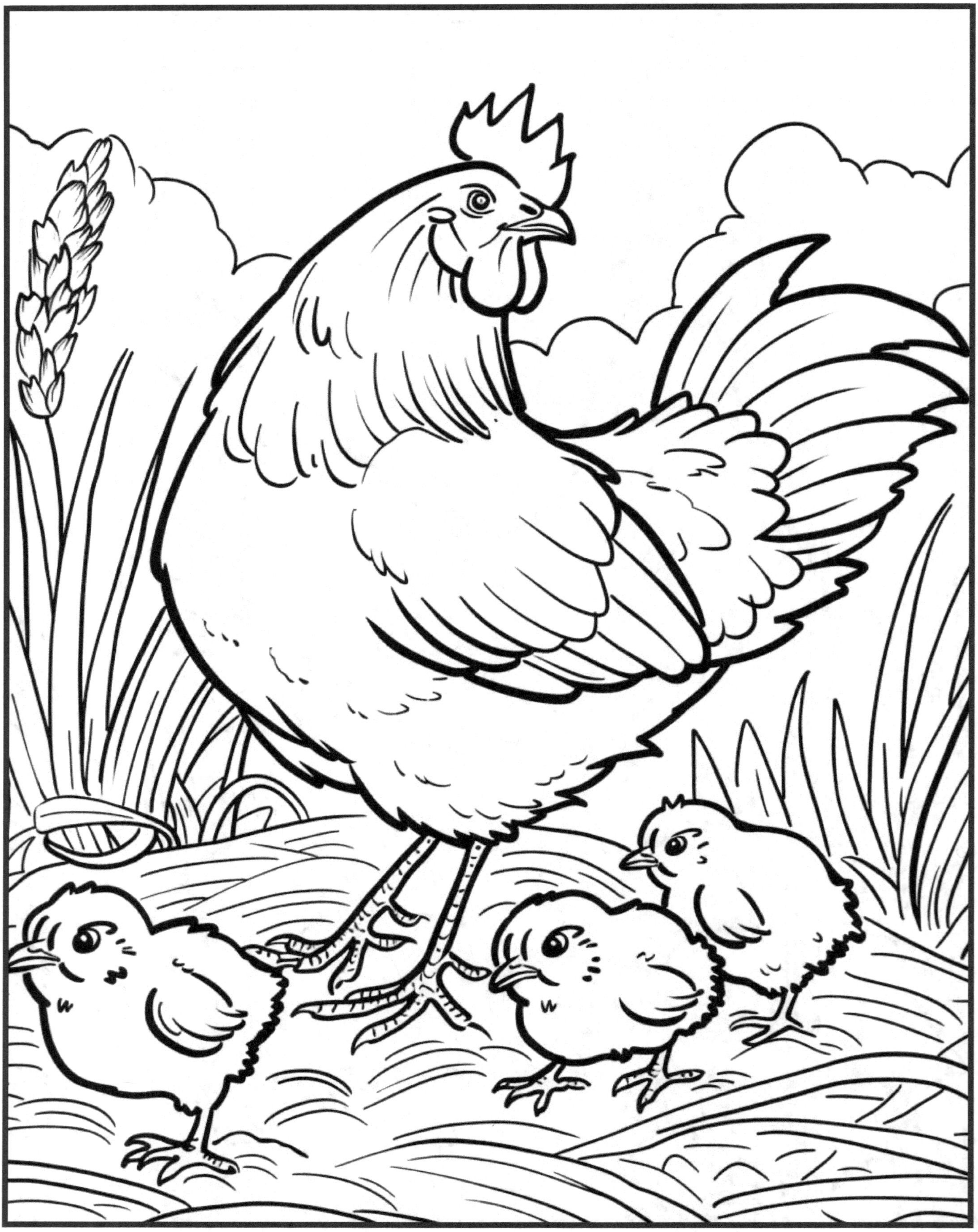

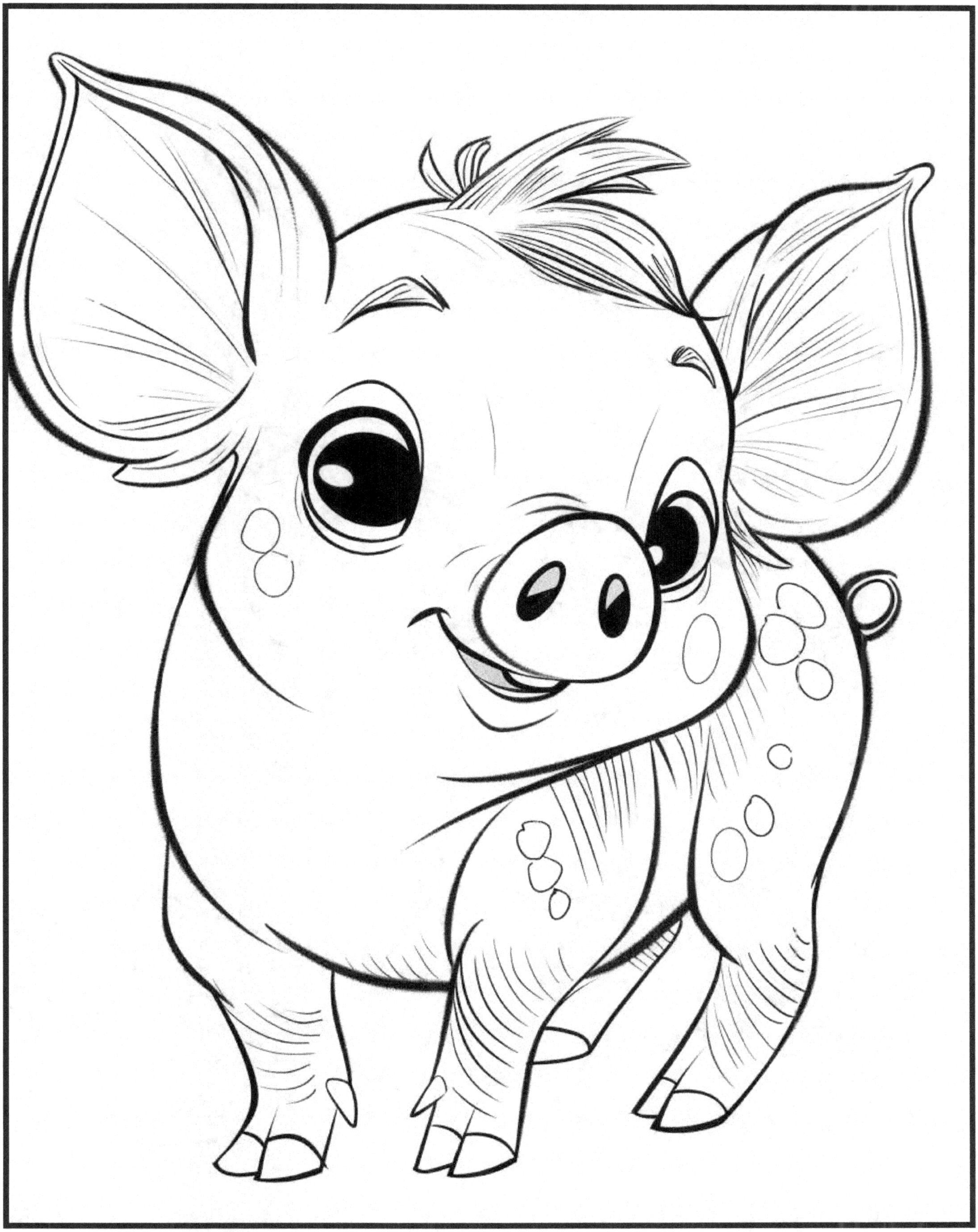

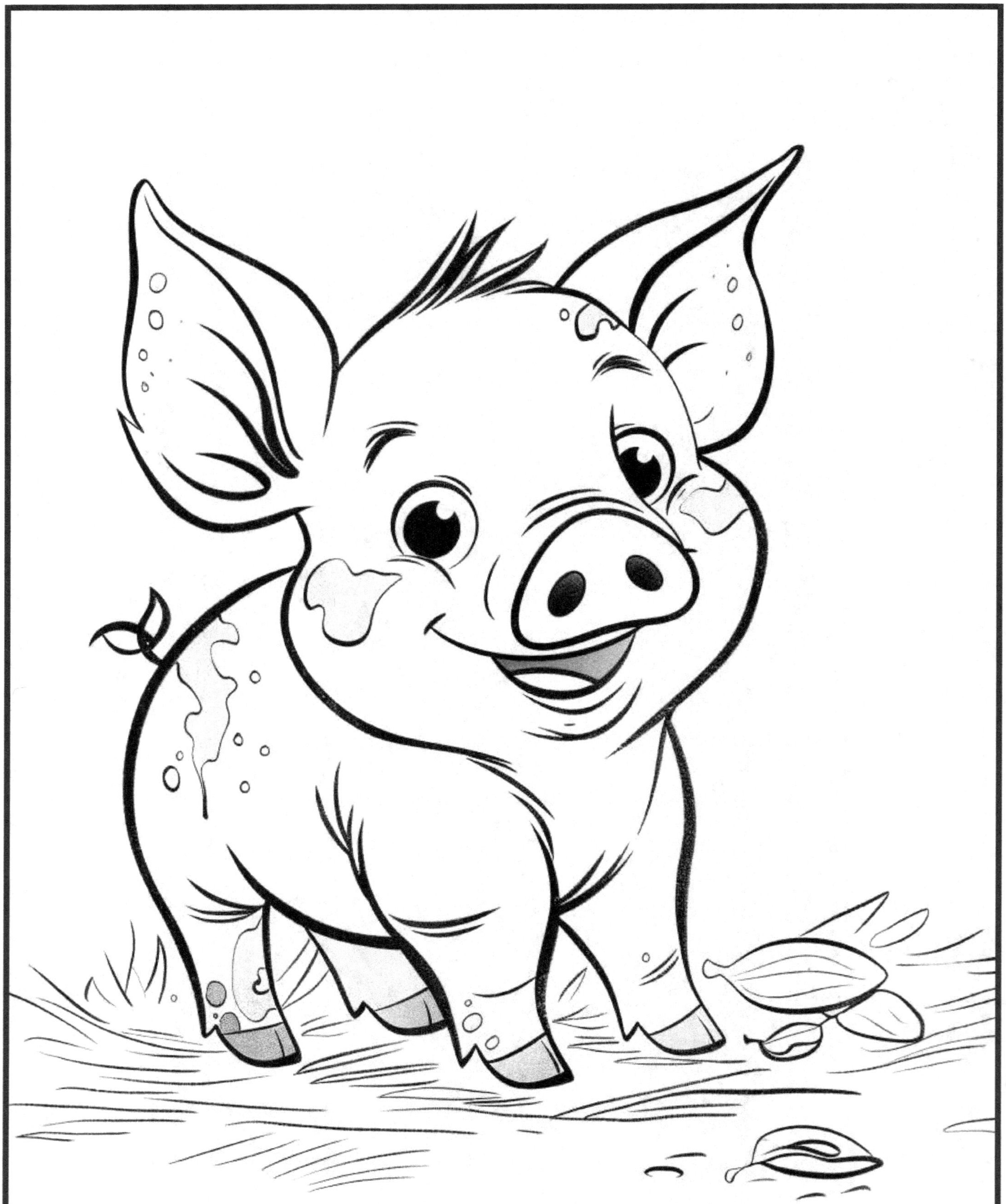

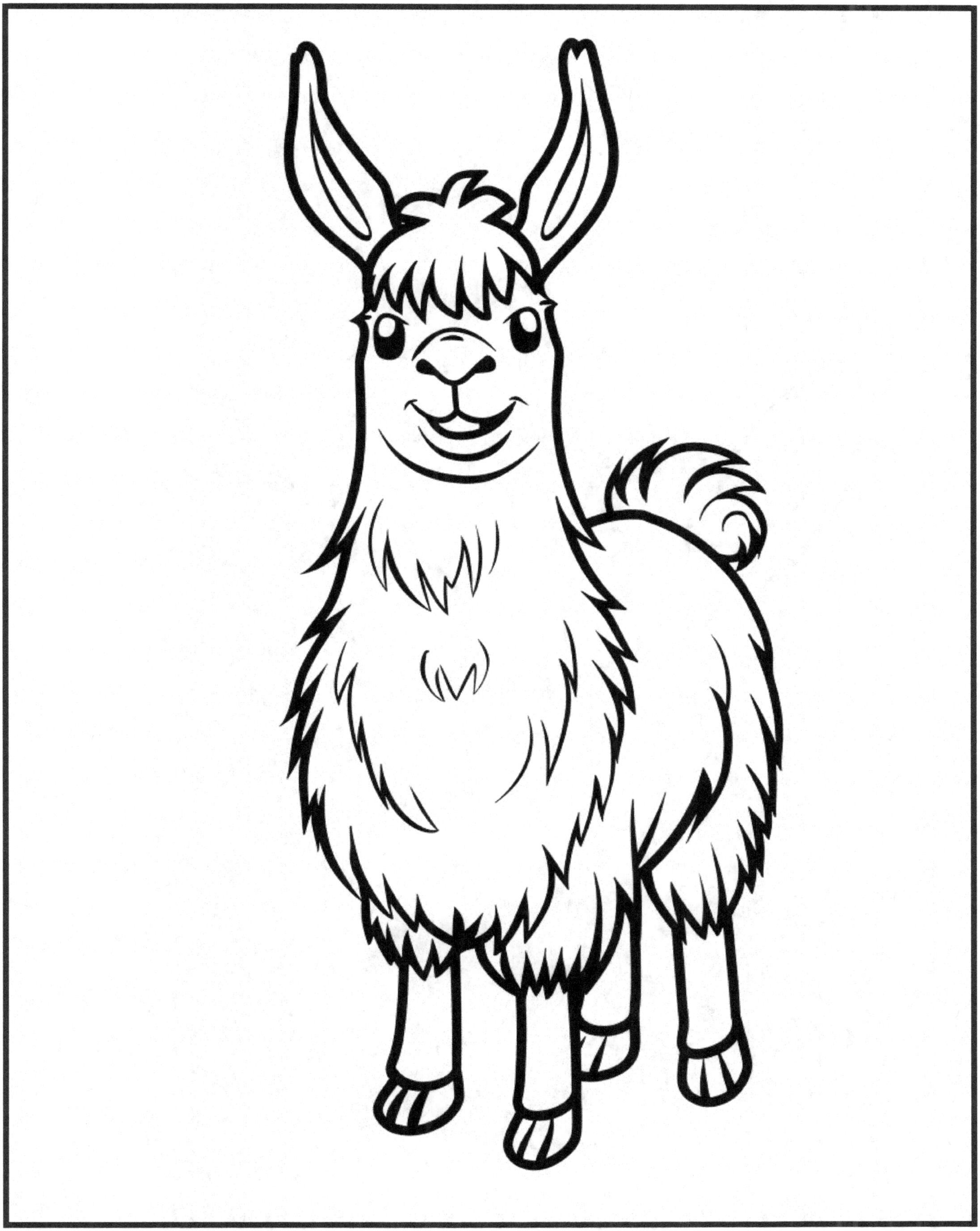

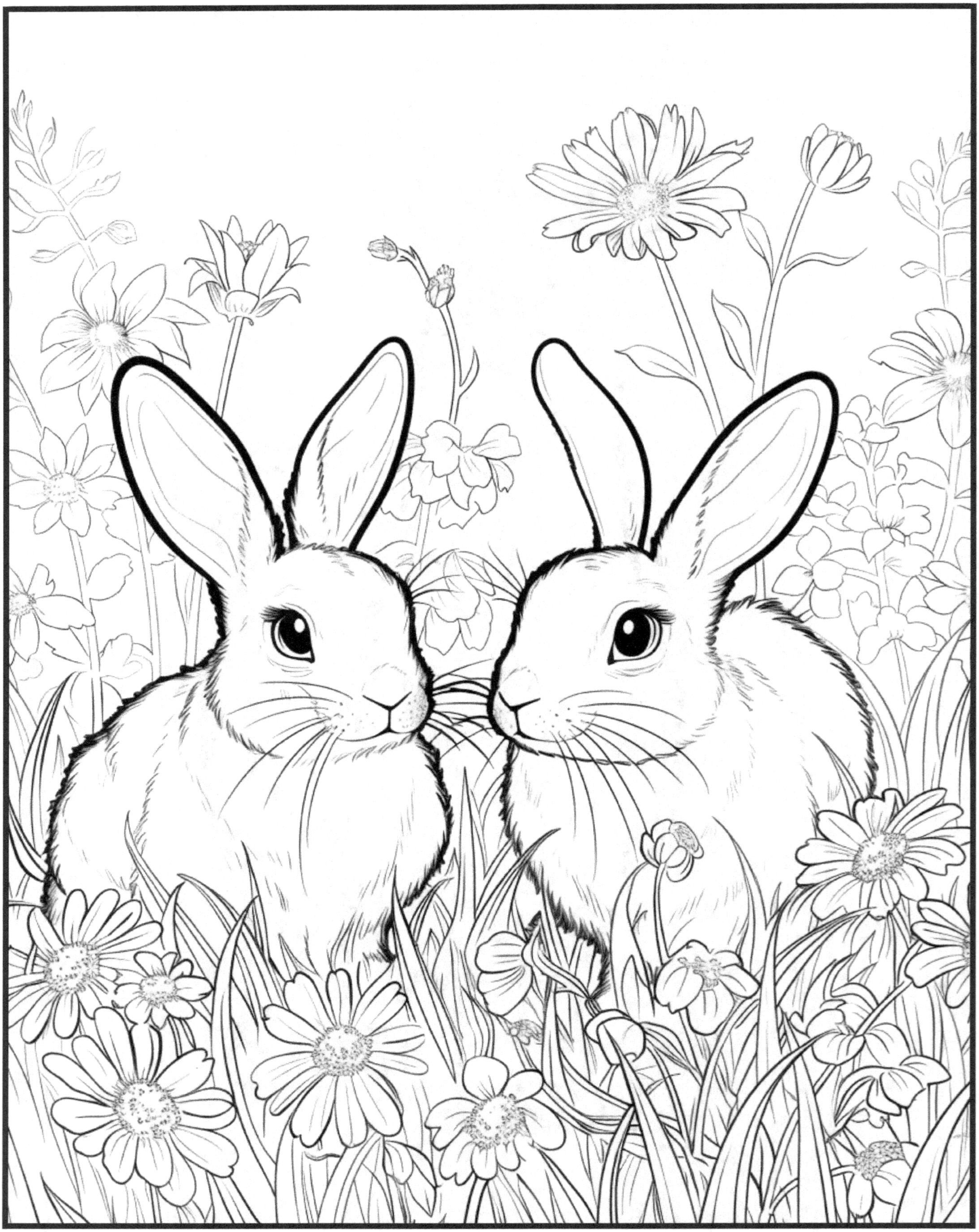

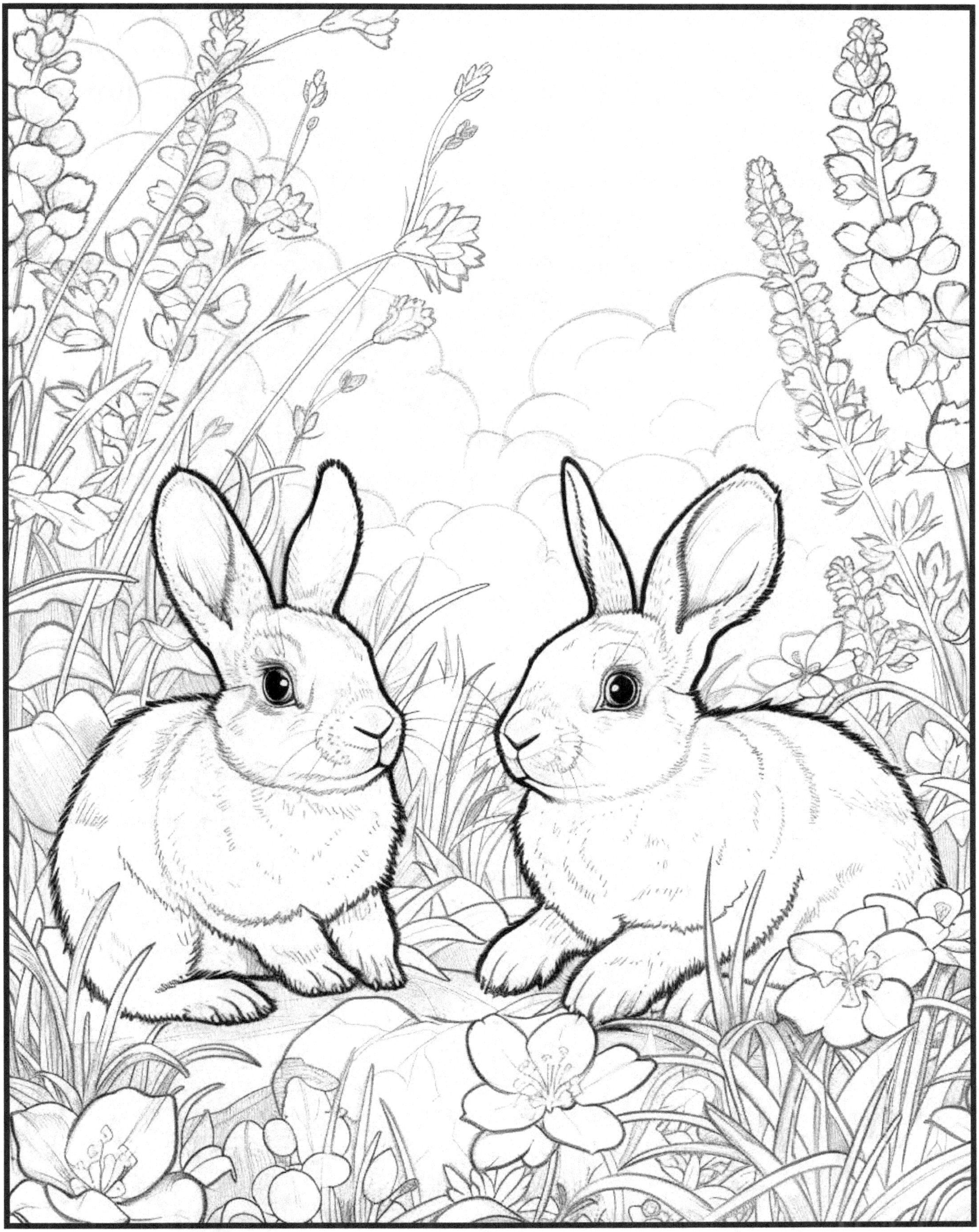

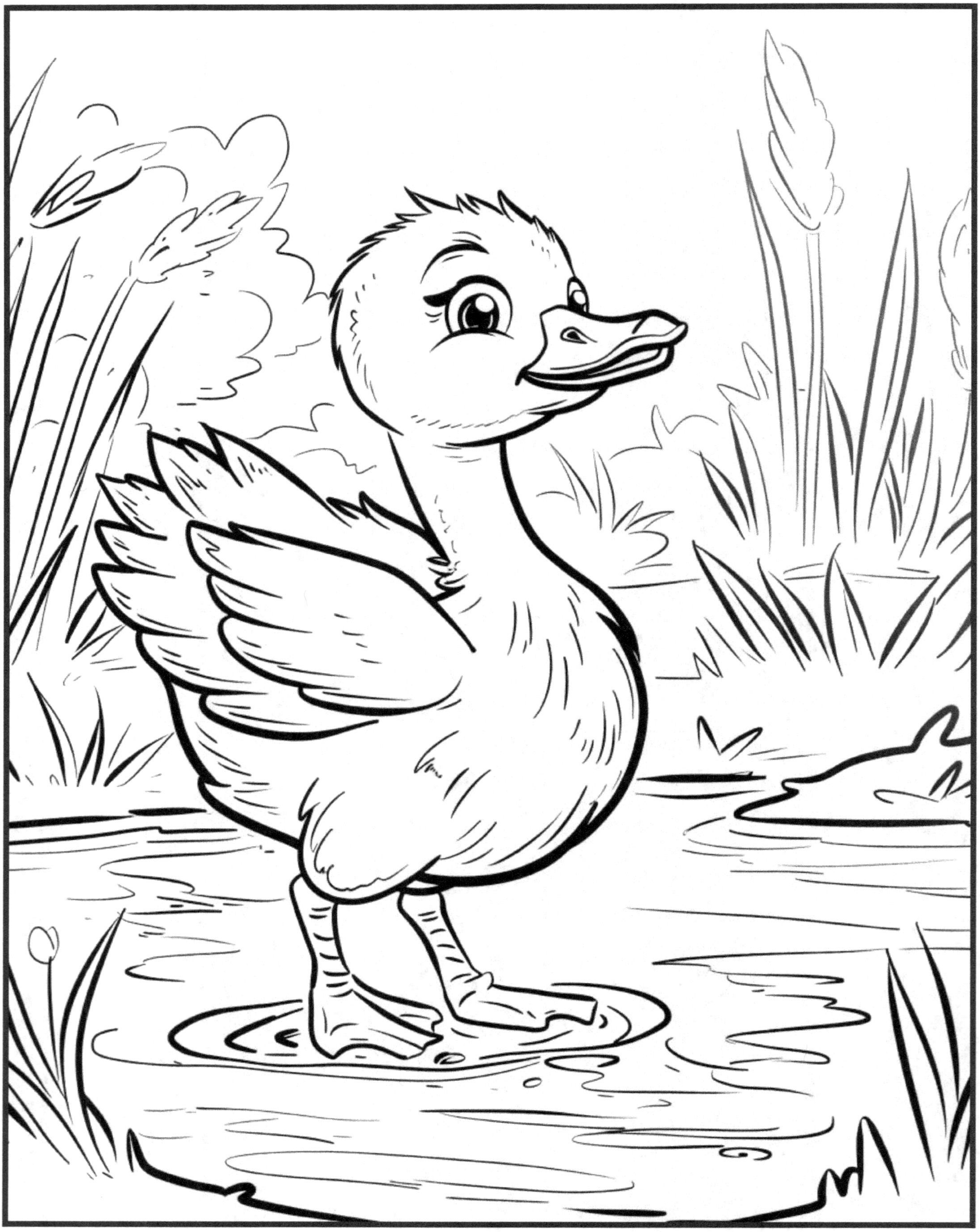

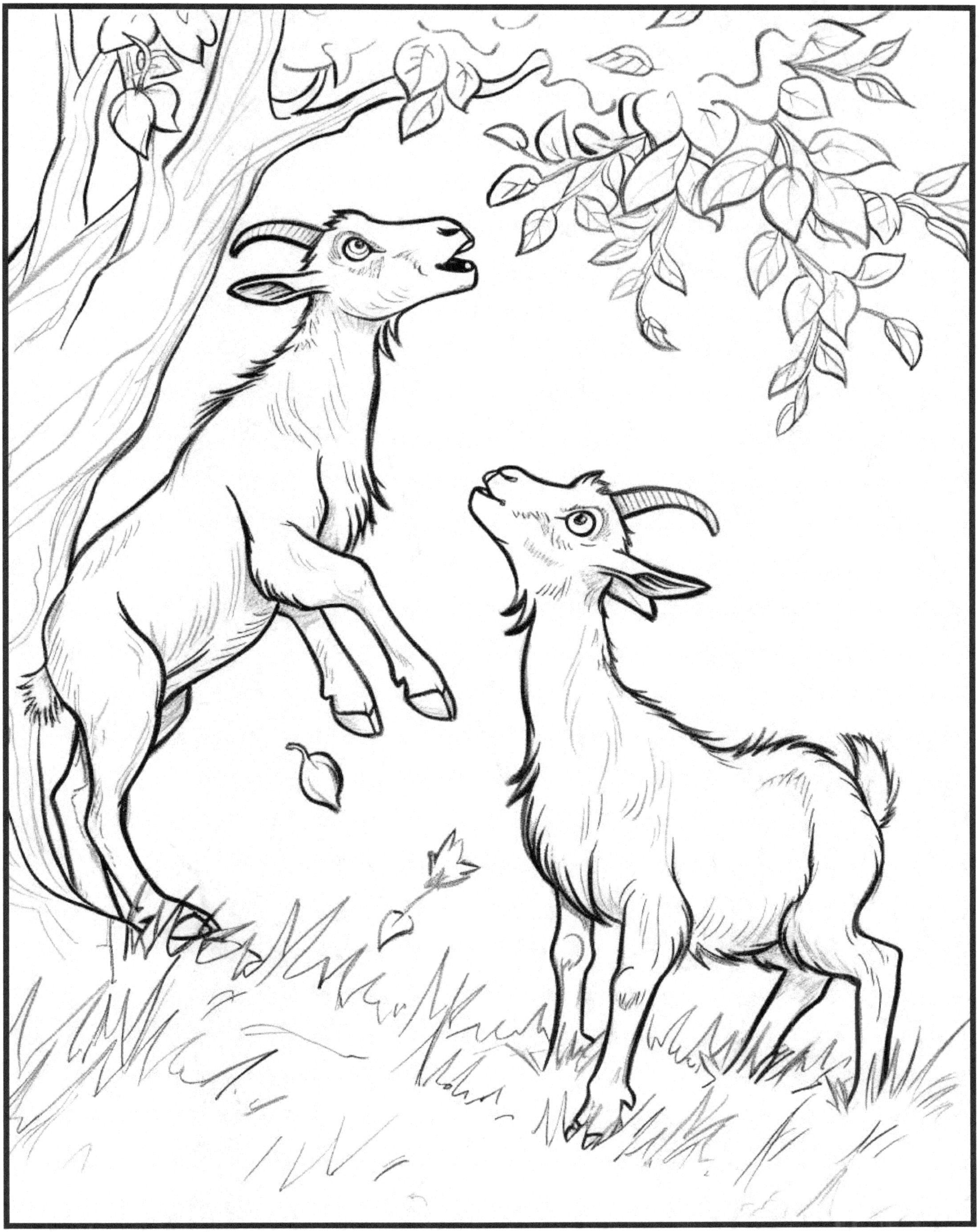

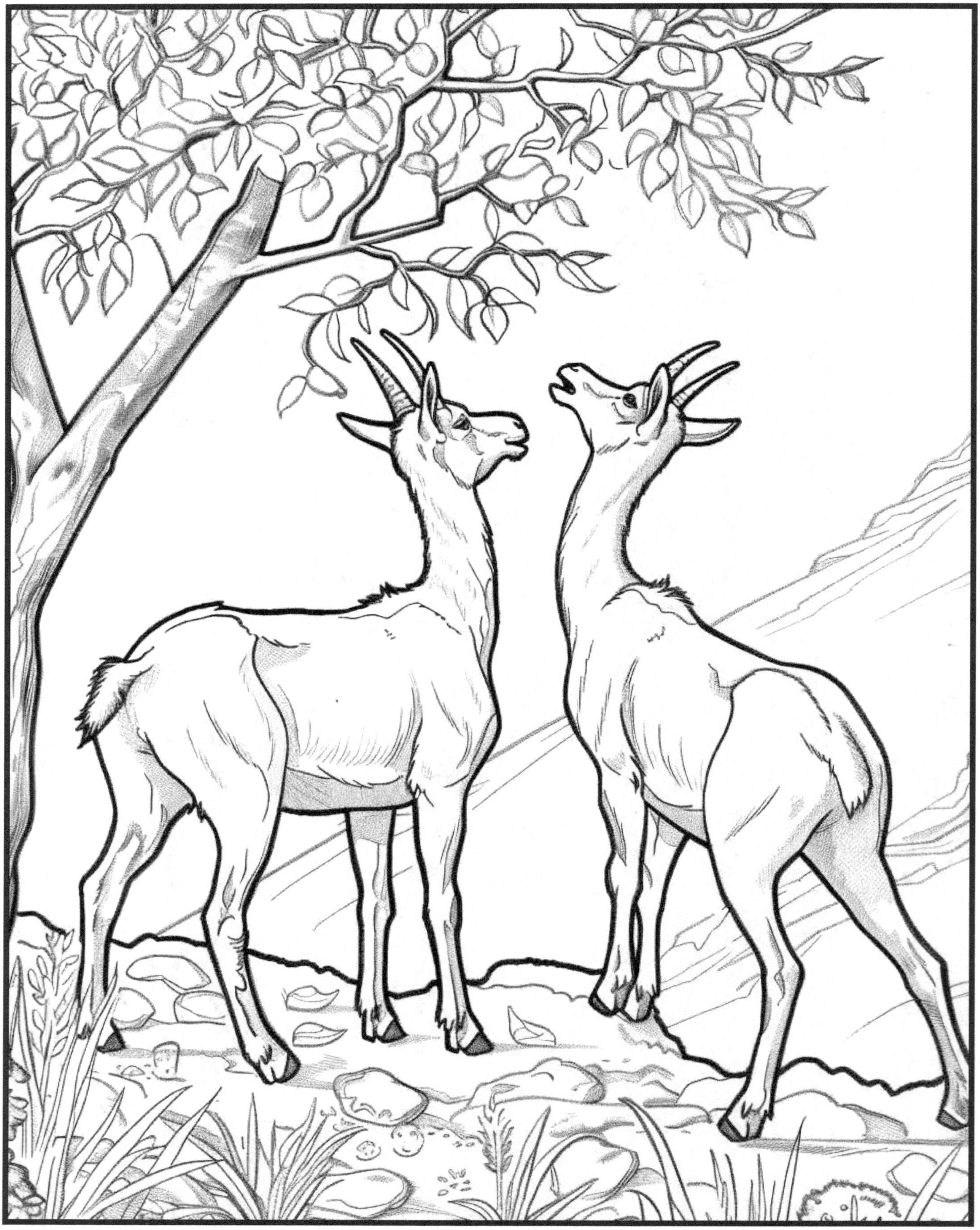

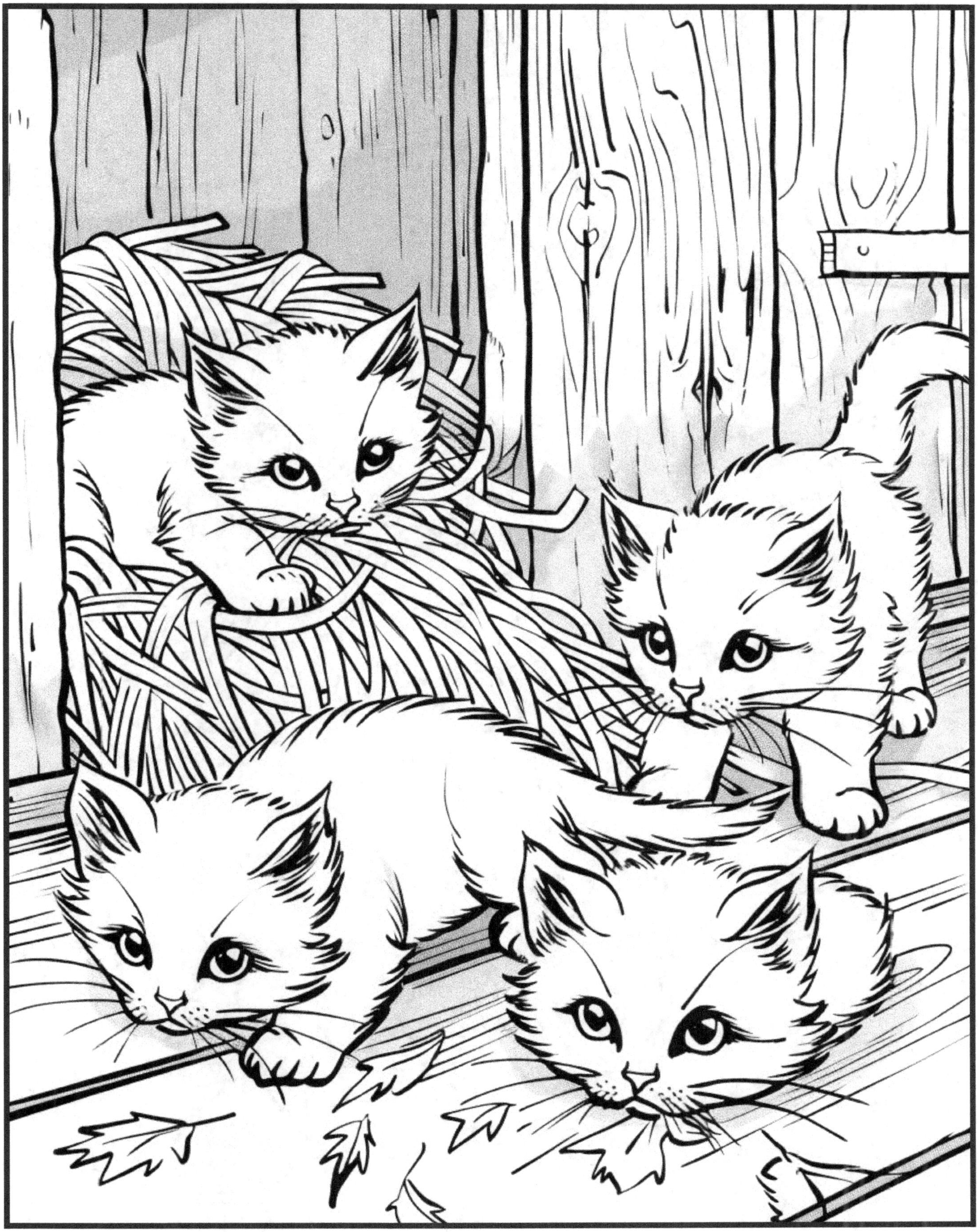

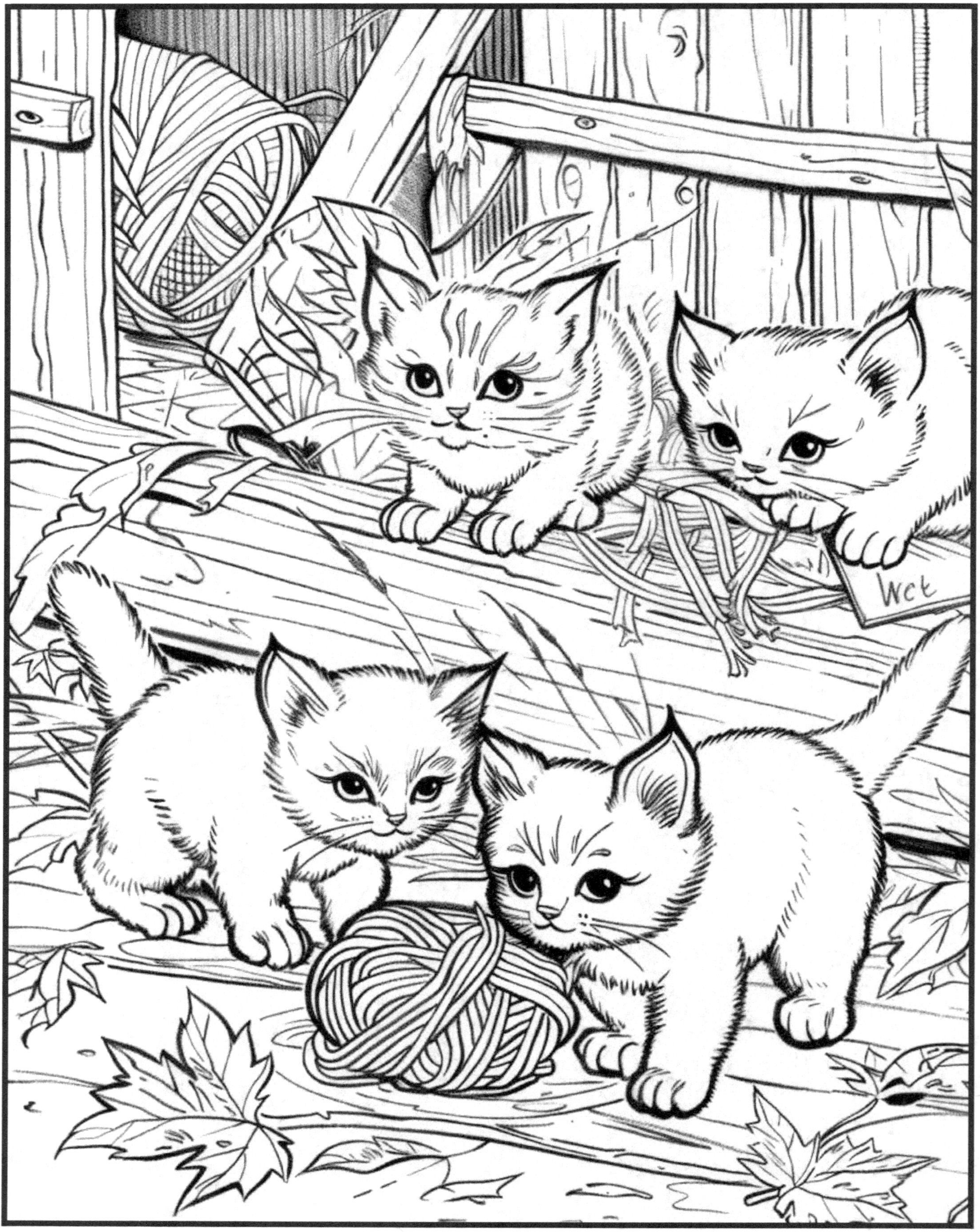
Wct

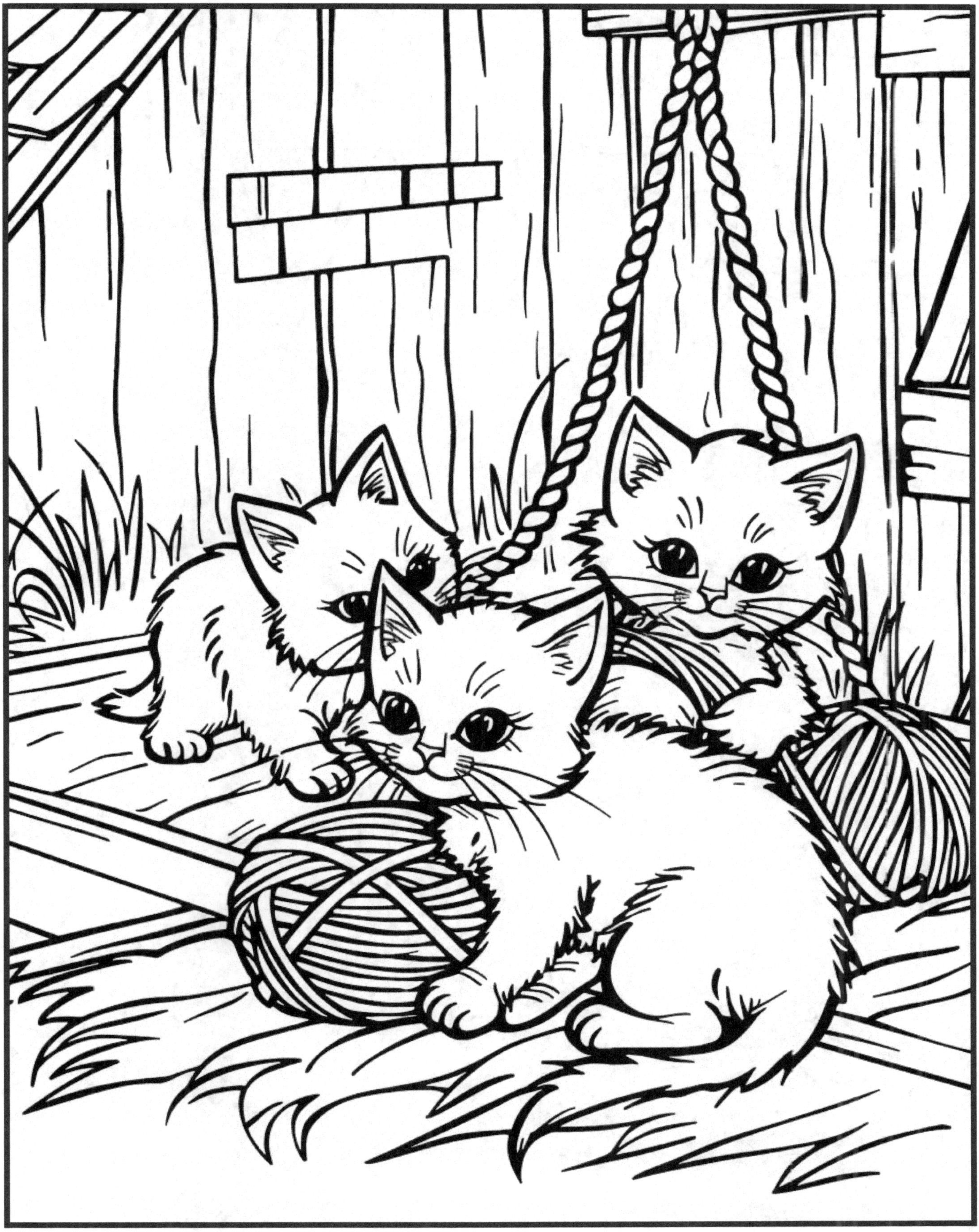

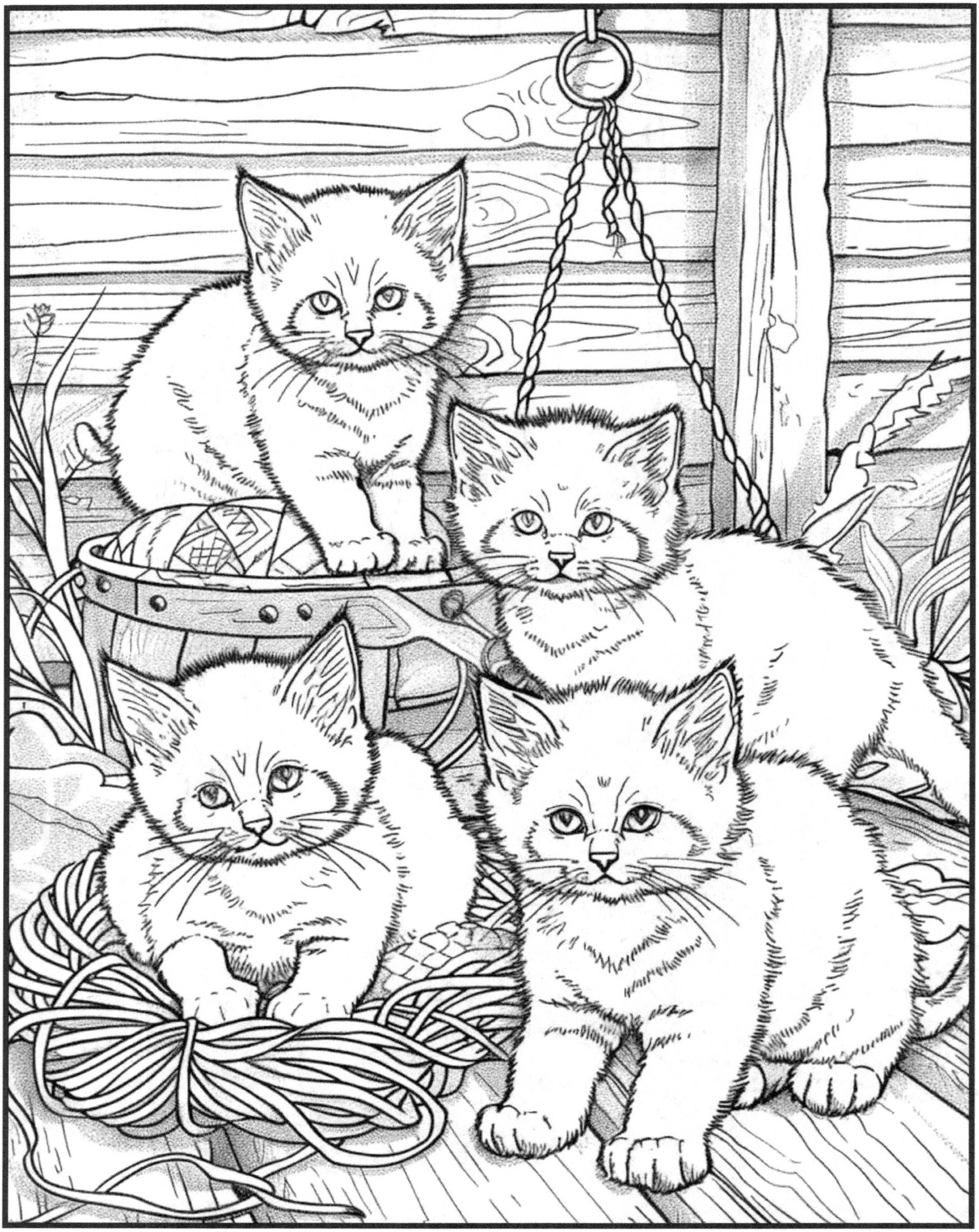

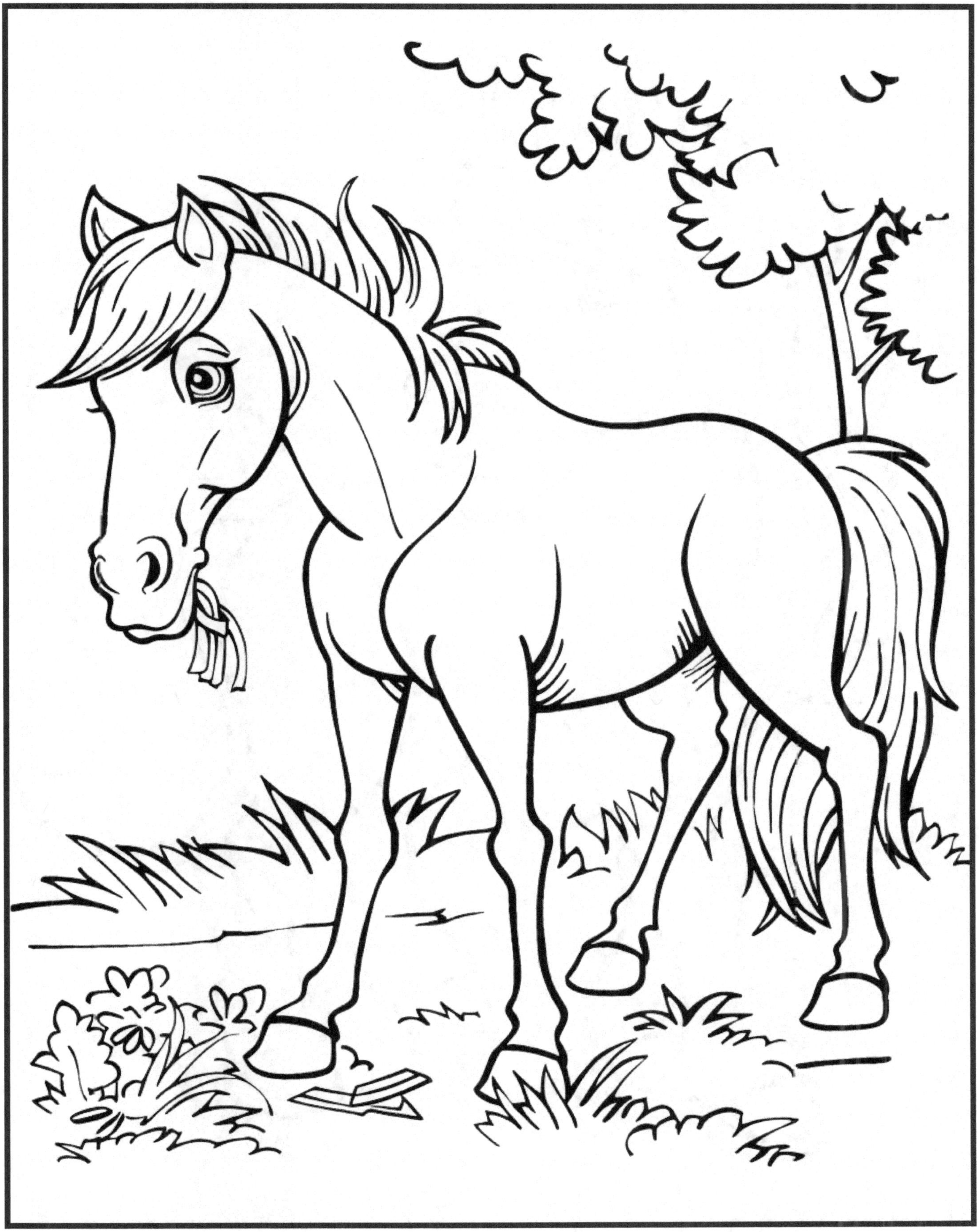

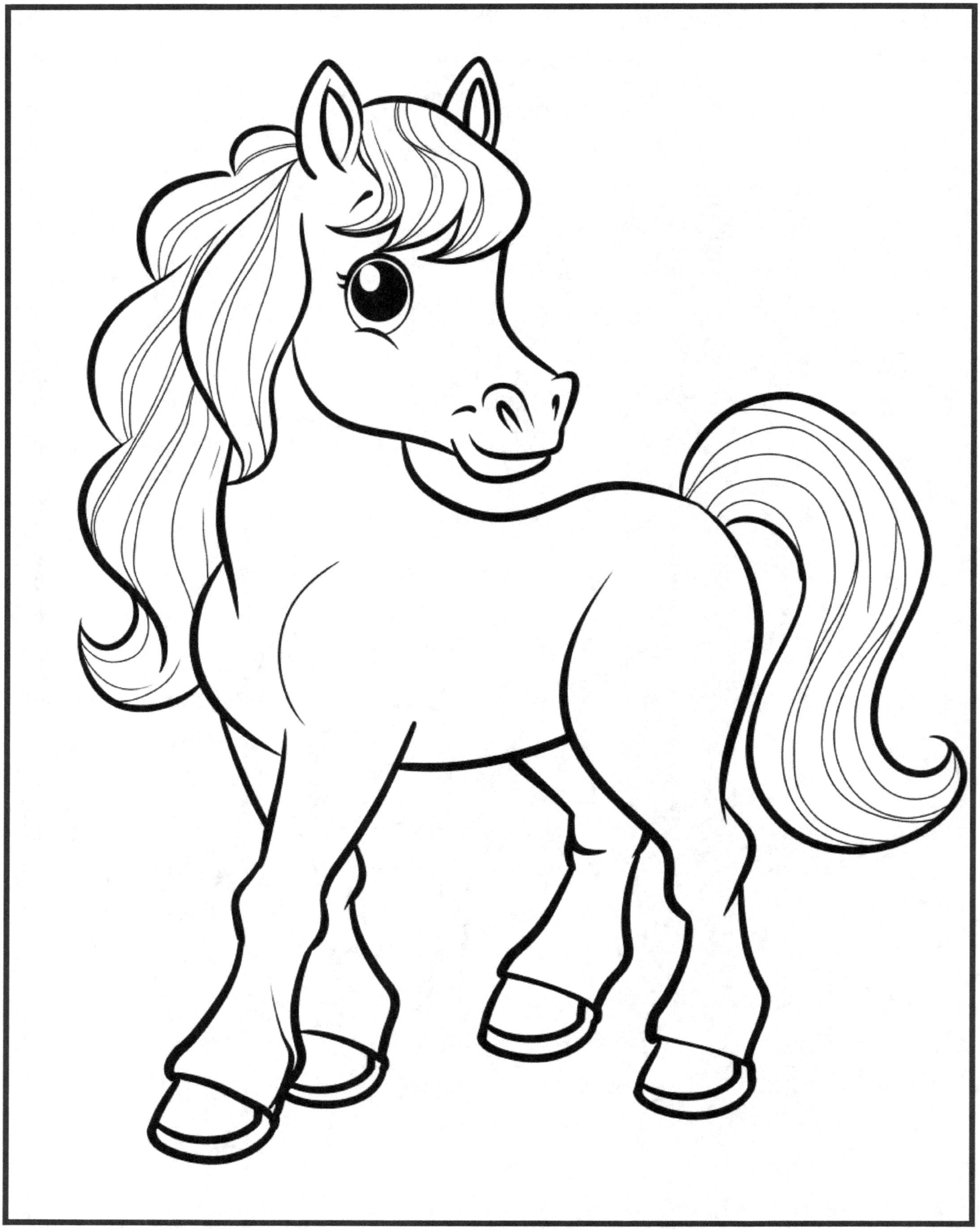

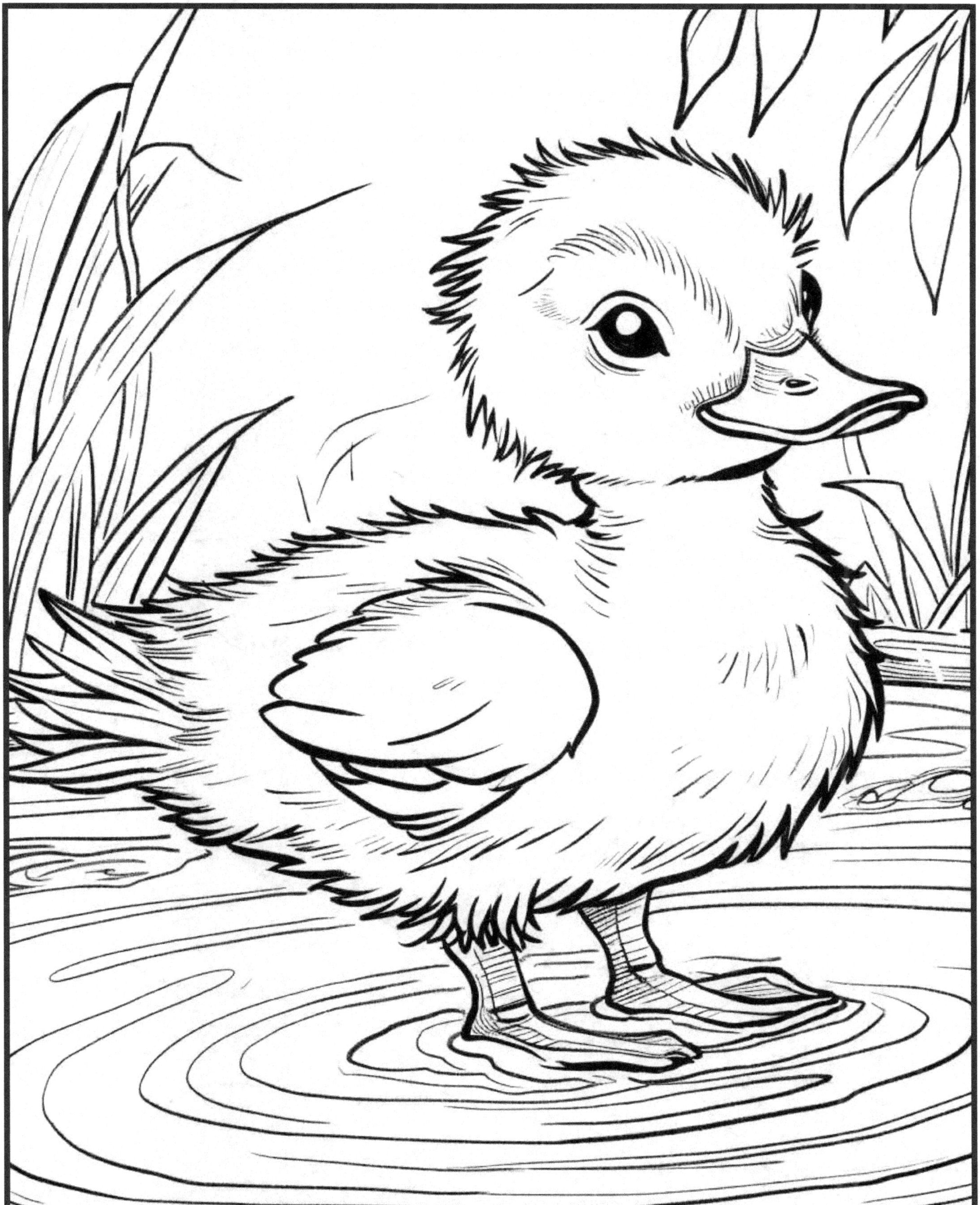

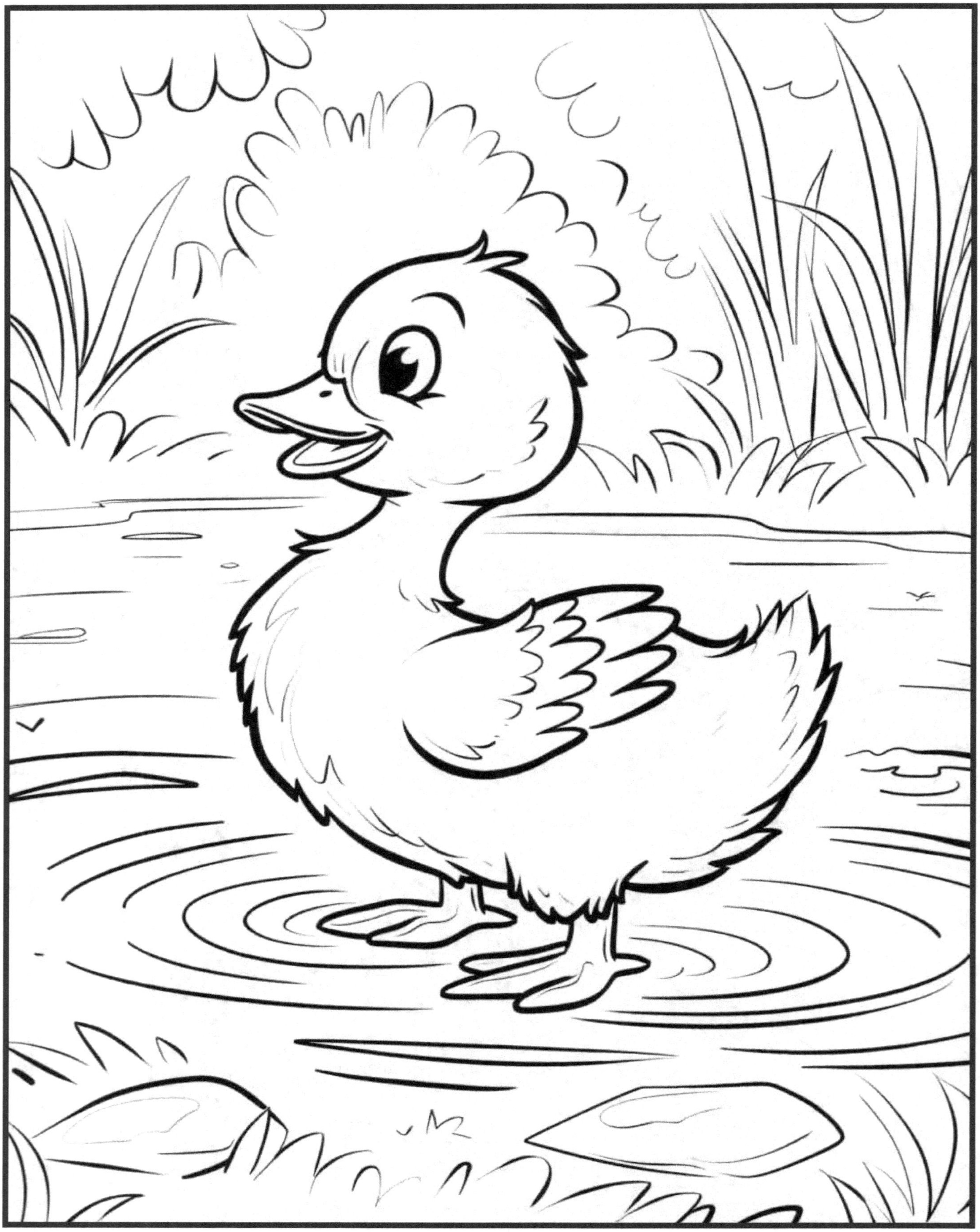

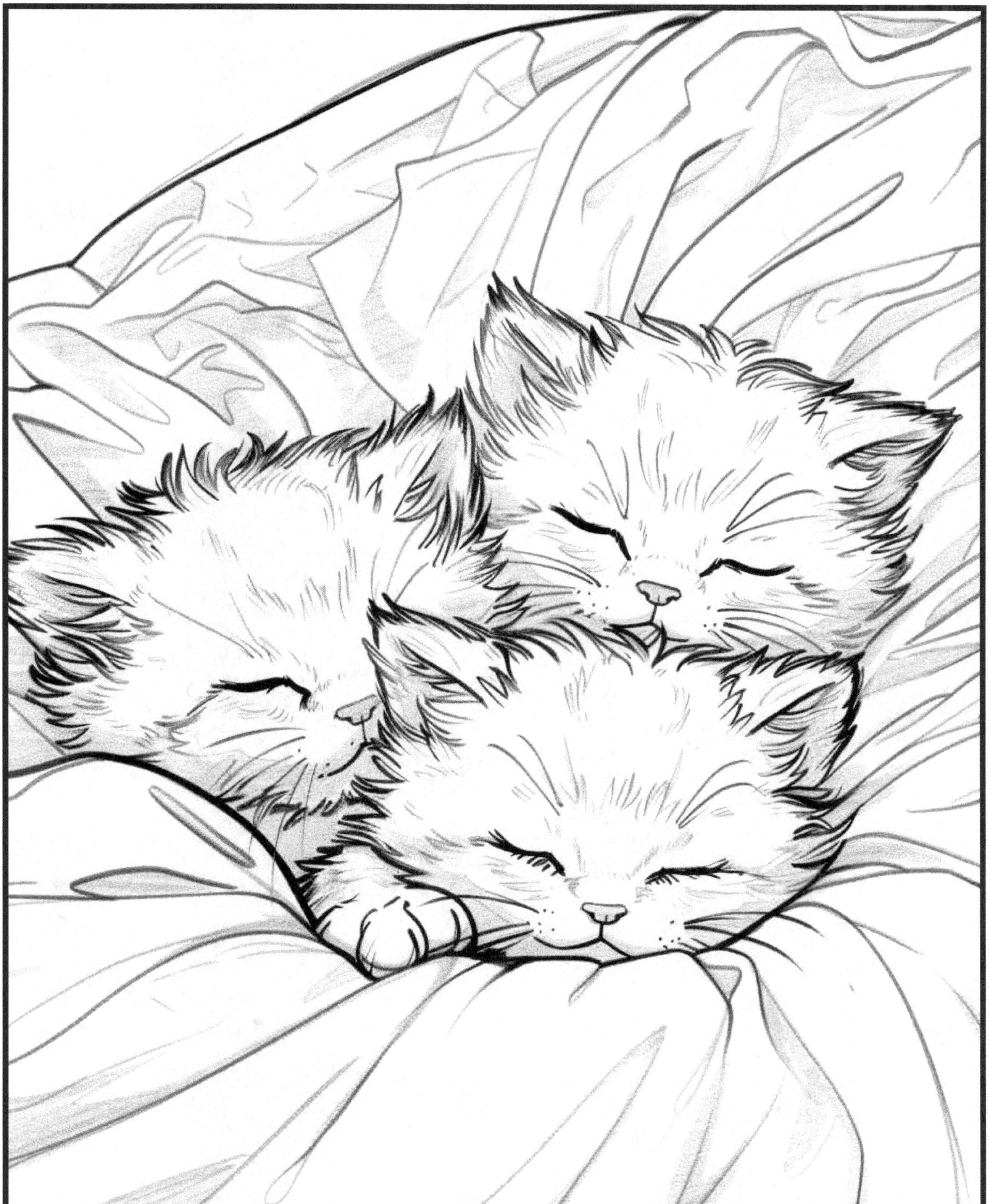

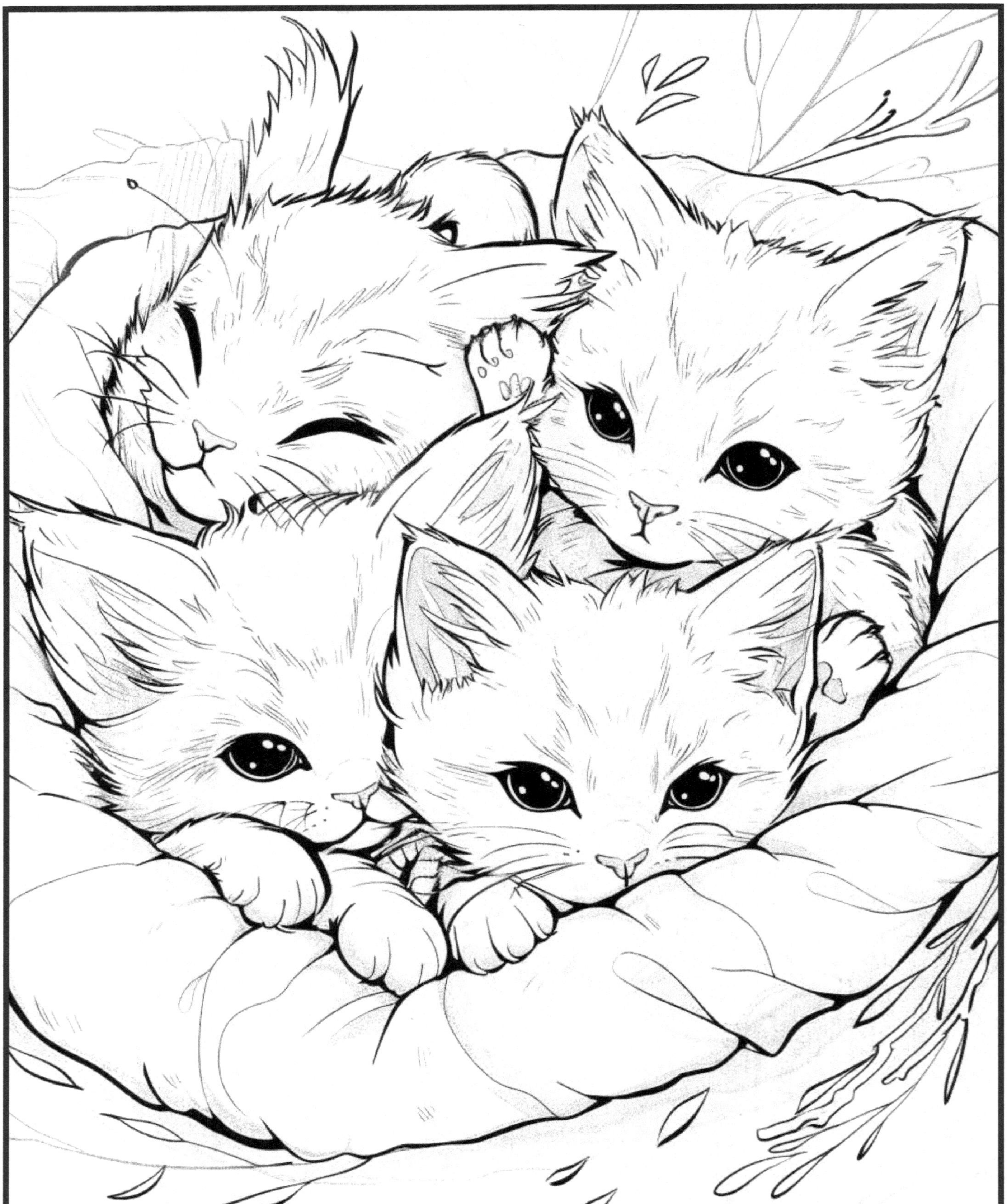

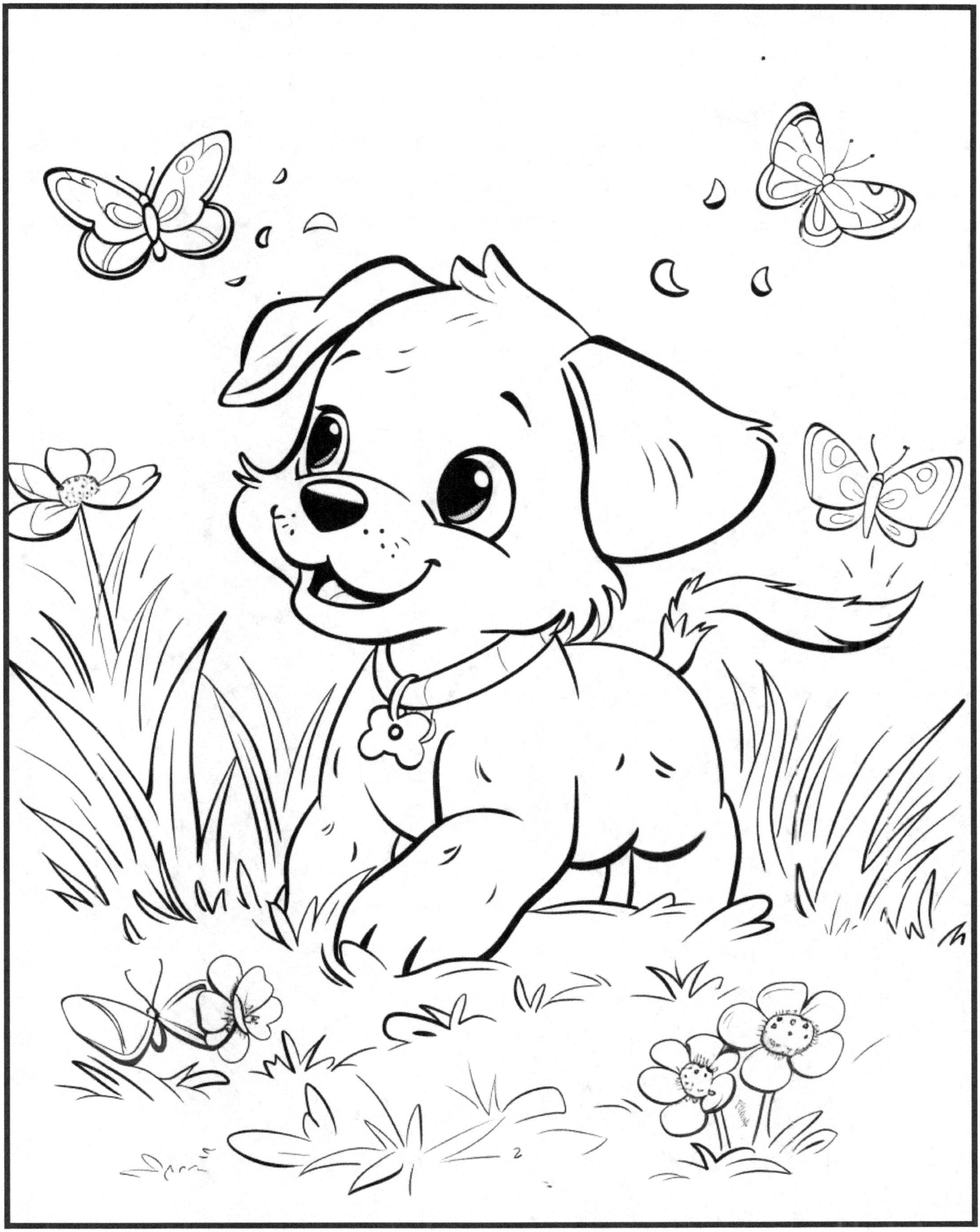

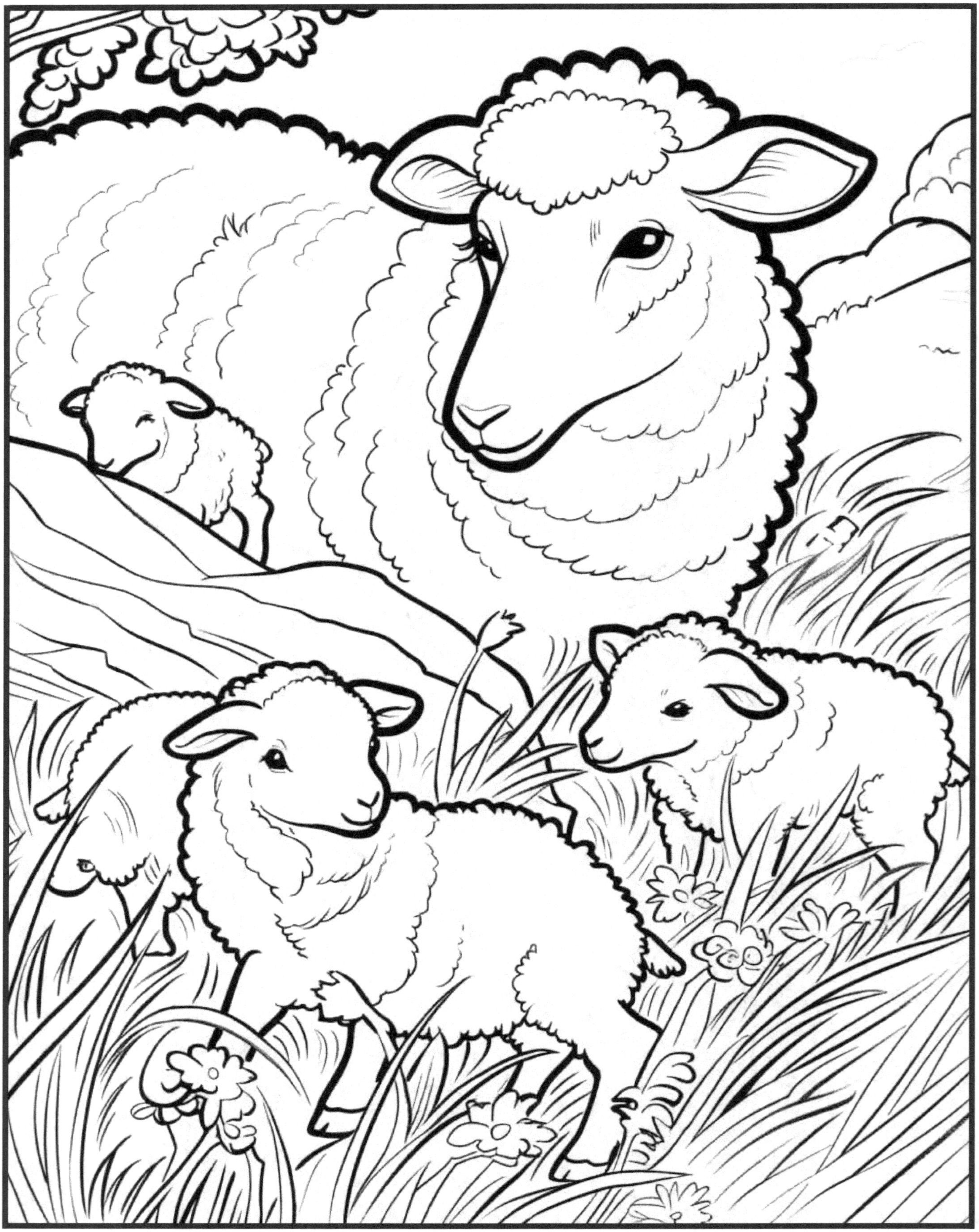

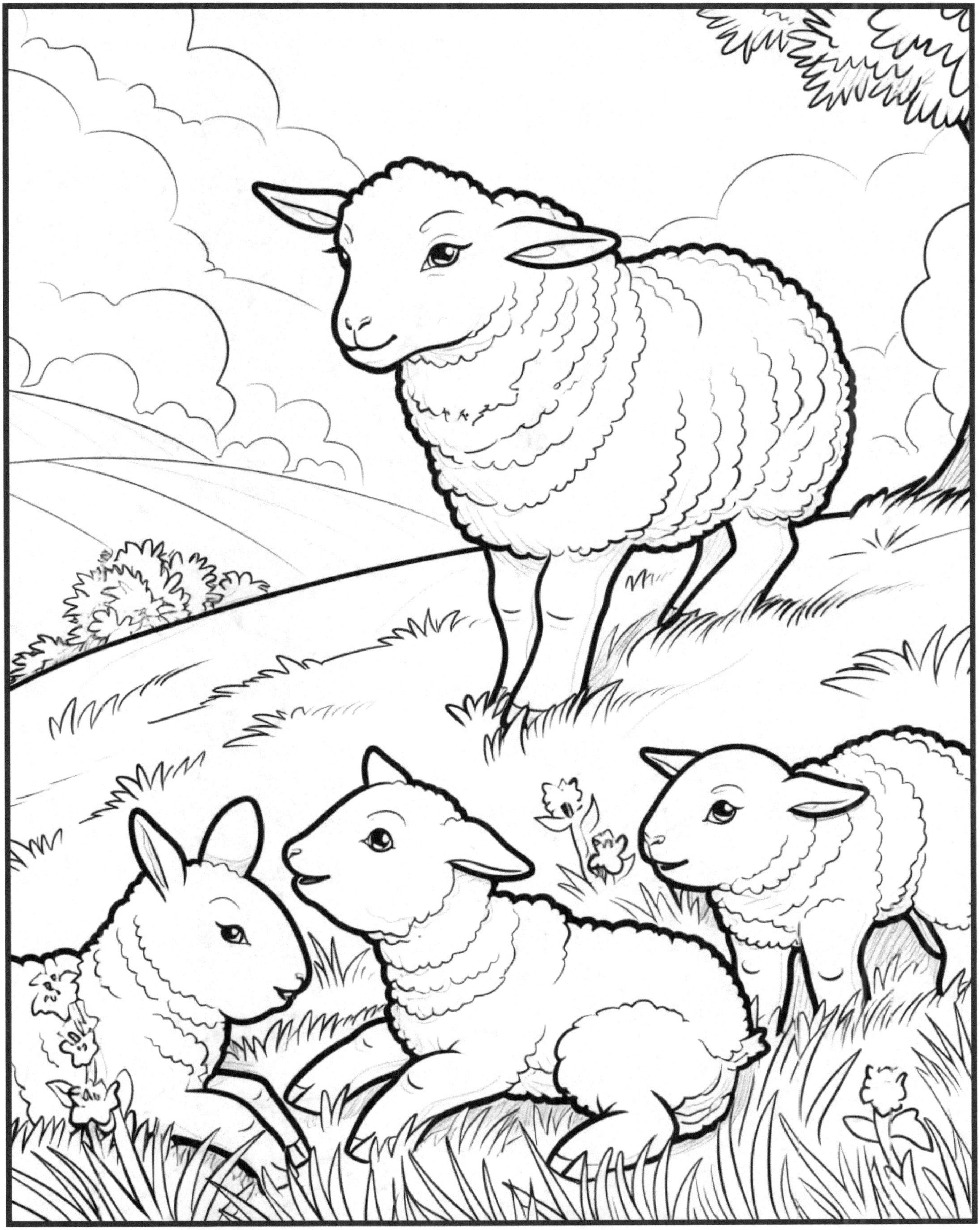

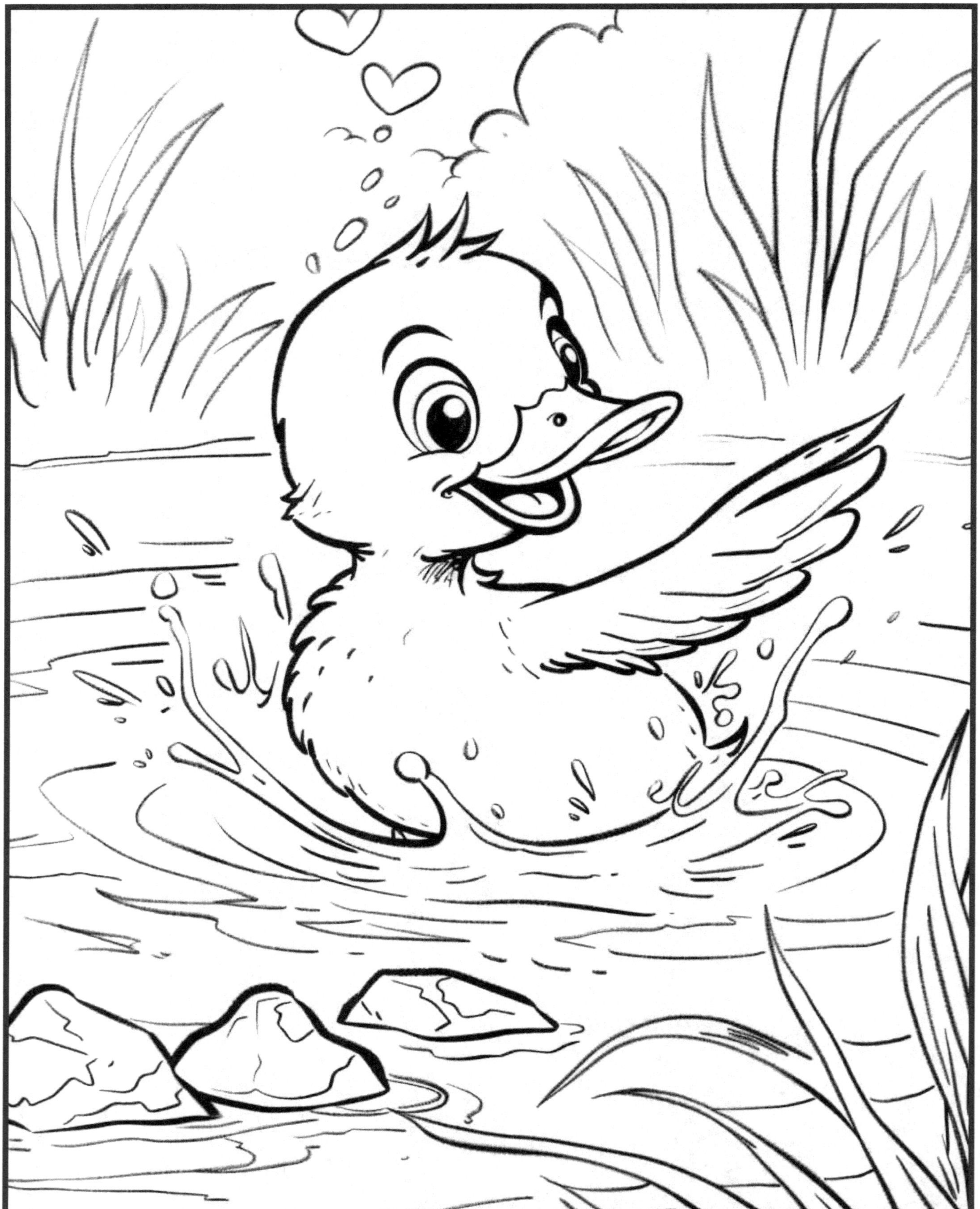

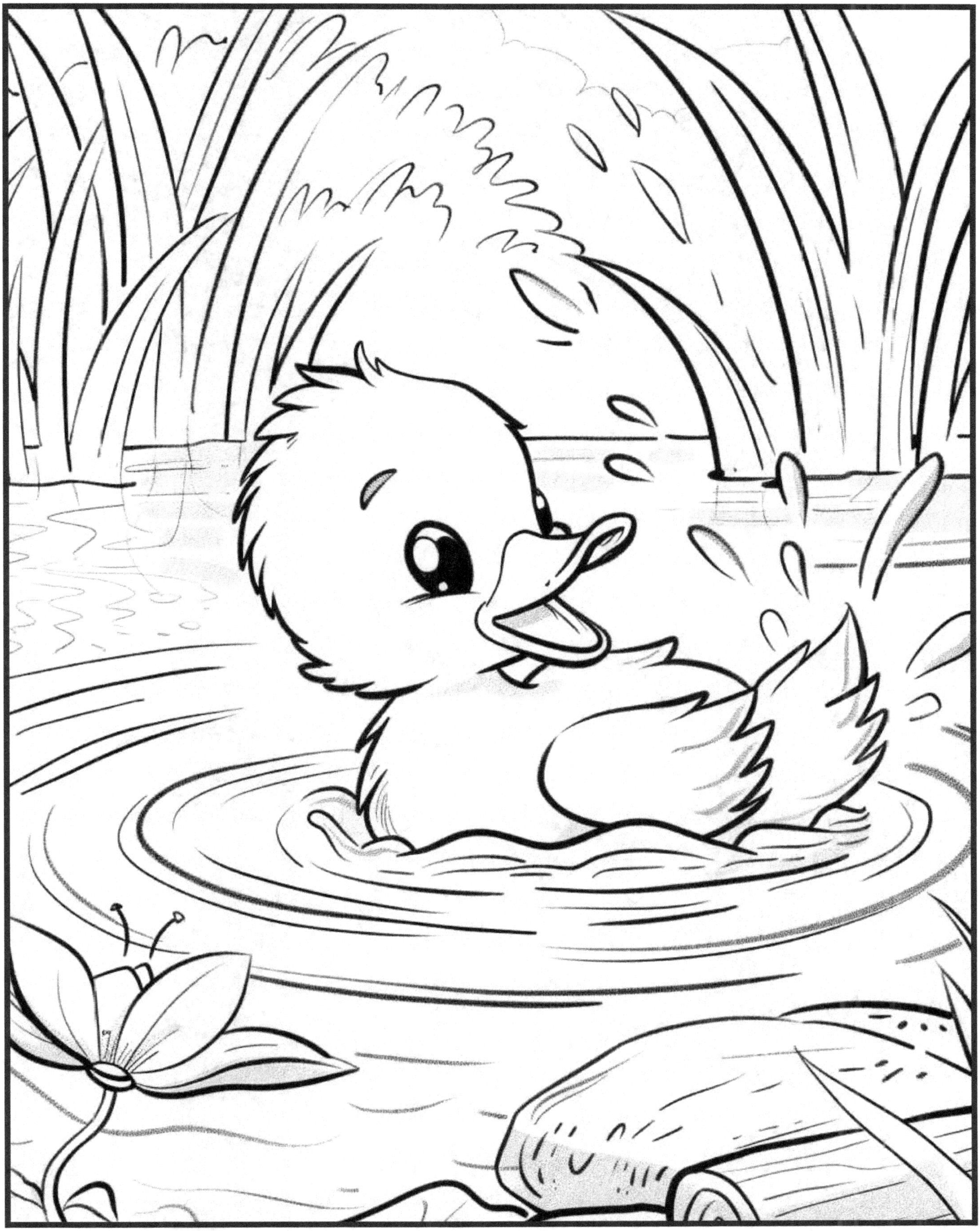

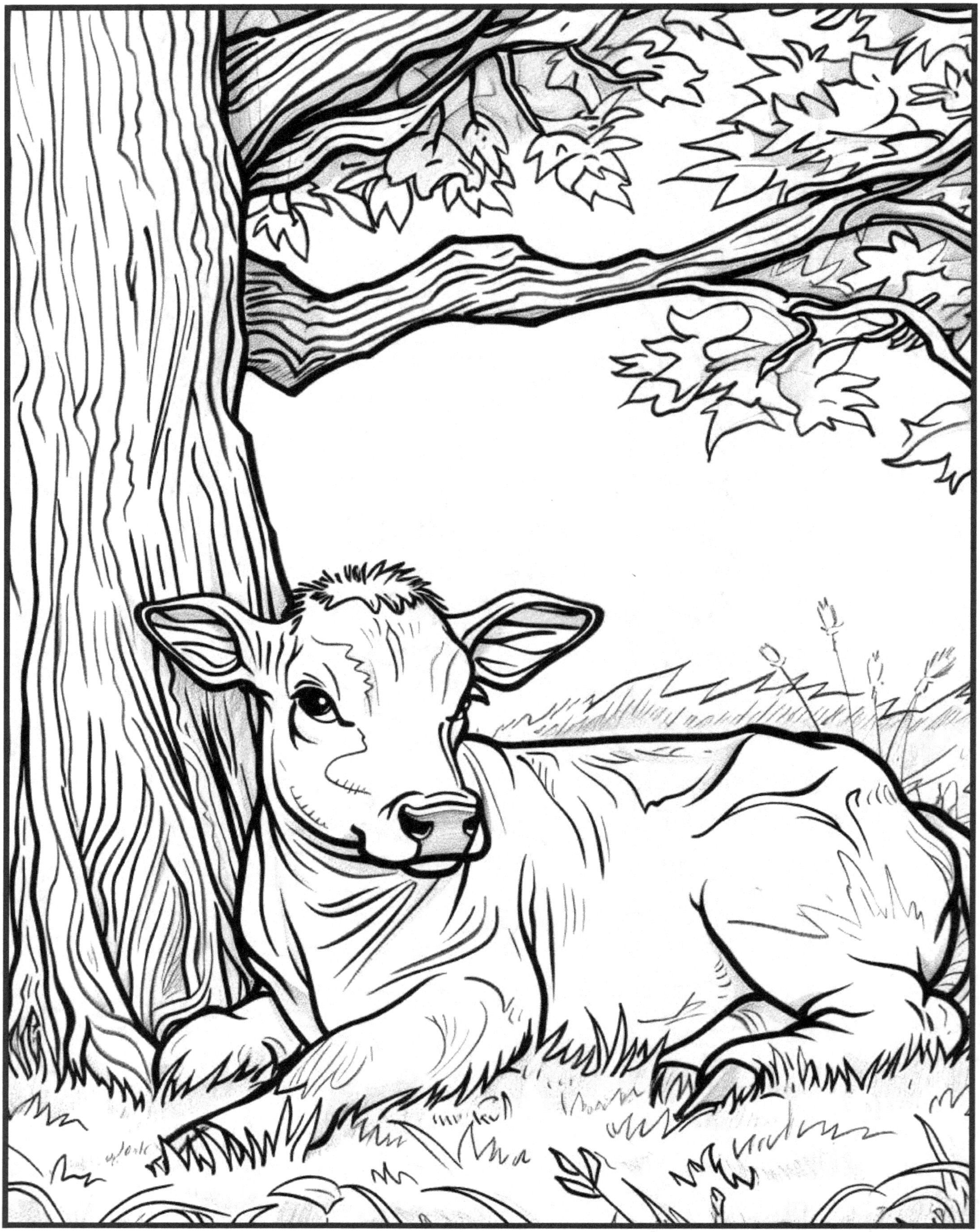

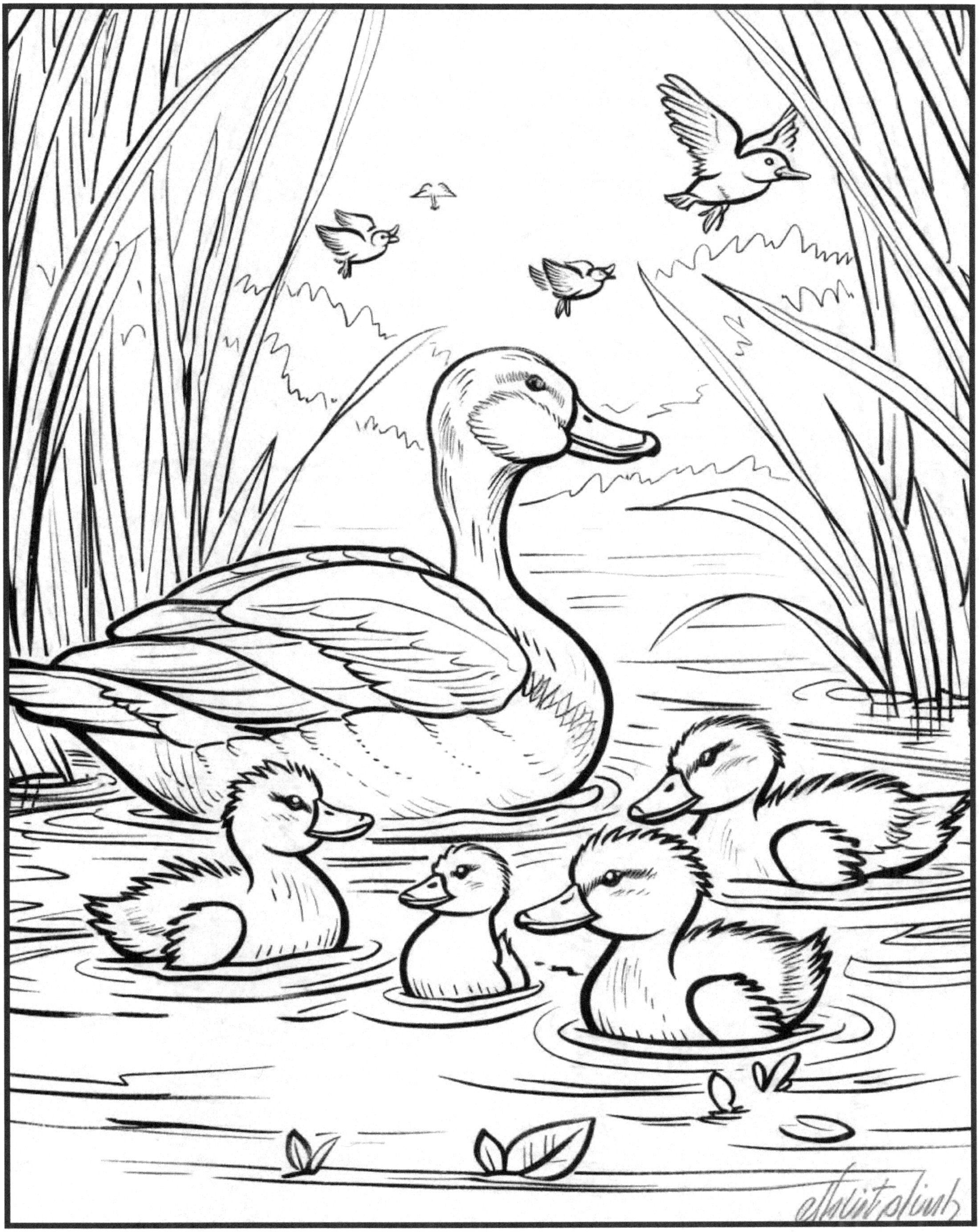

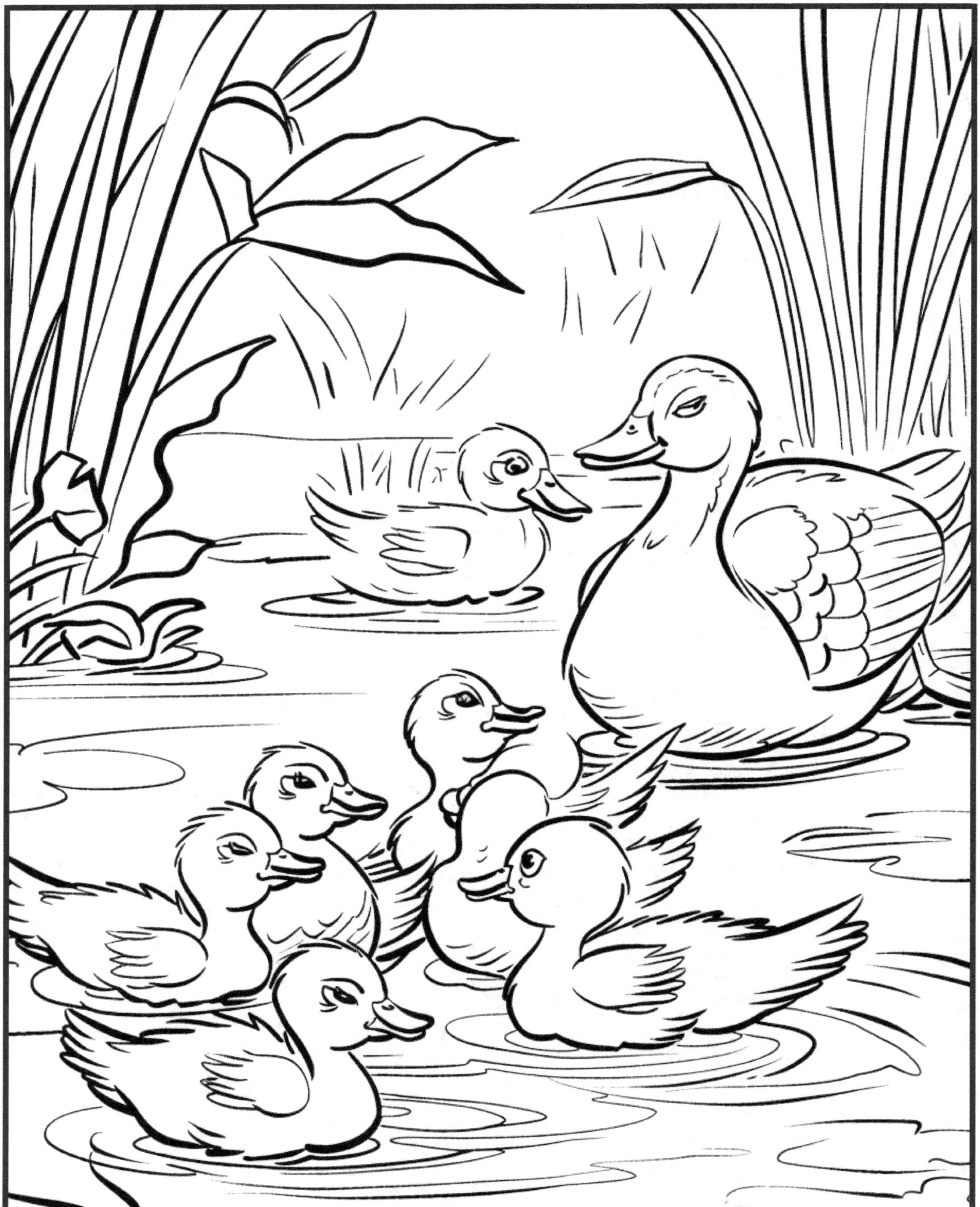

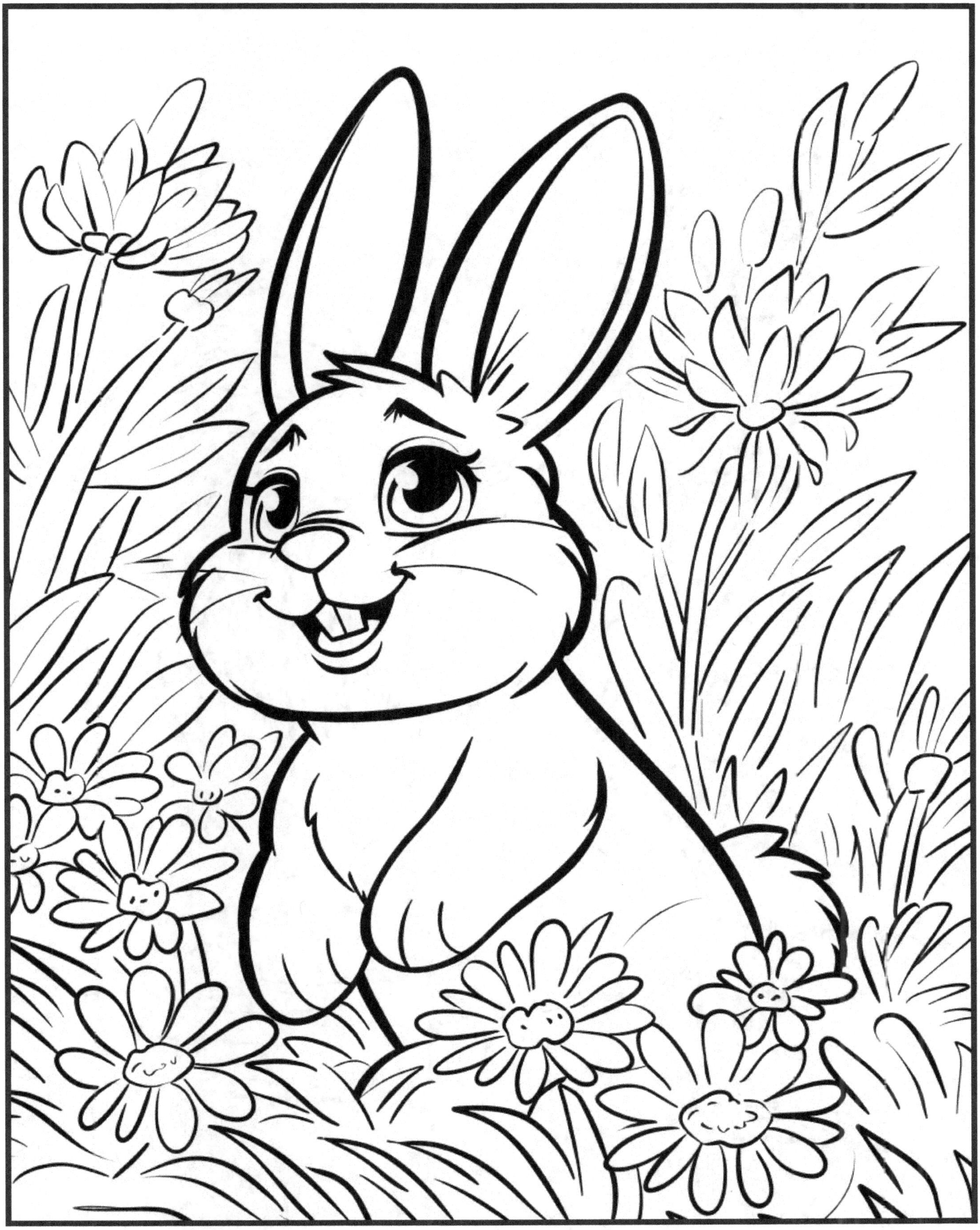

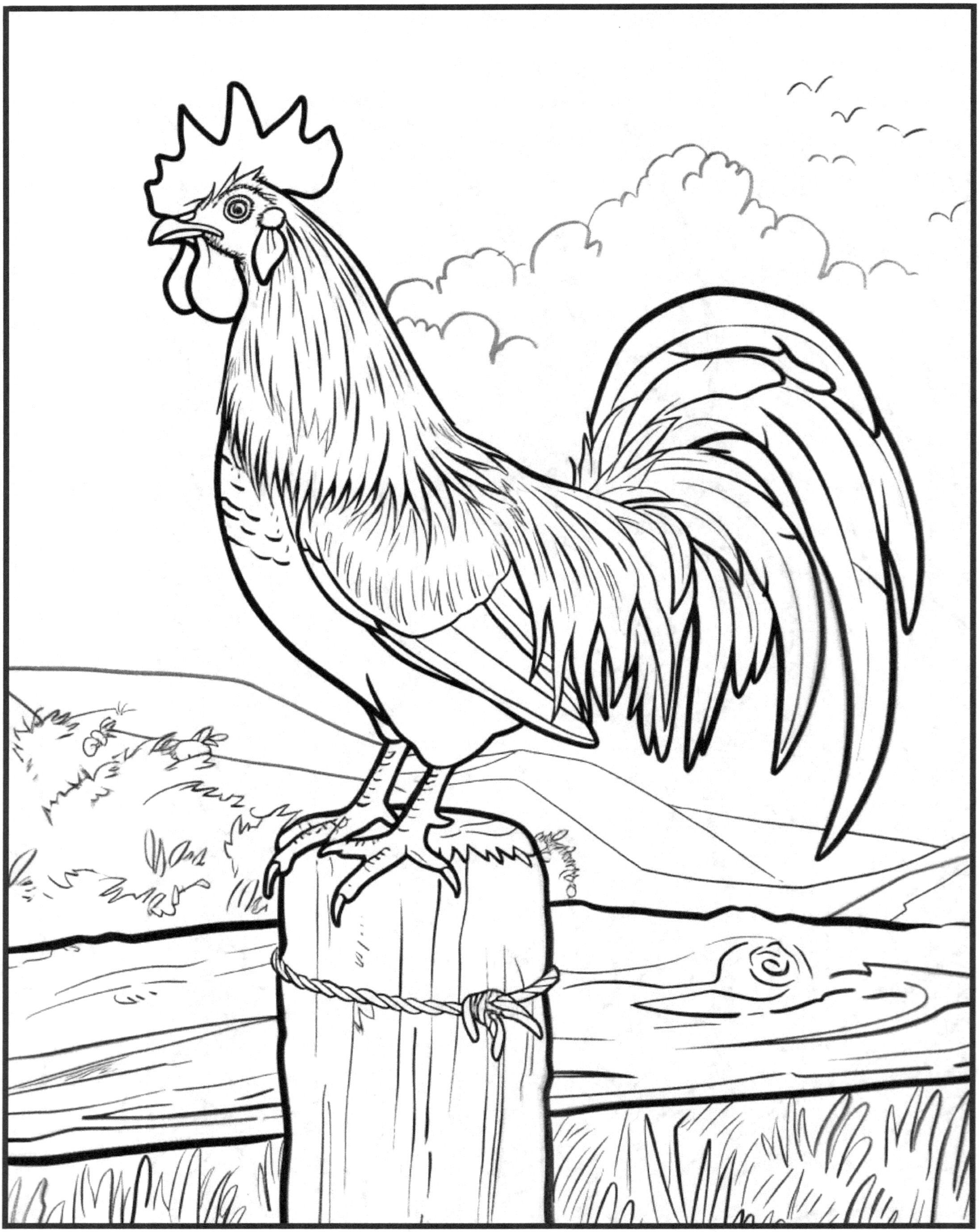

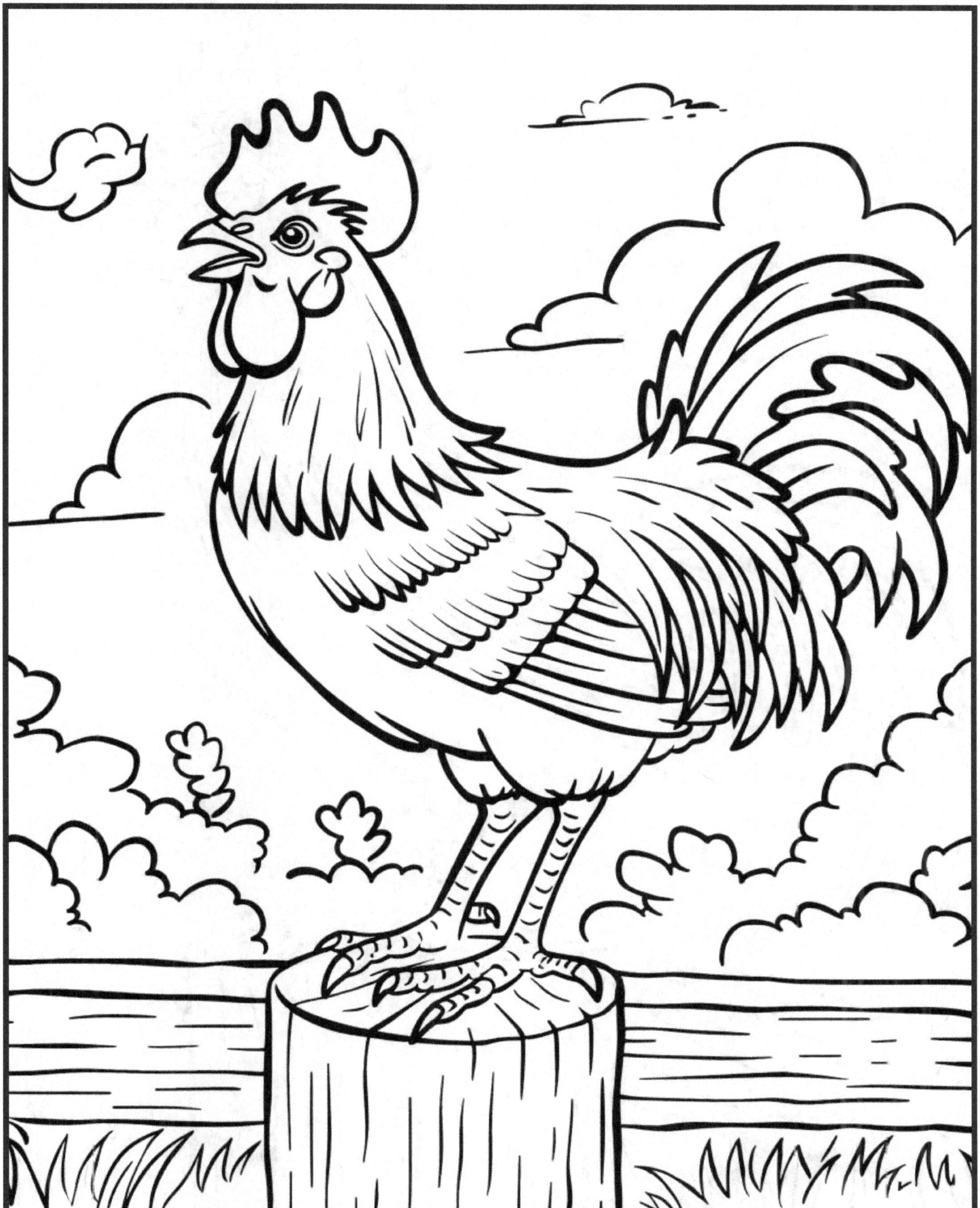

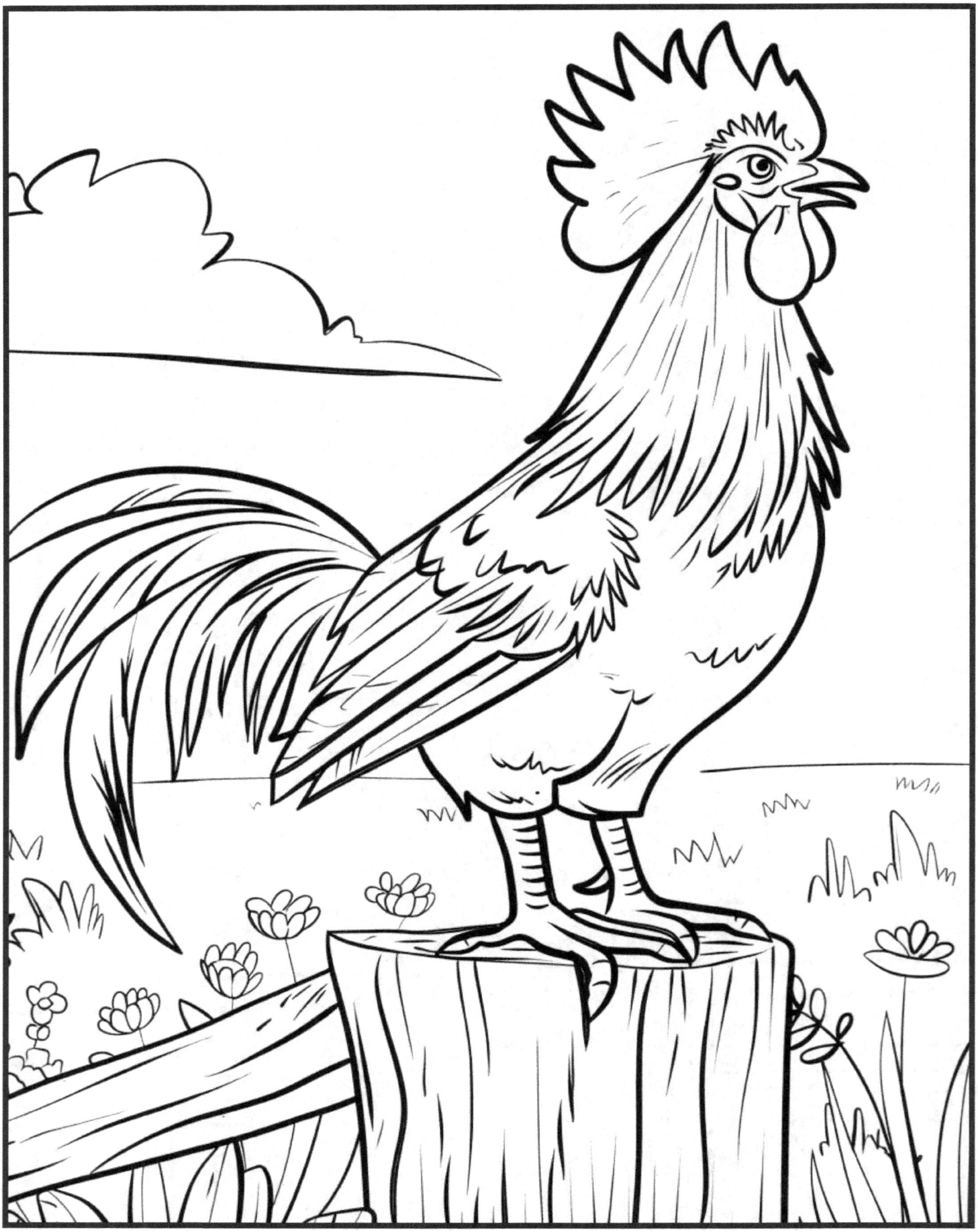

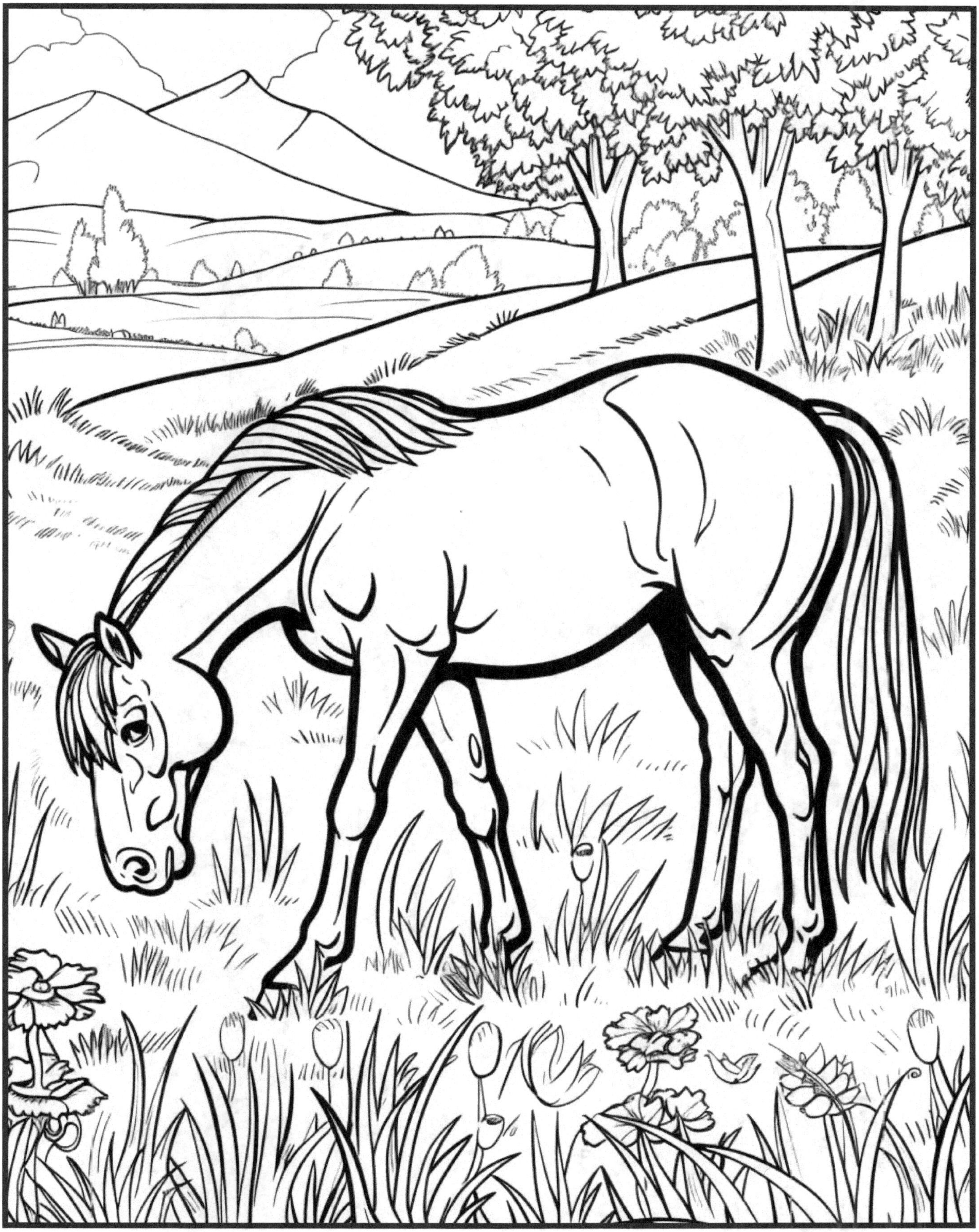

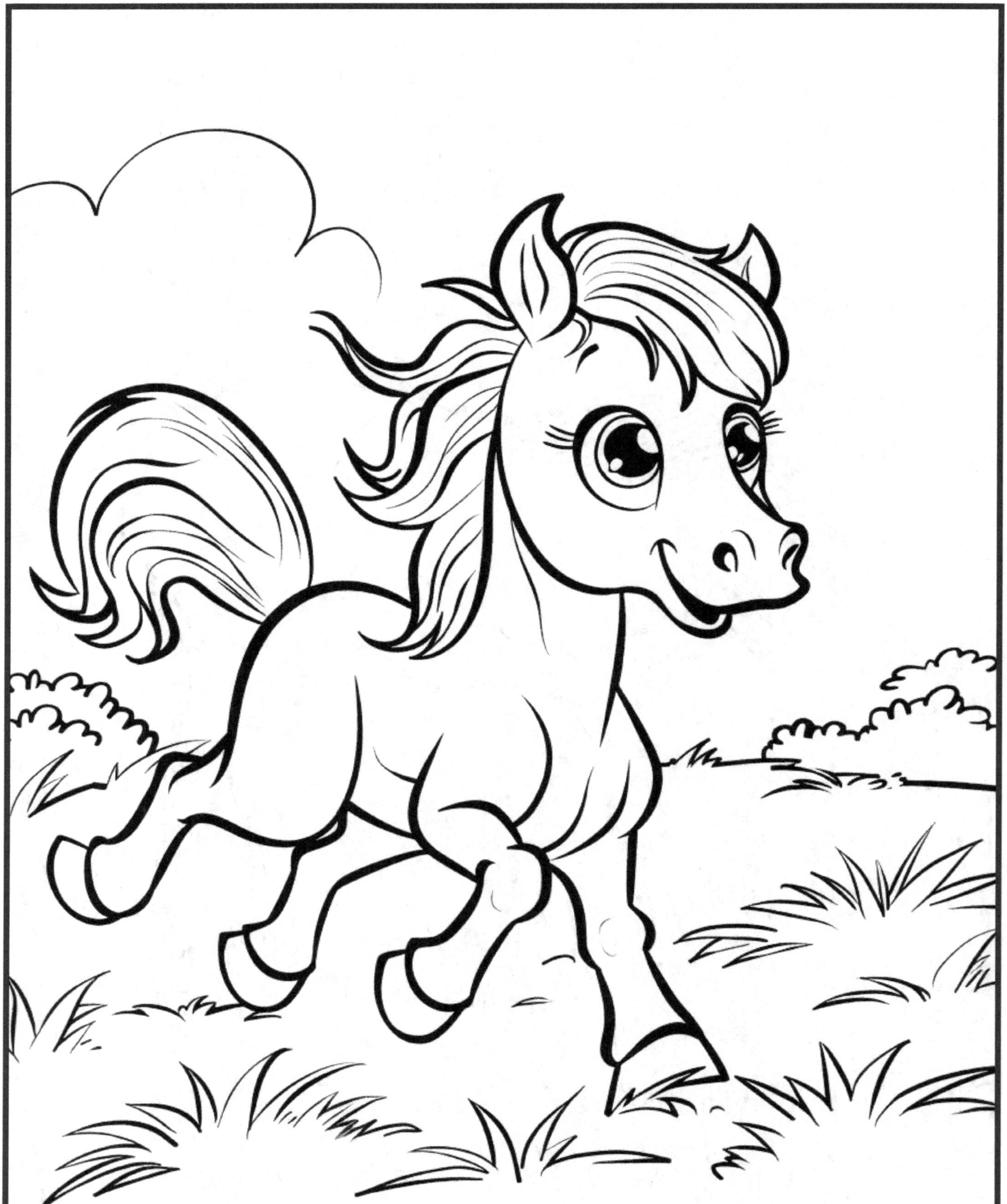

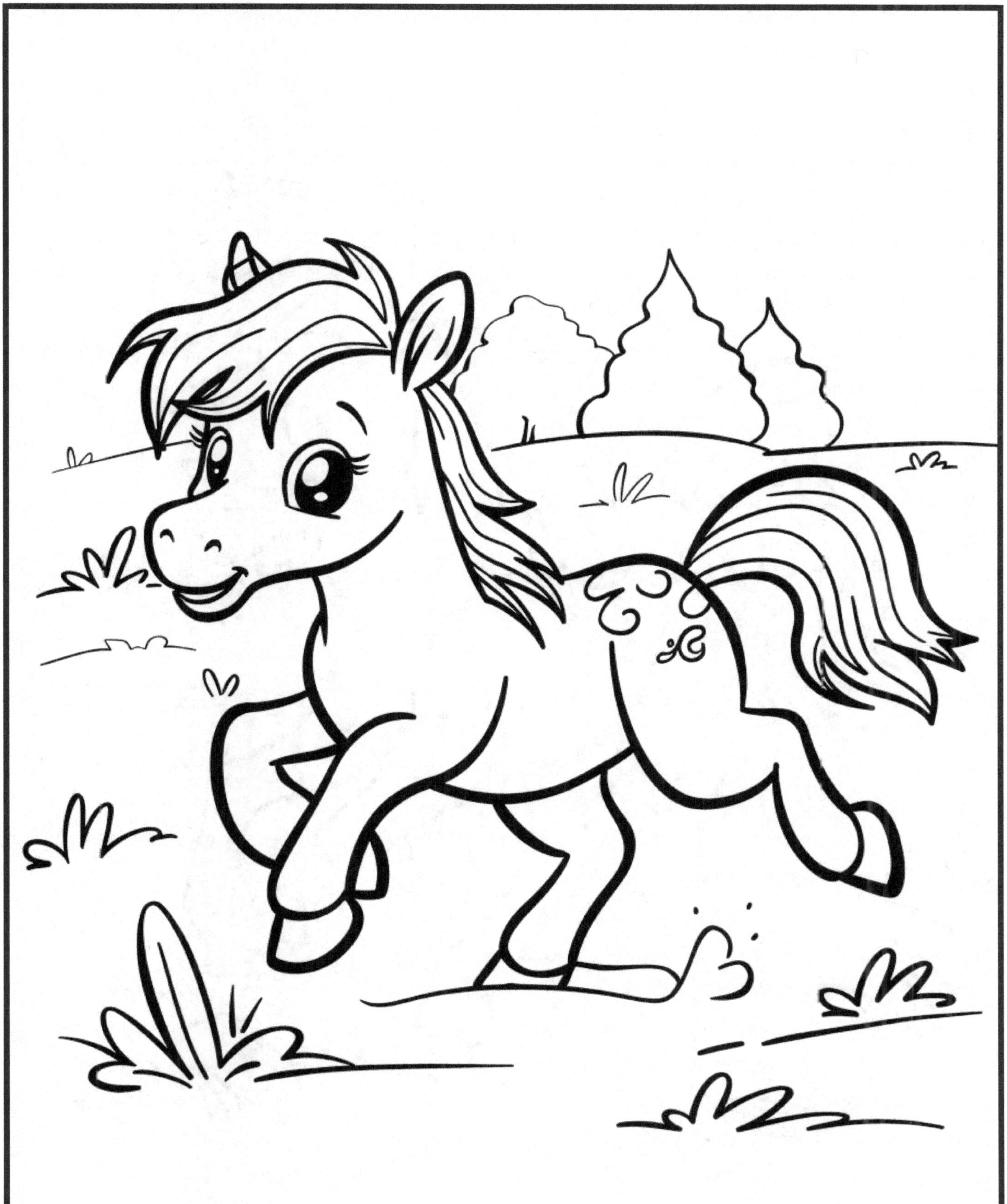

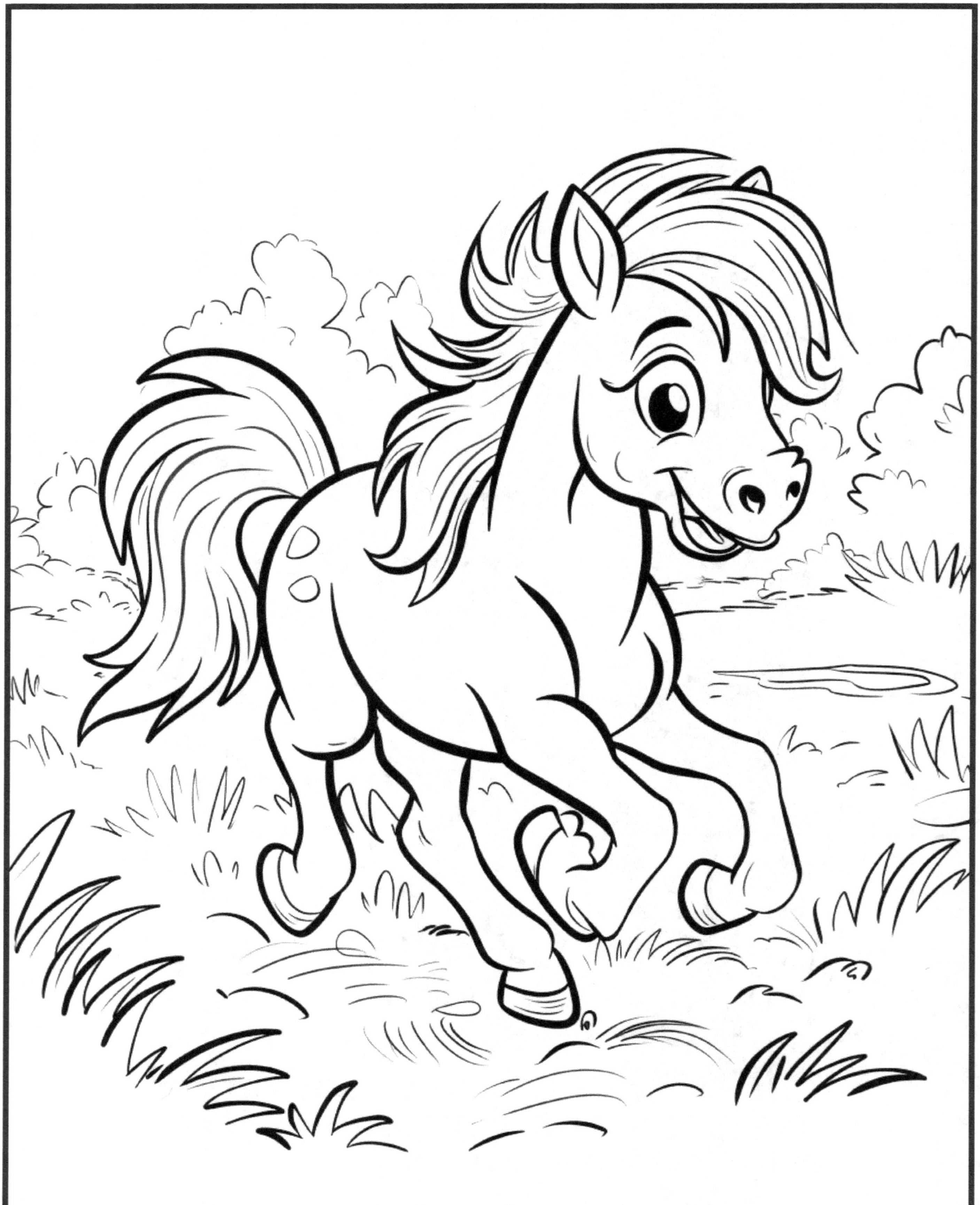

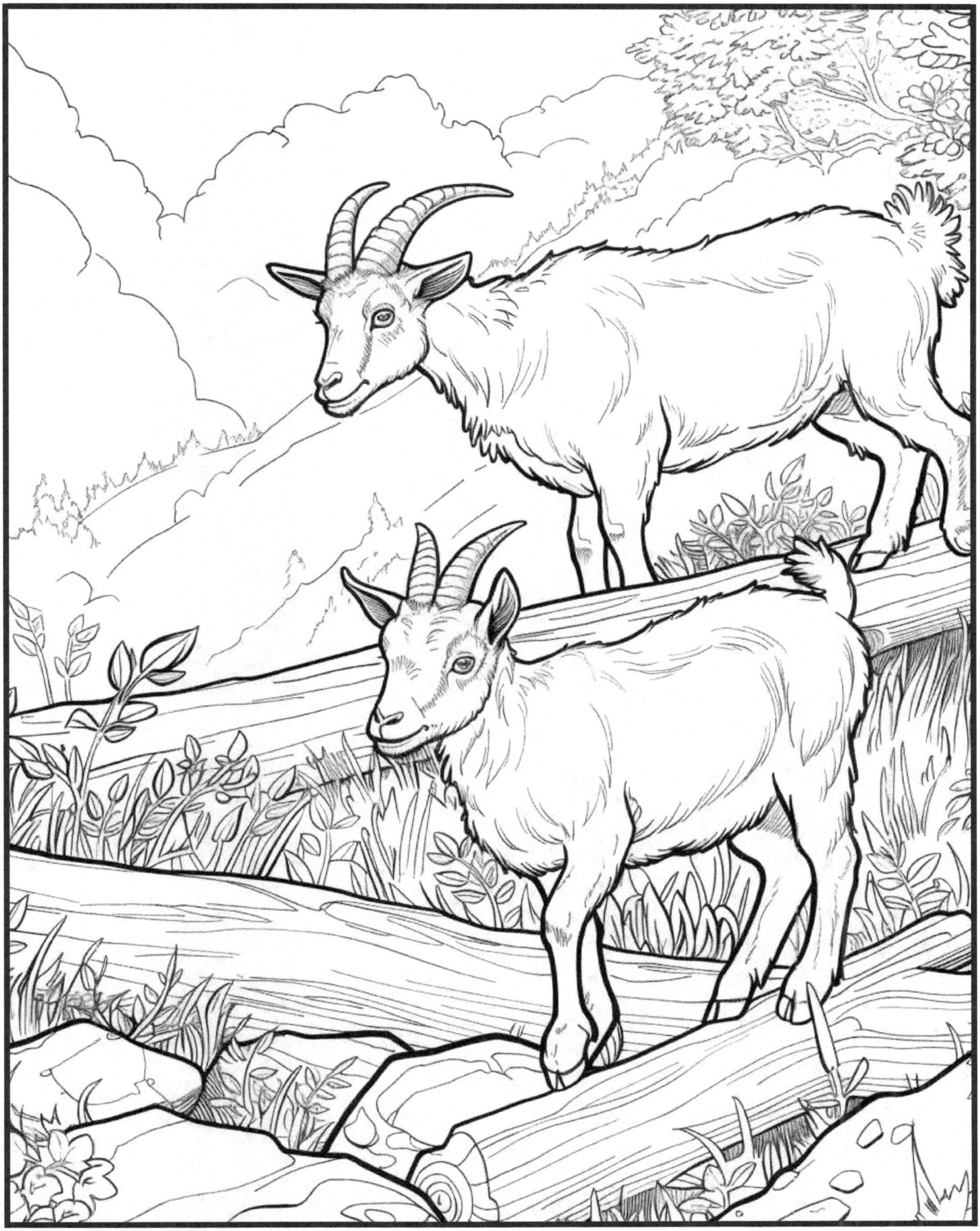

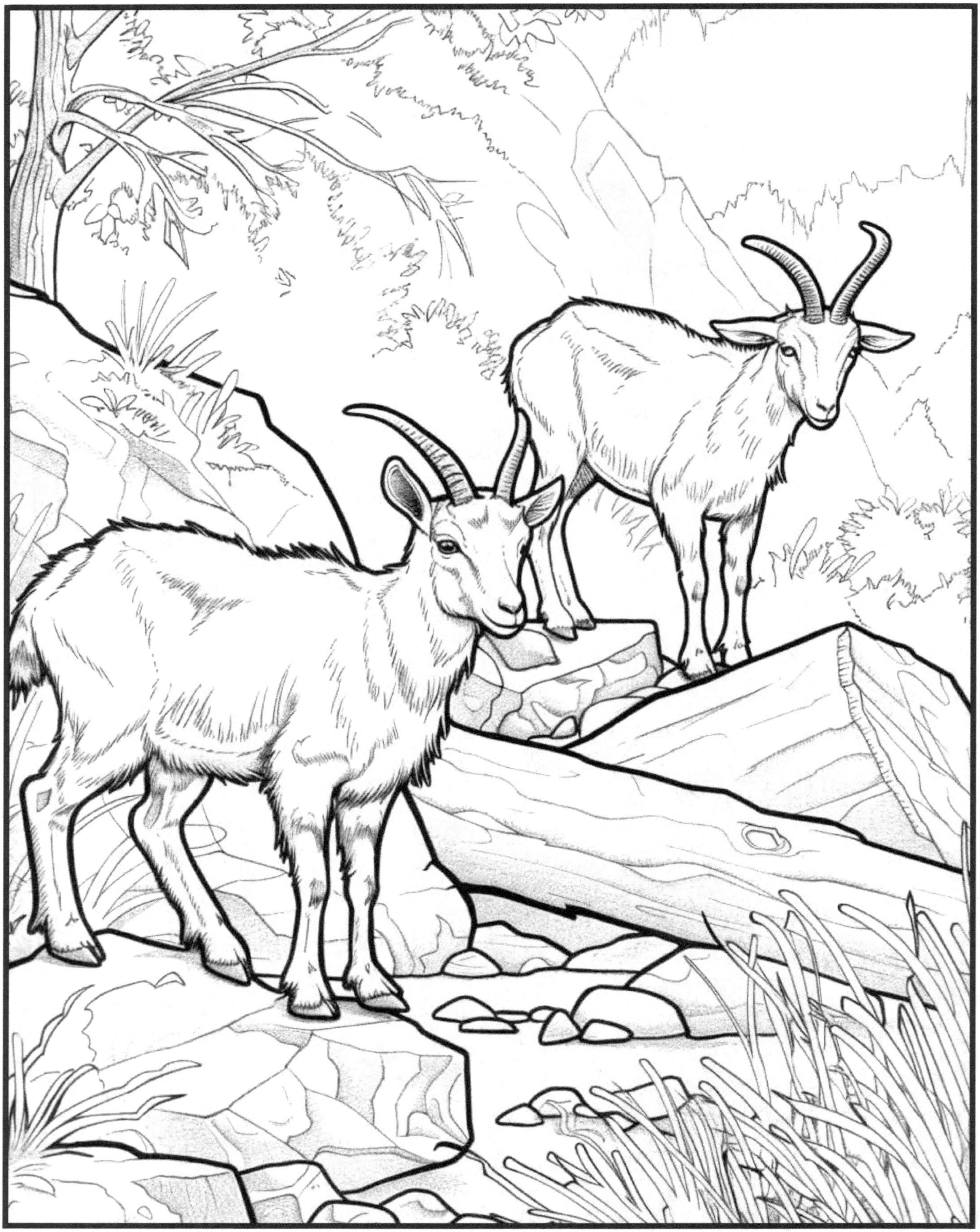

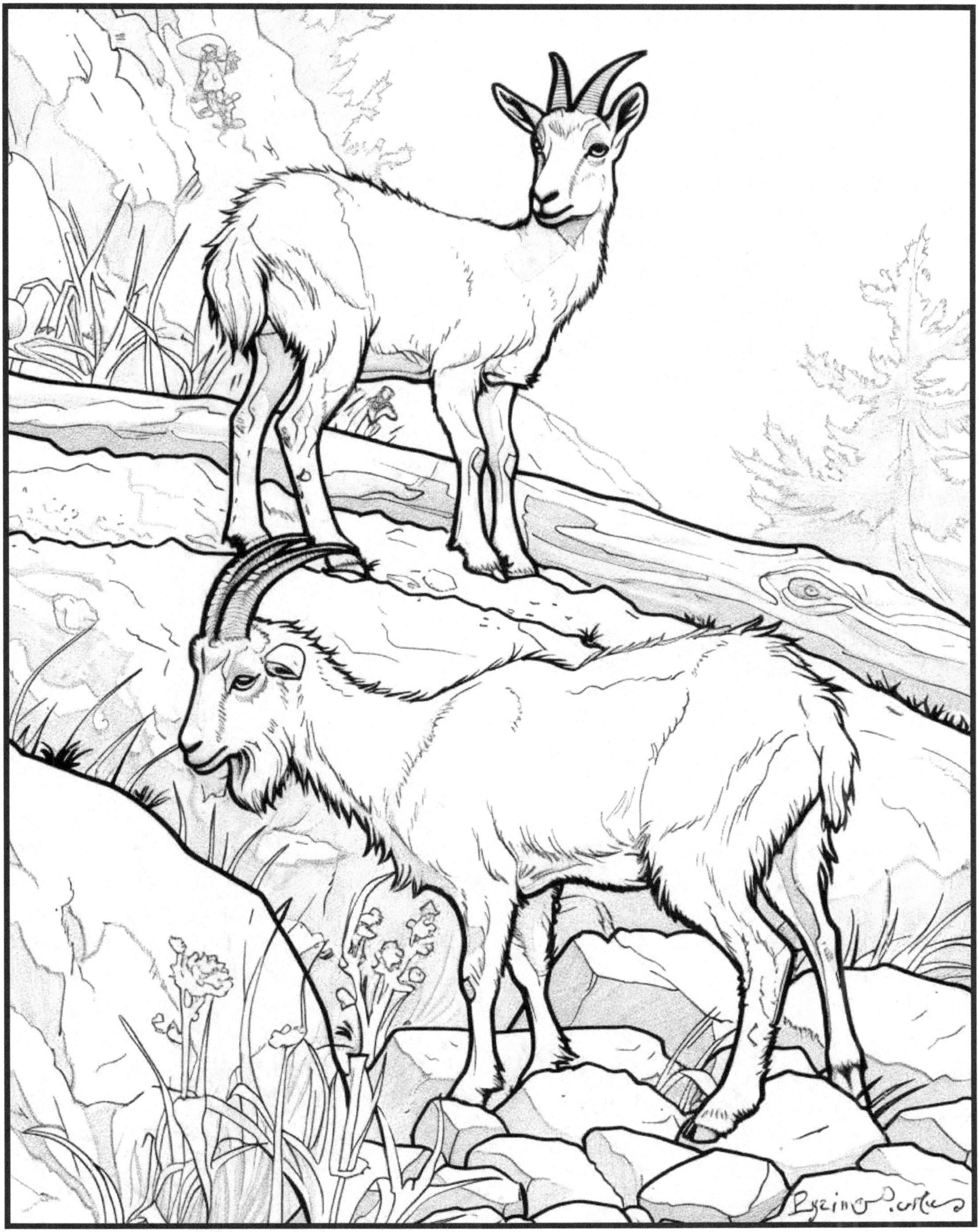

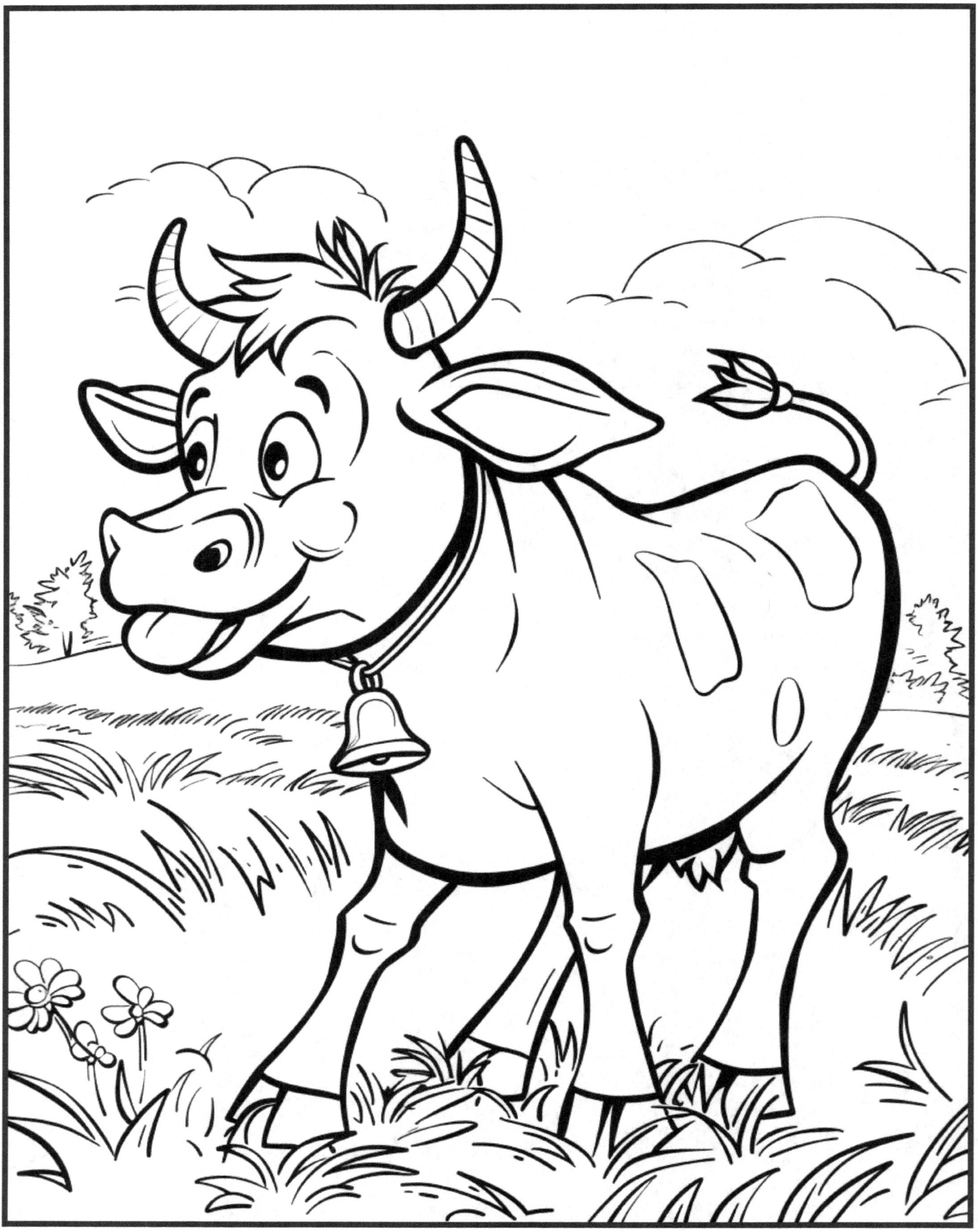

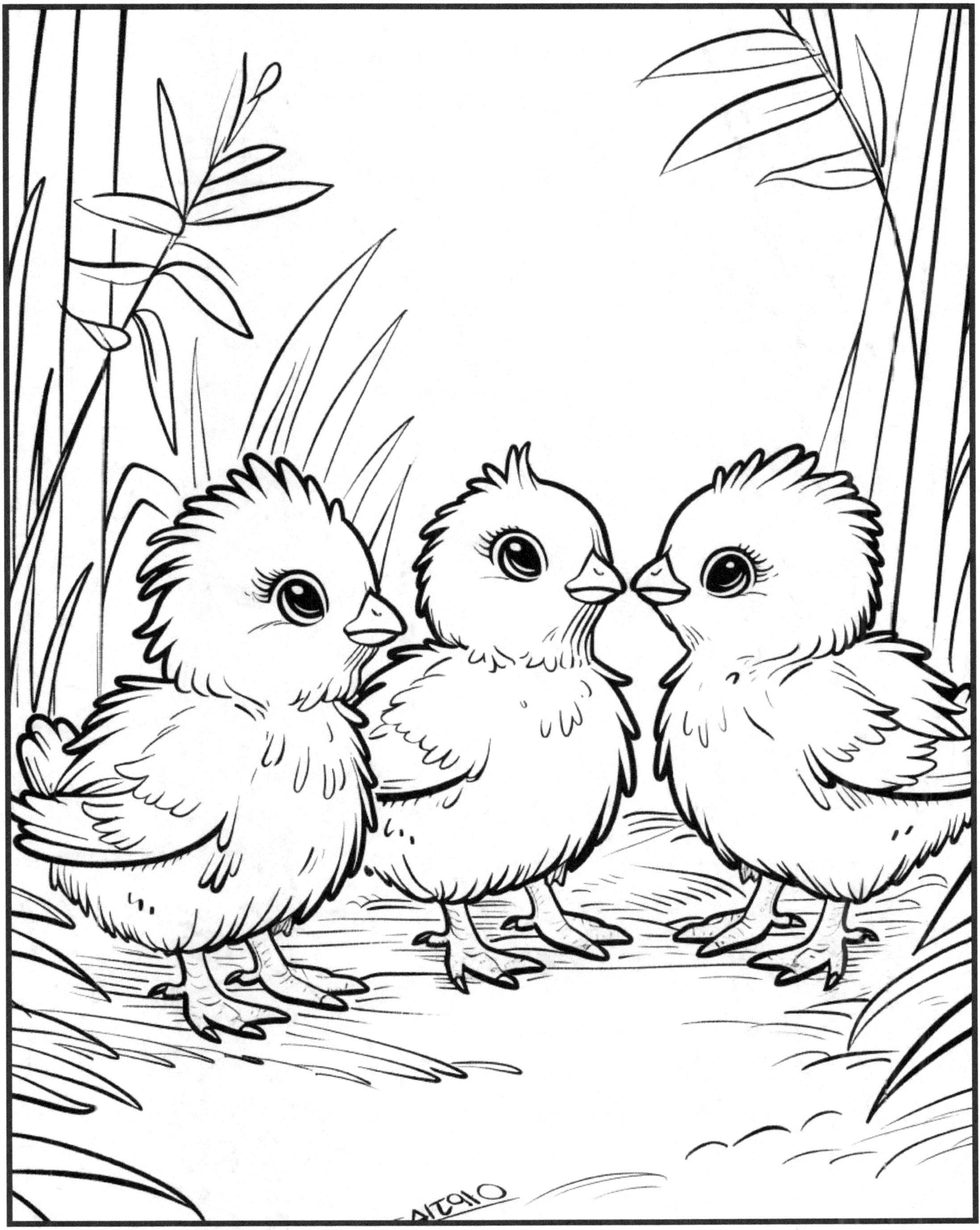

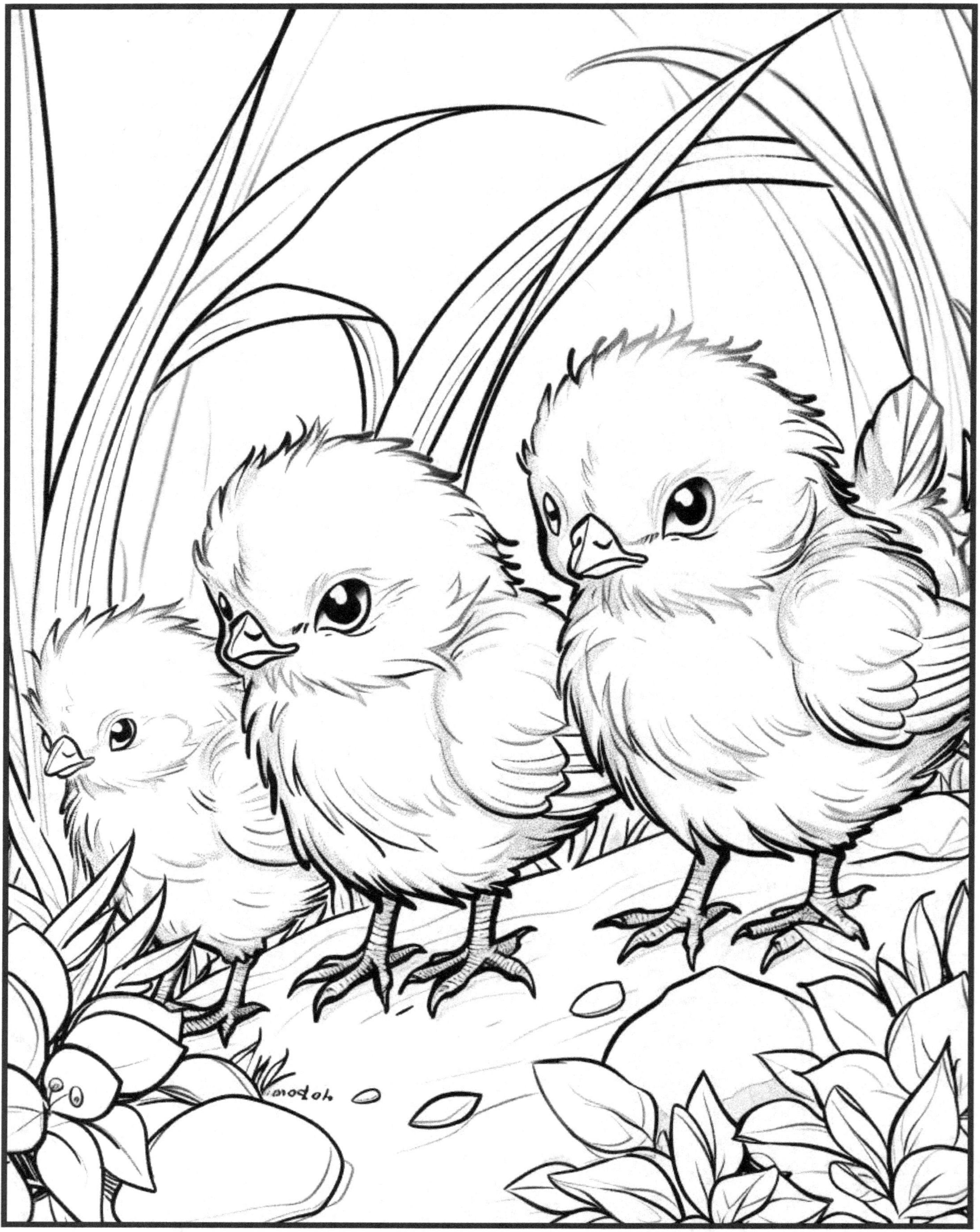

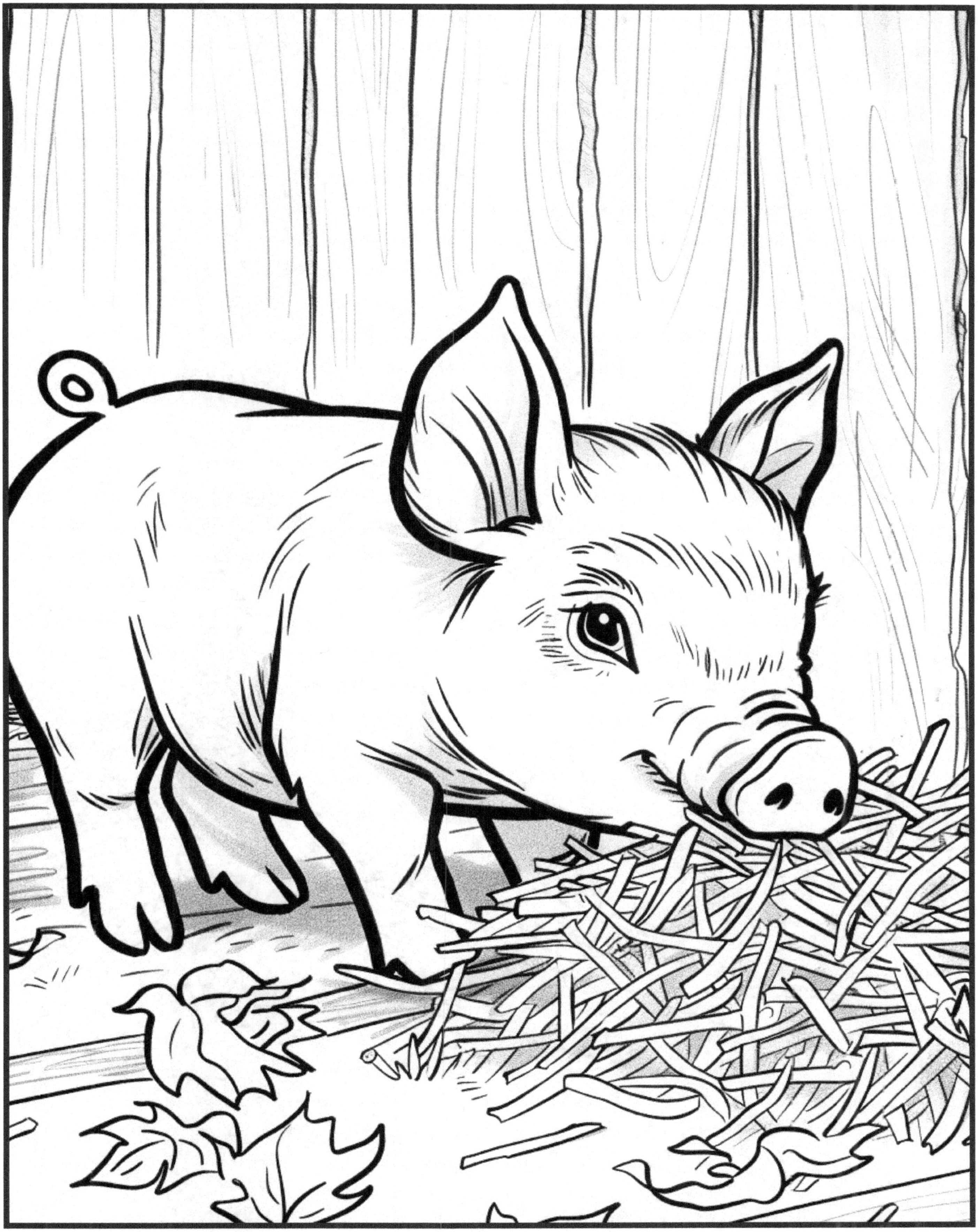

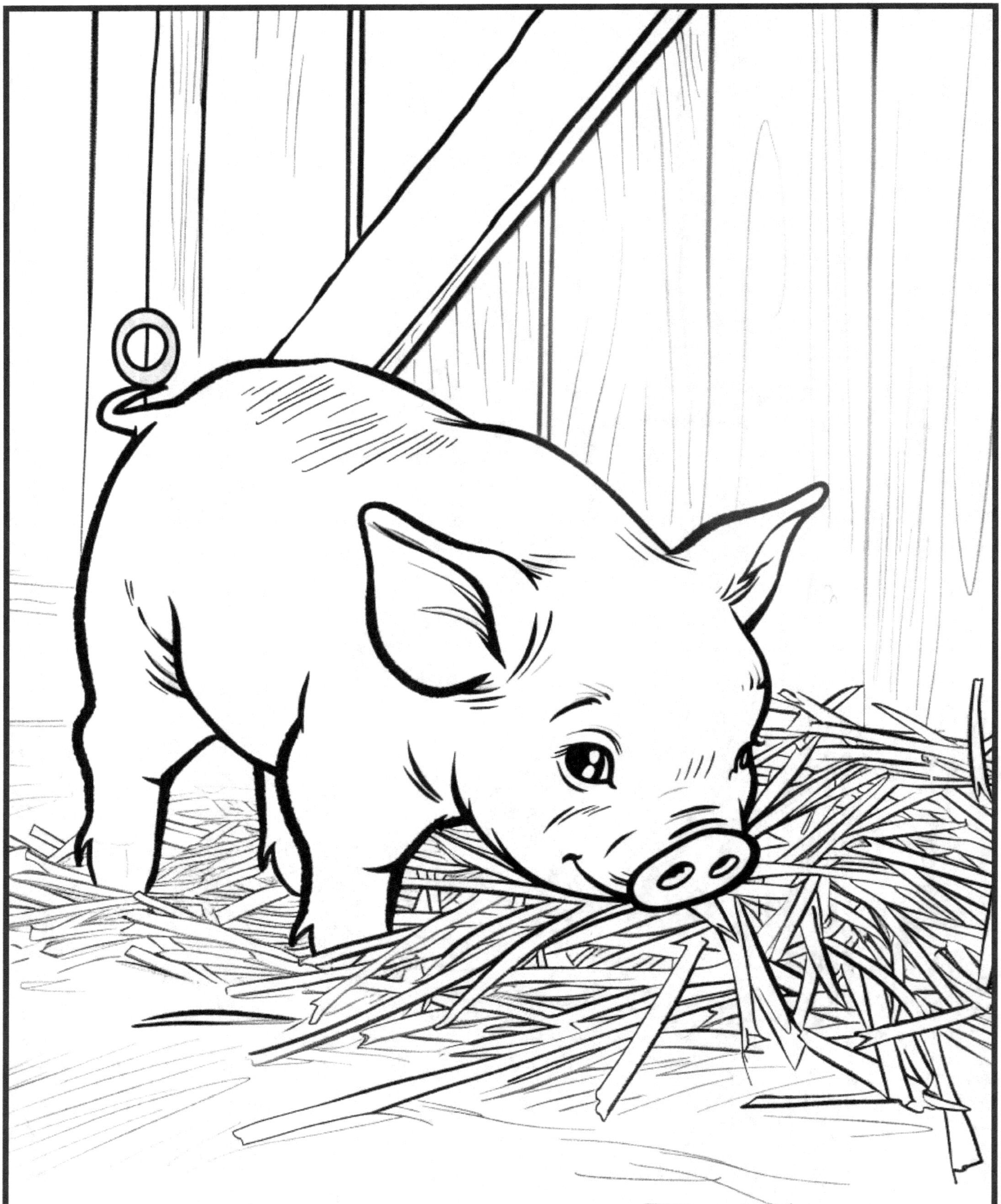

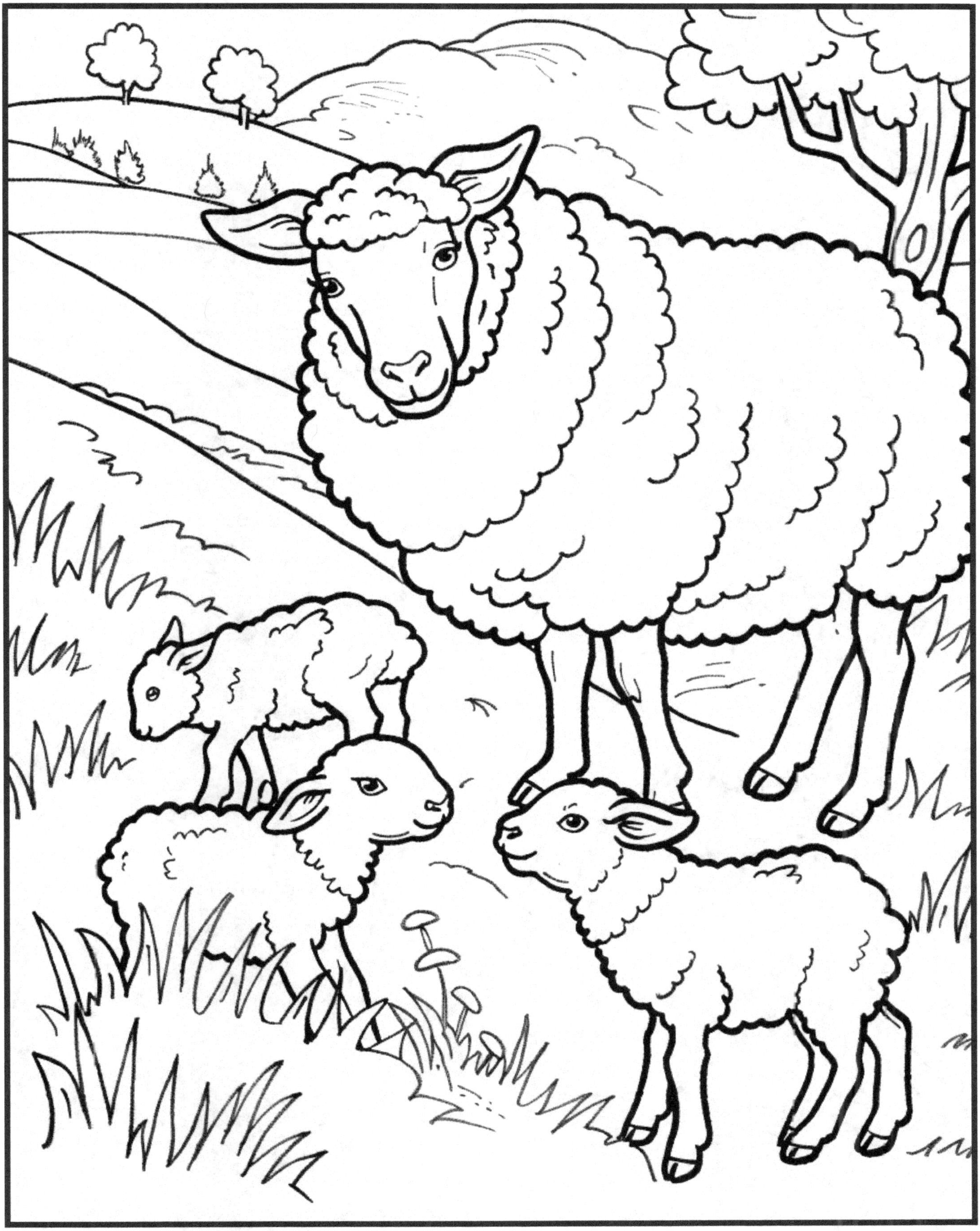

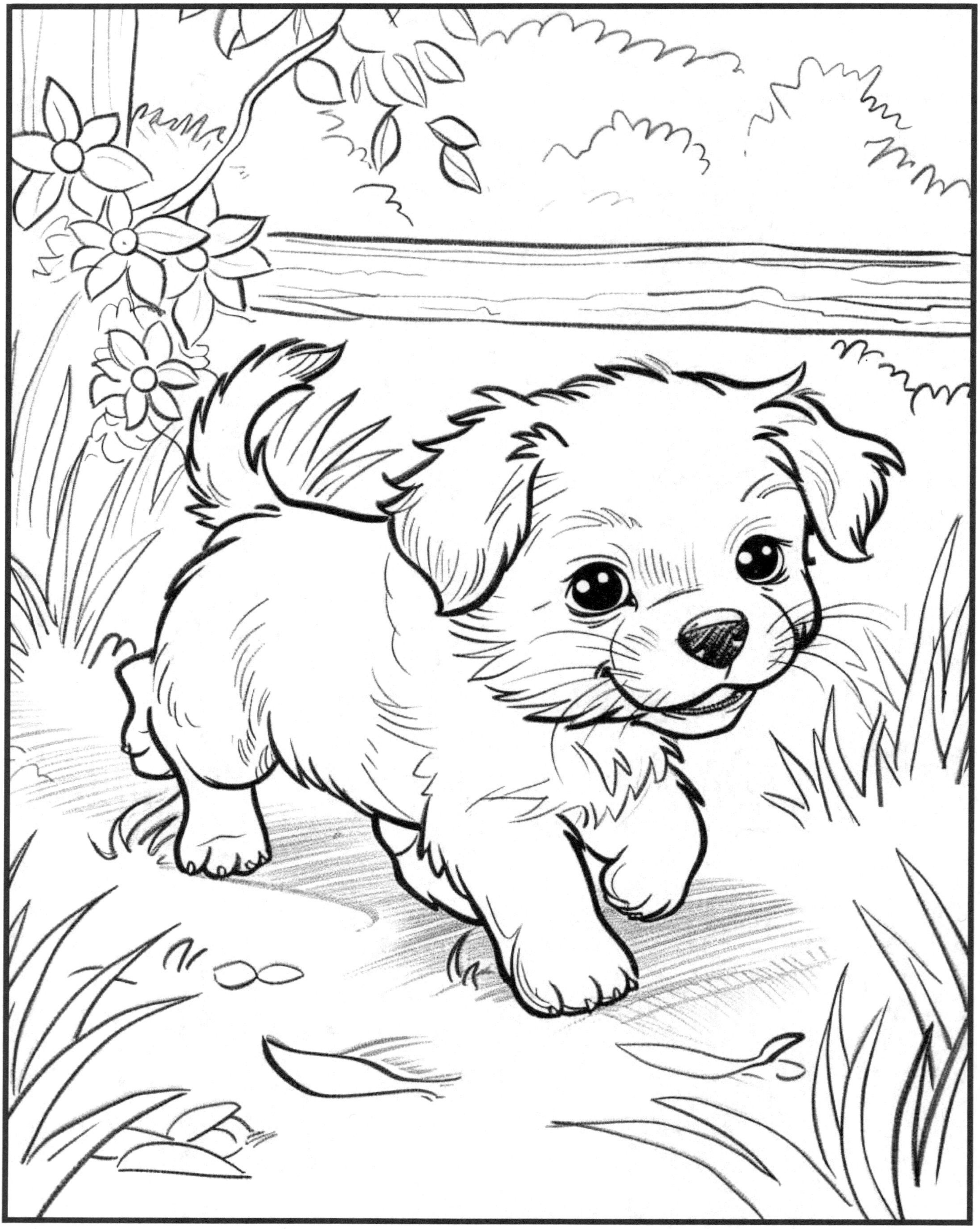

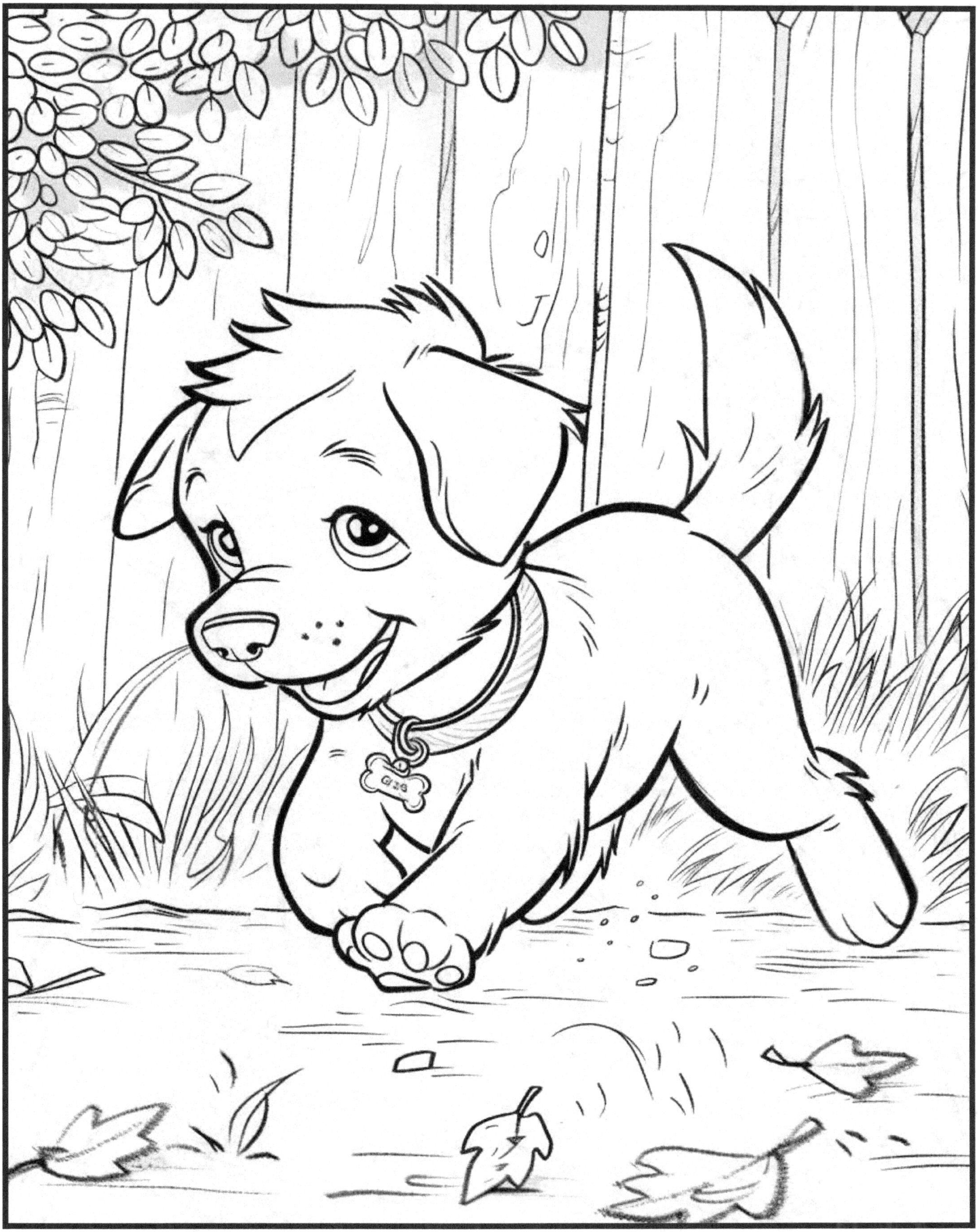

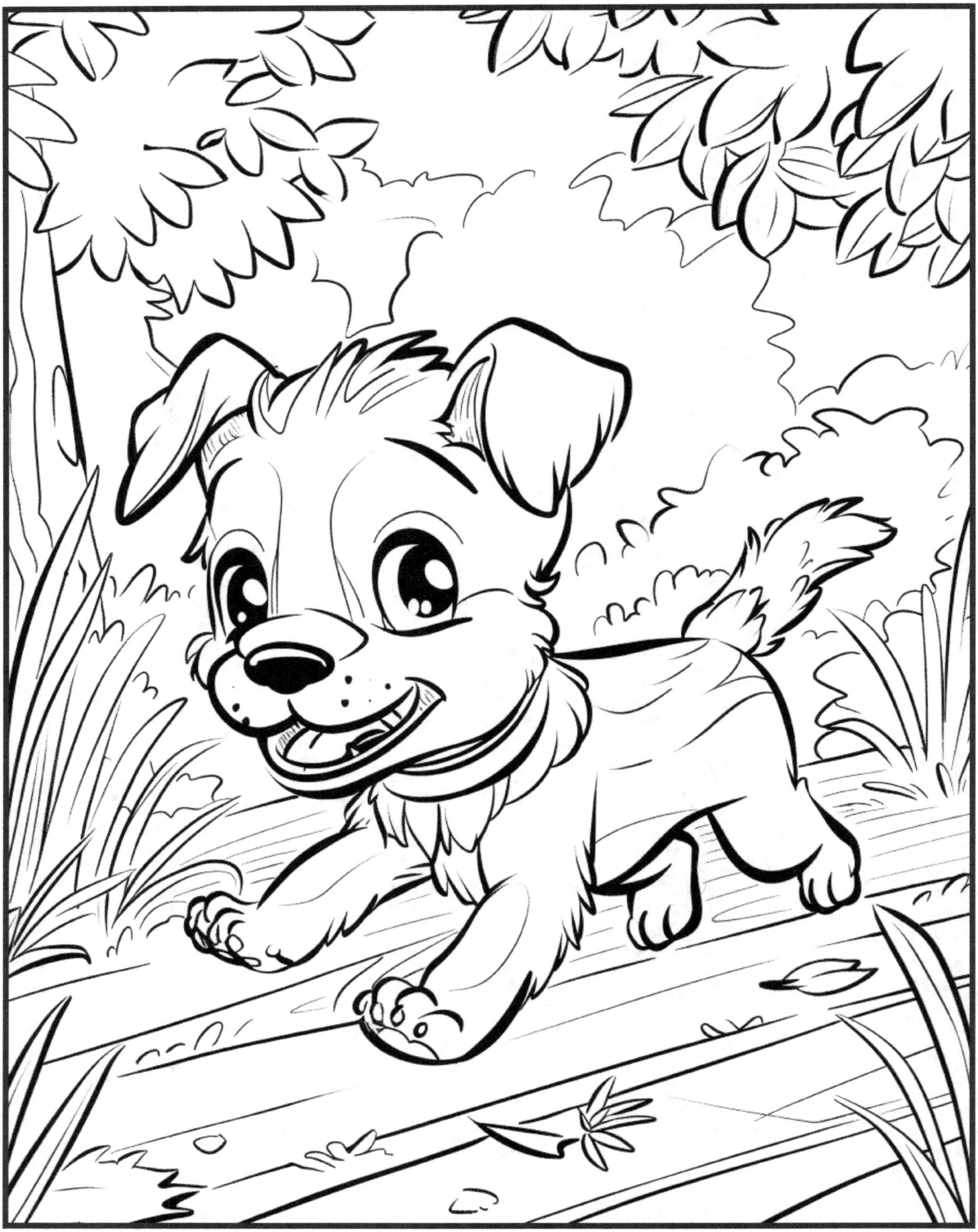

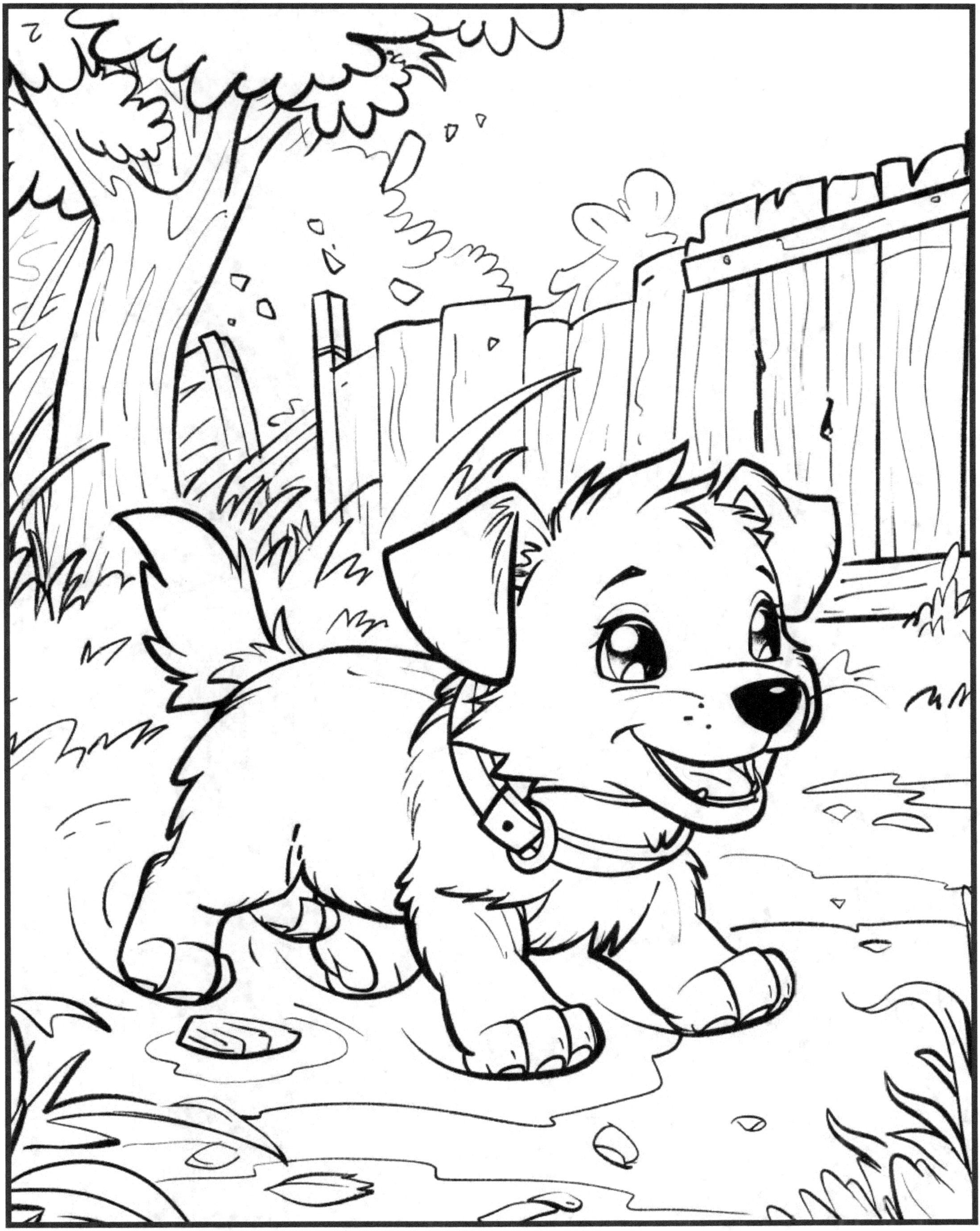

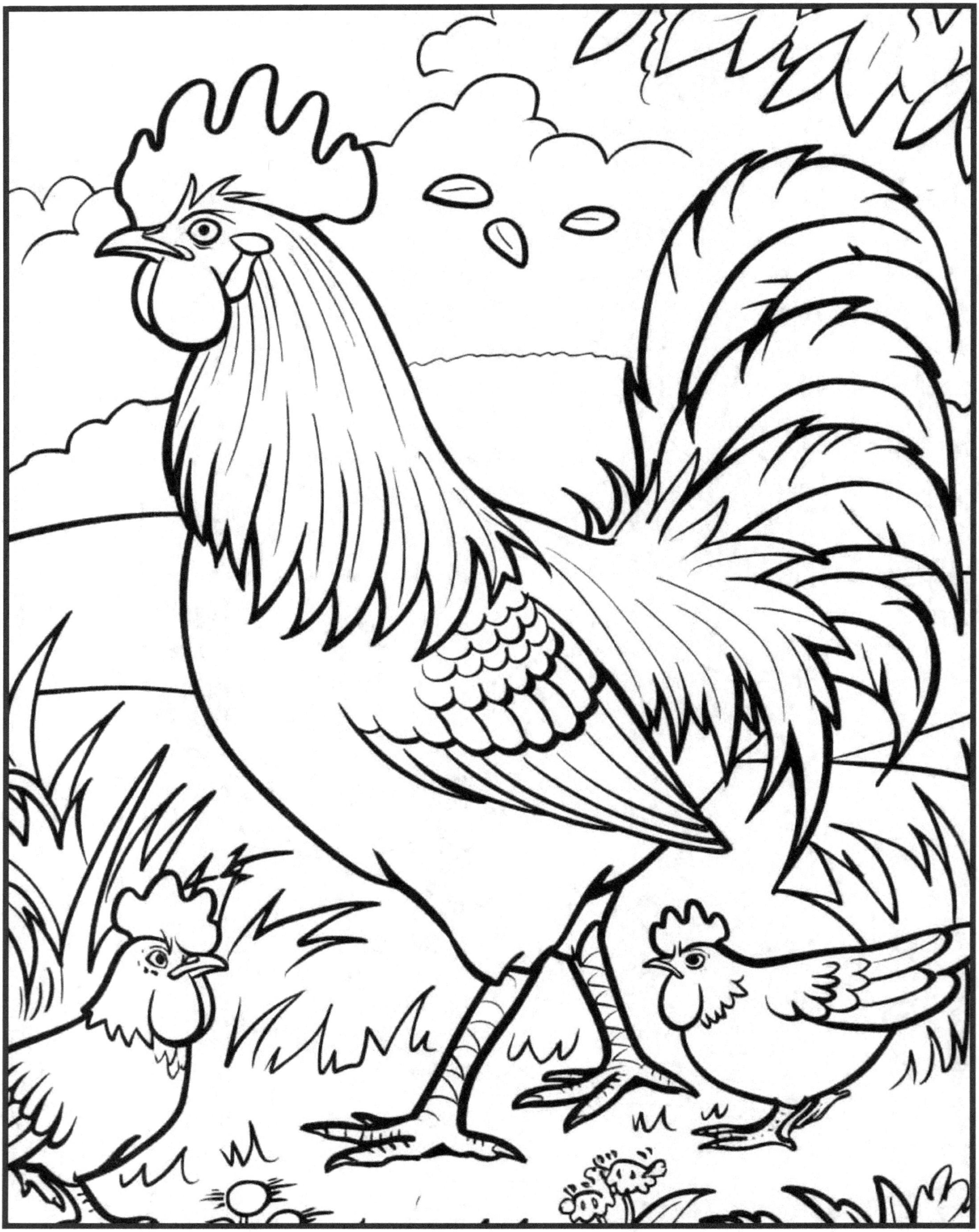

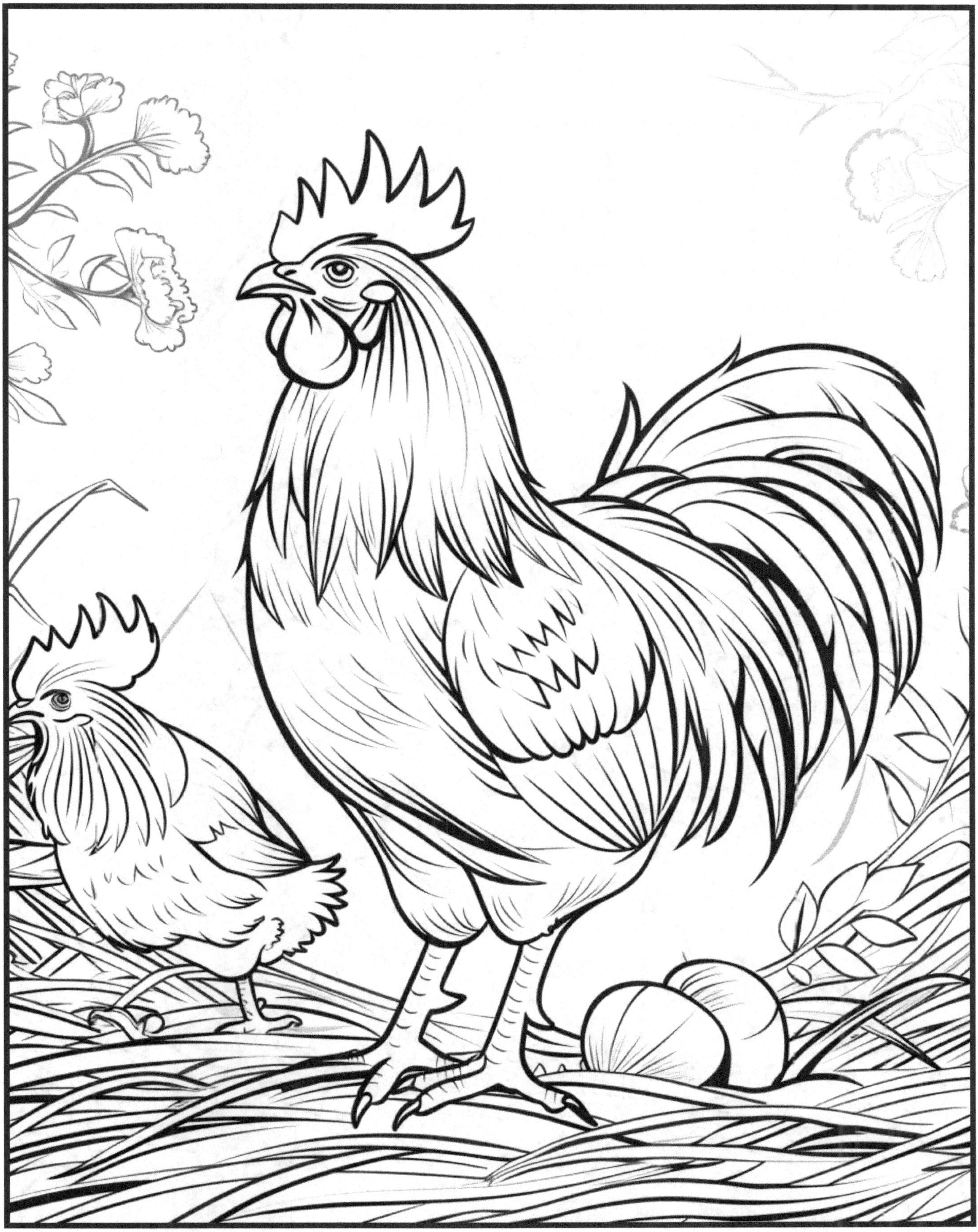

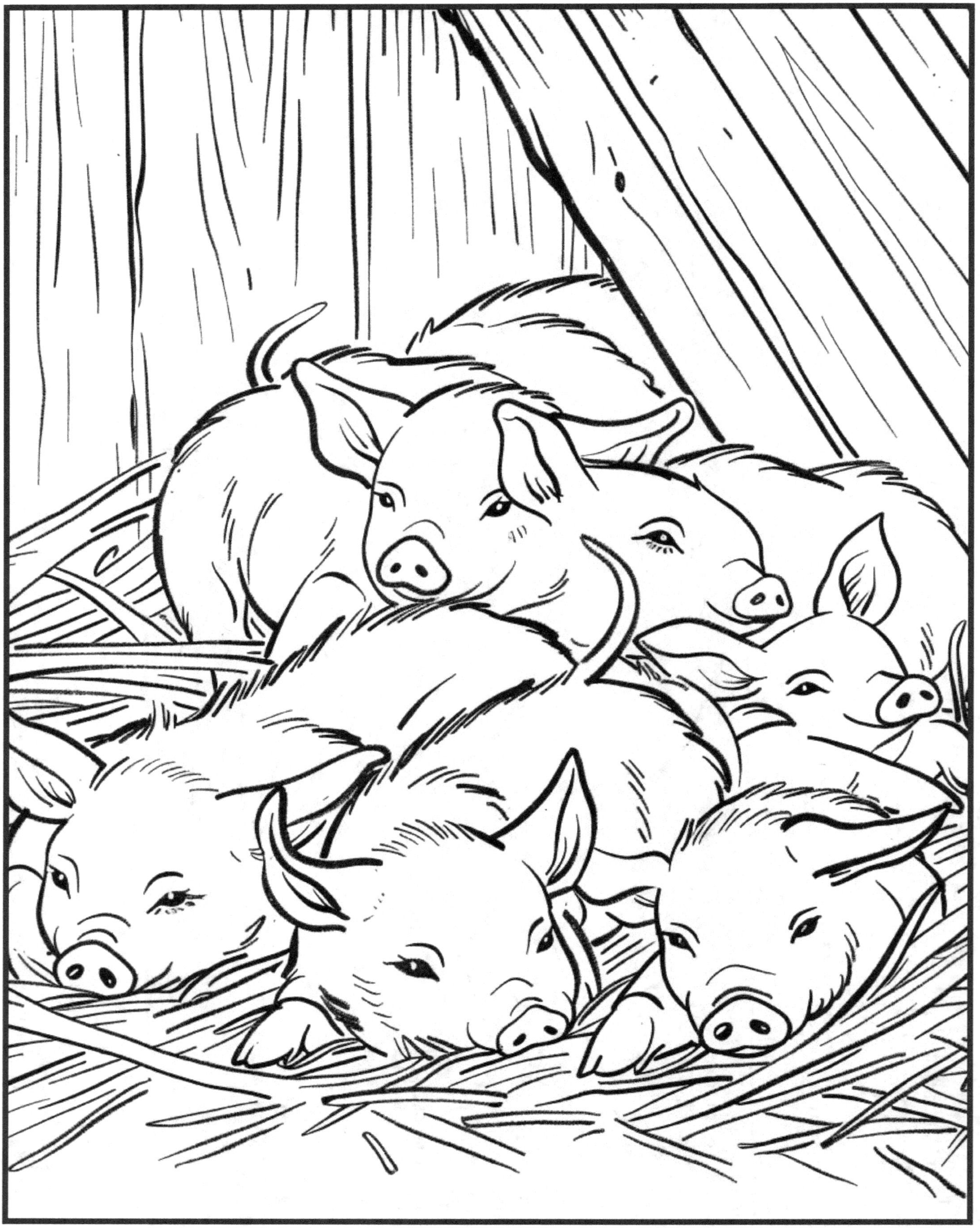

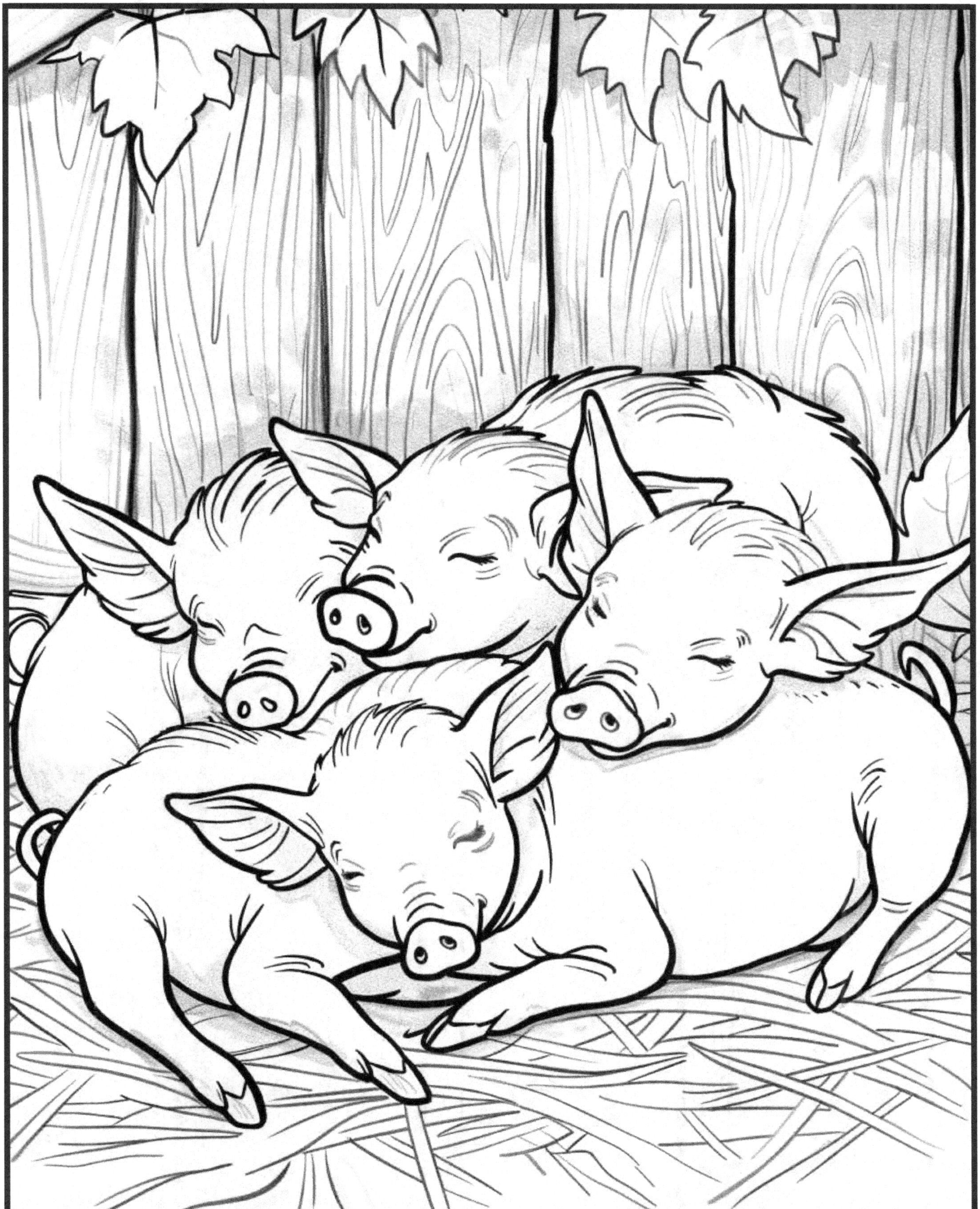

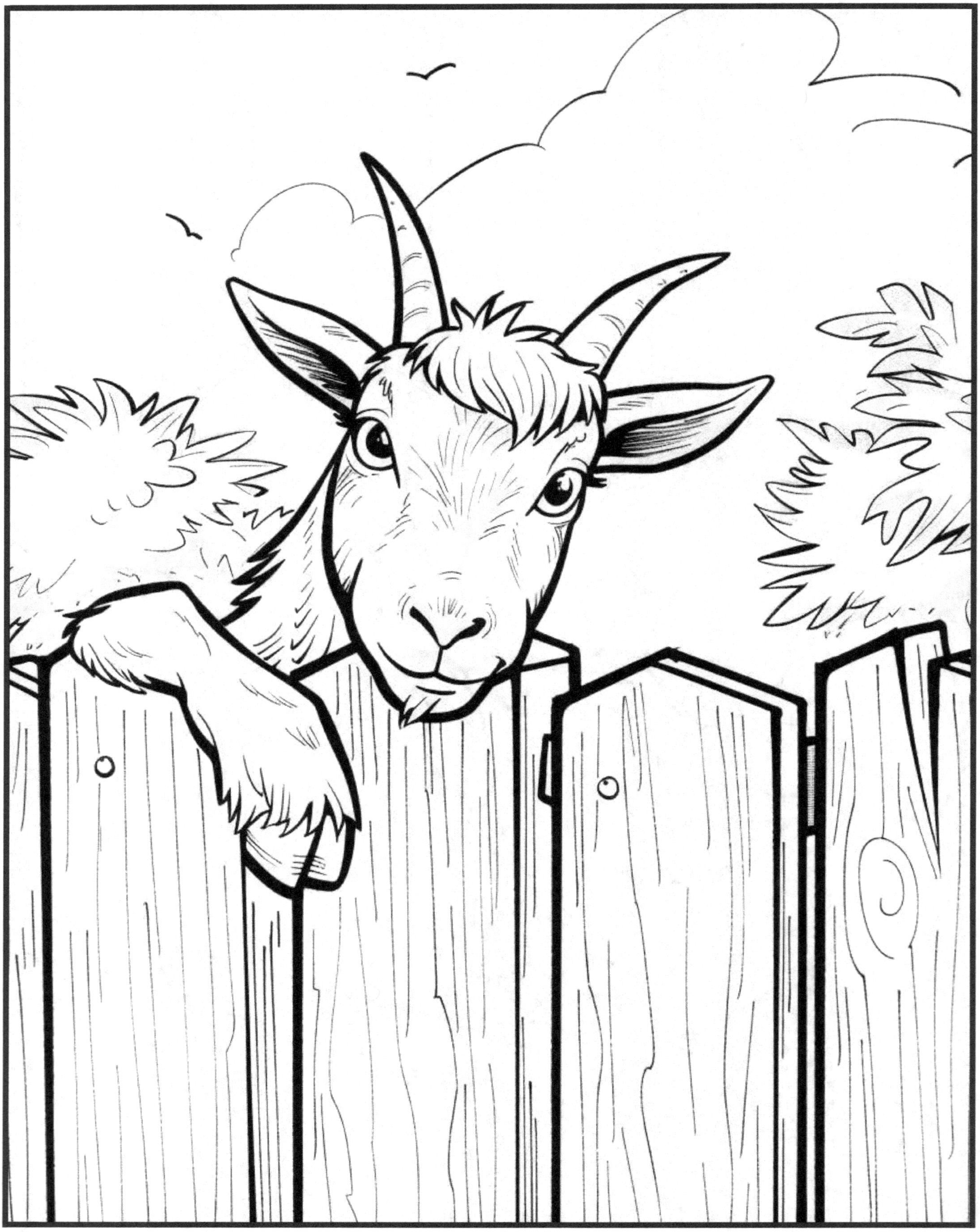

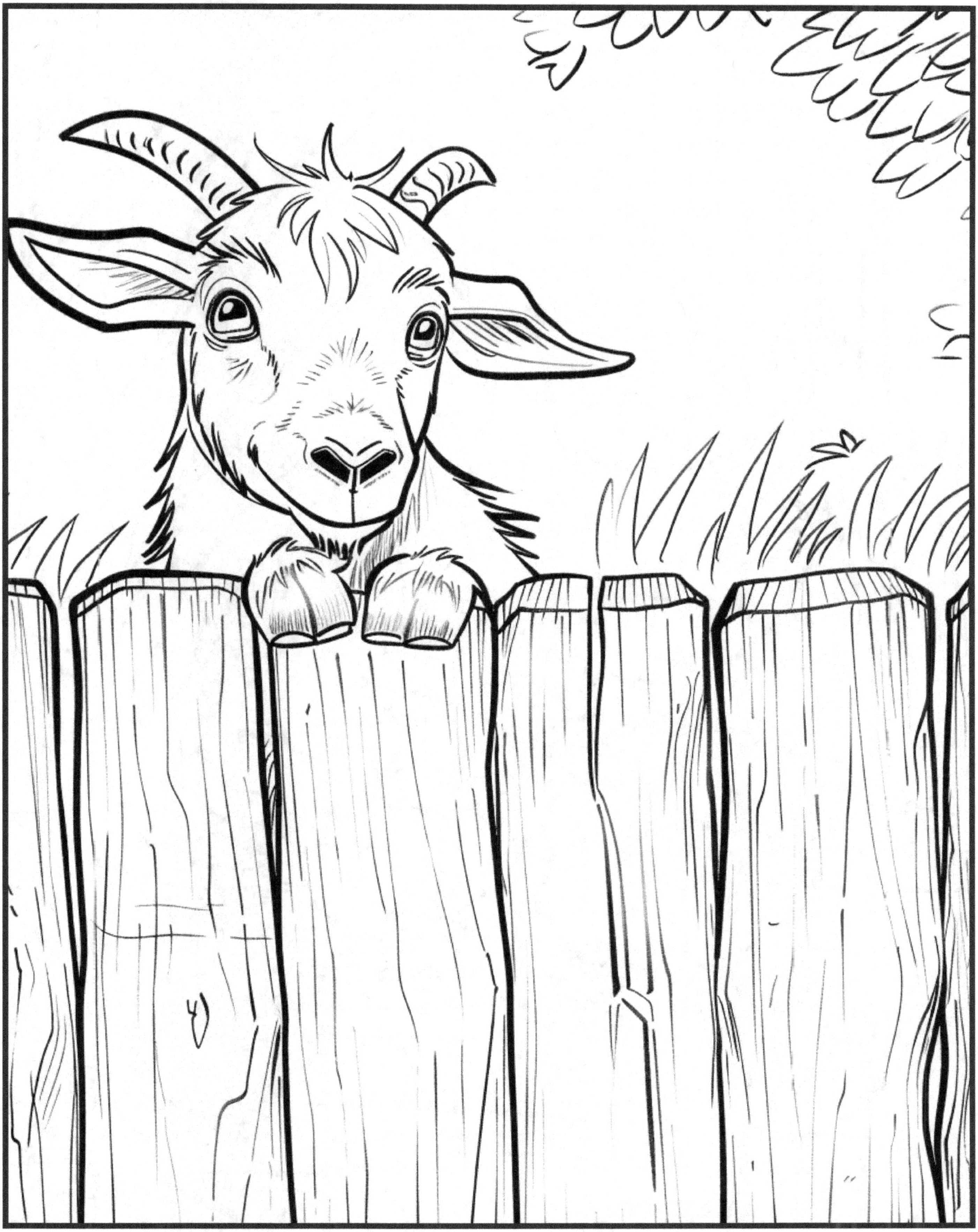

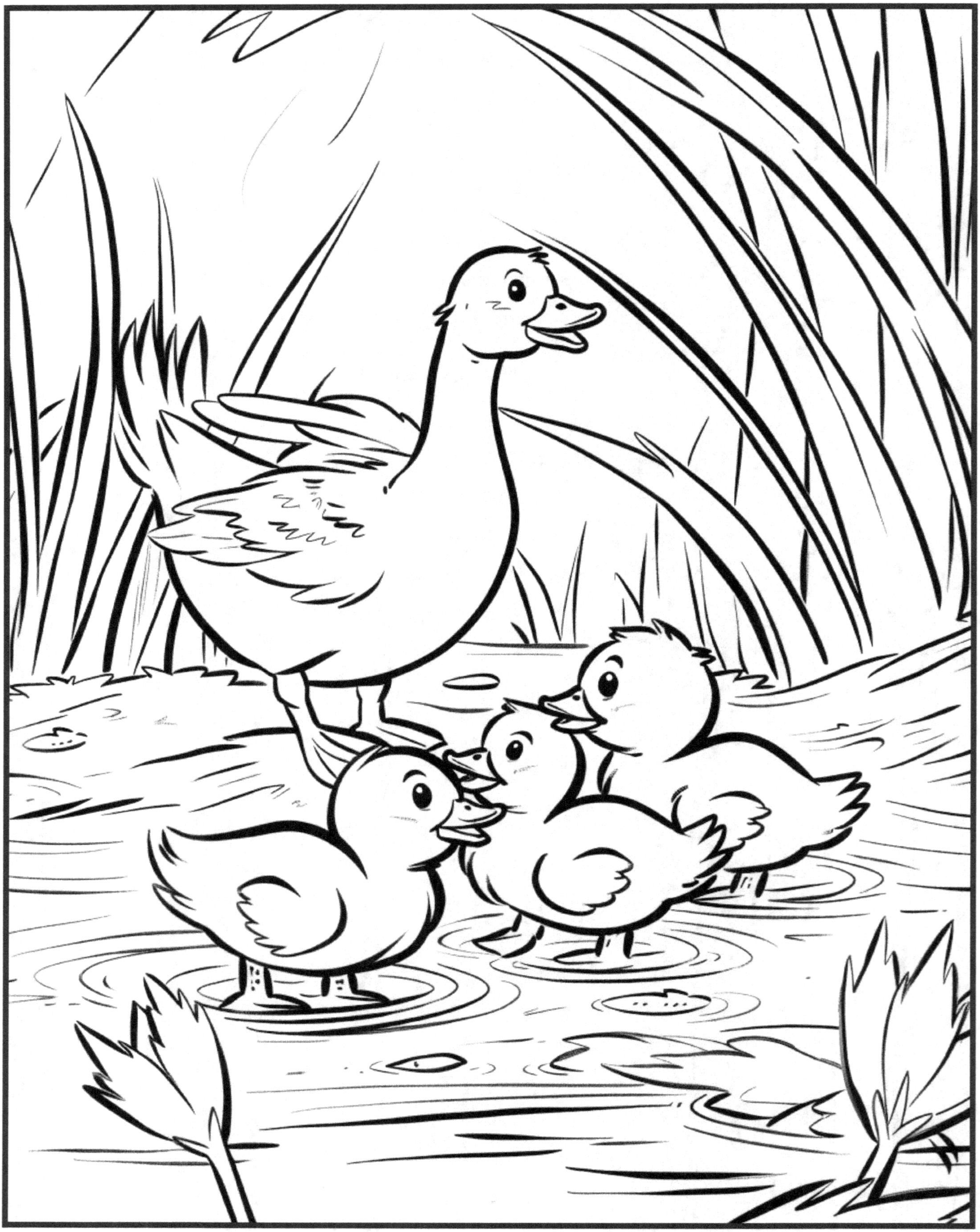

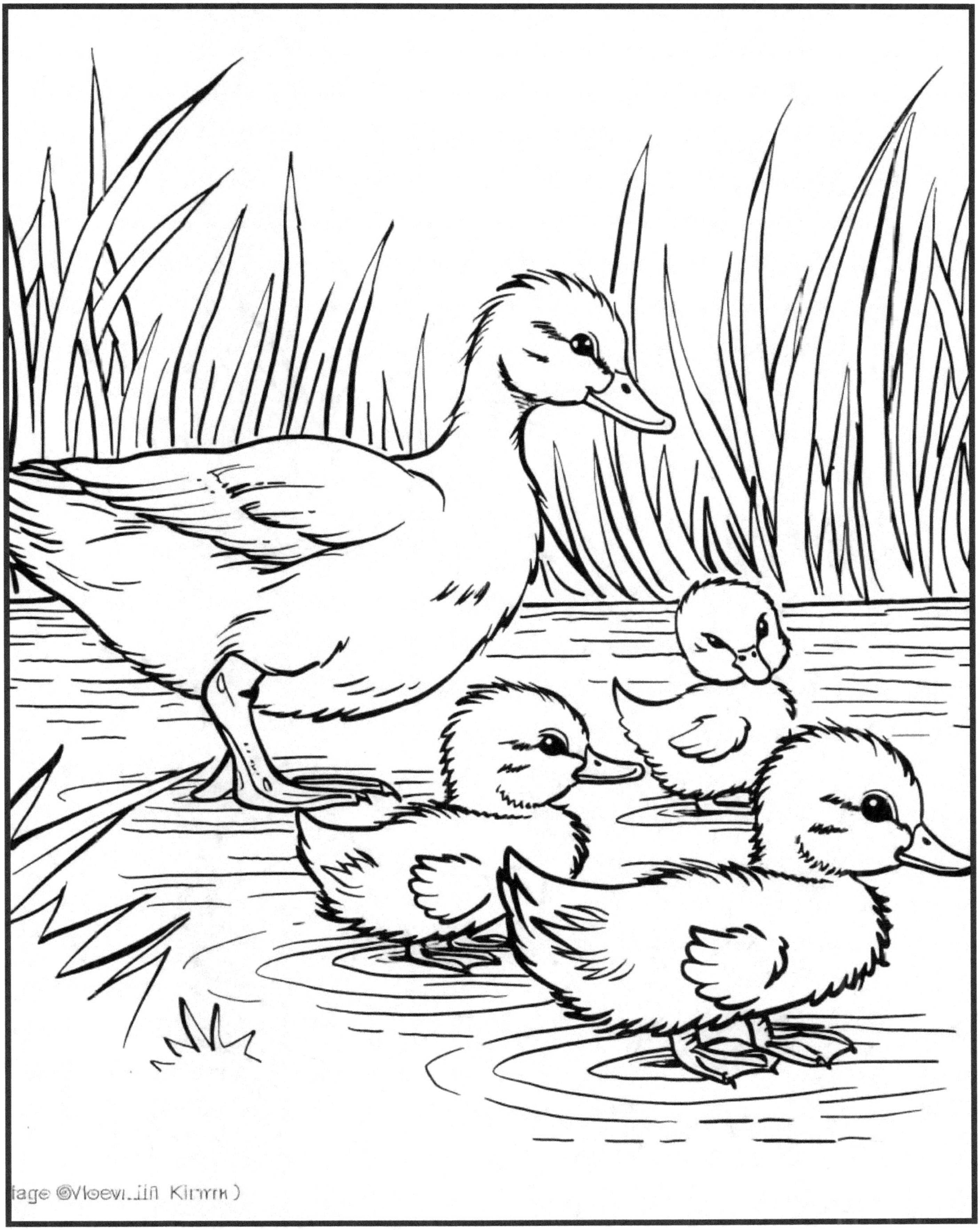
fage ©Vloevi..iiñ Kirmк)

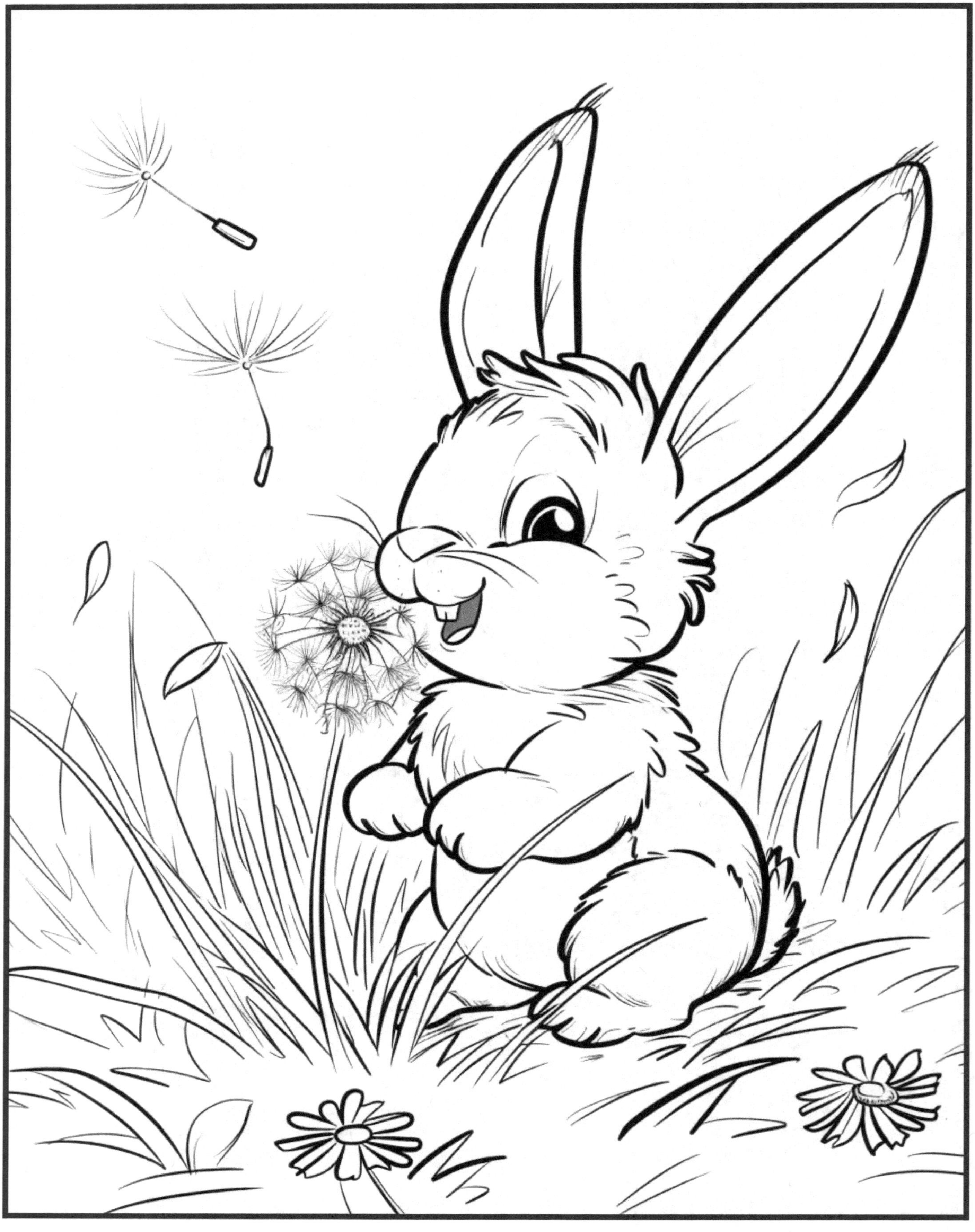

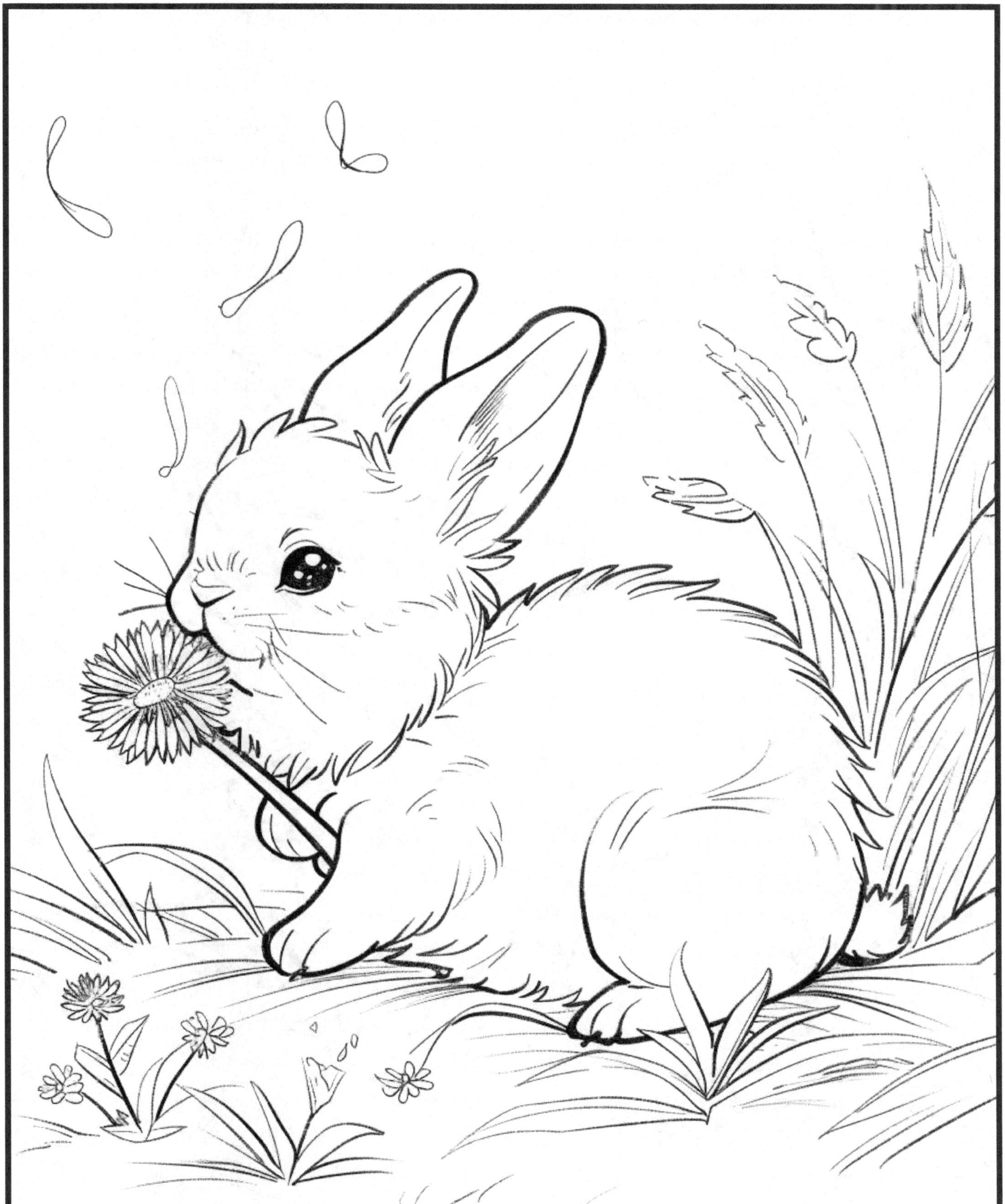

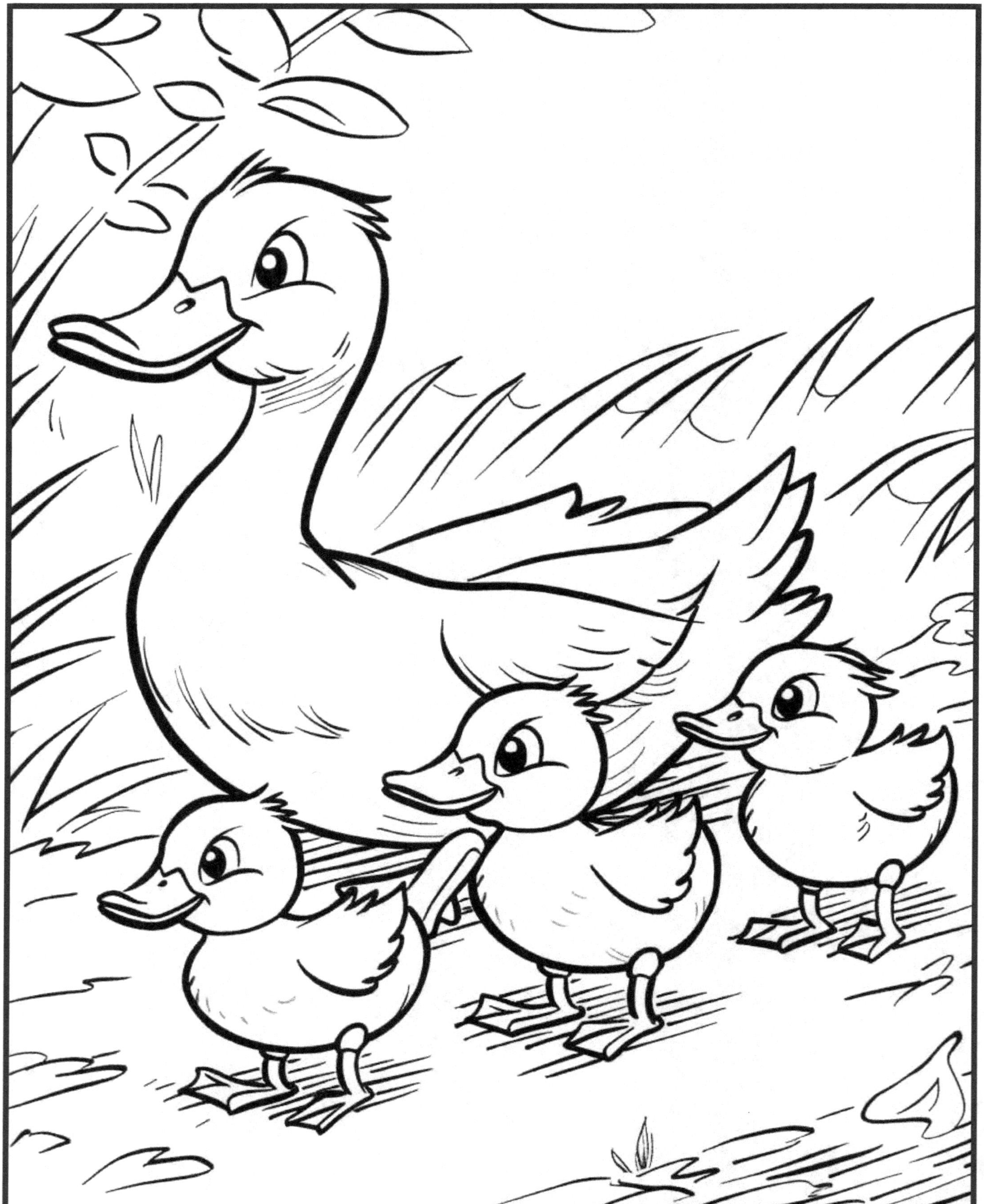

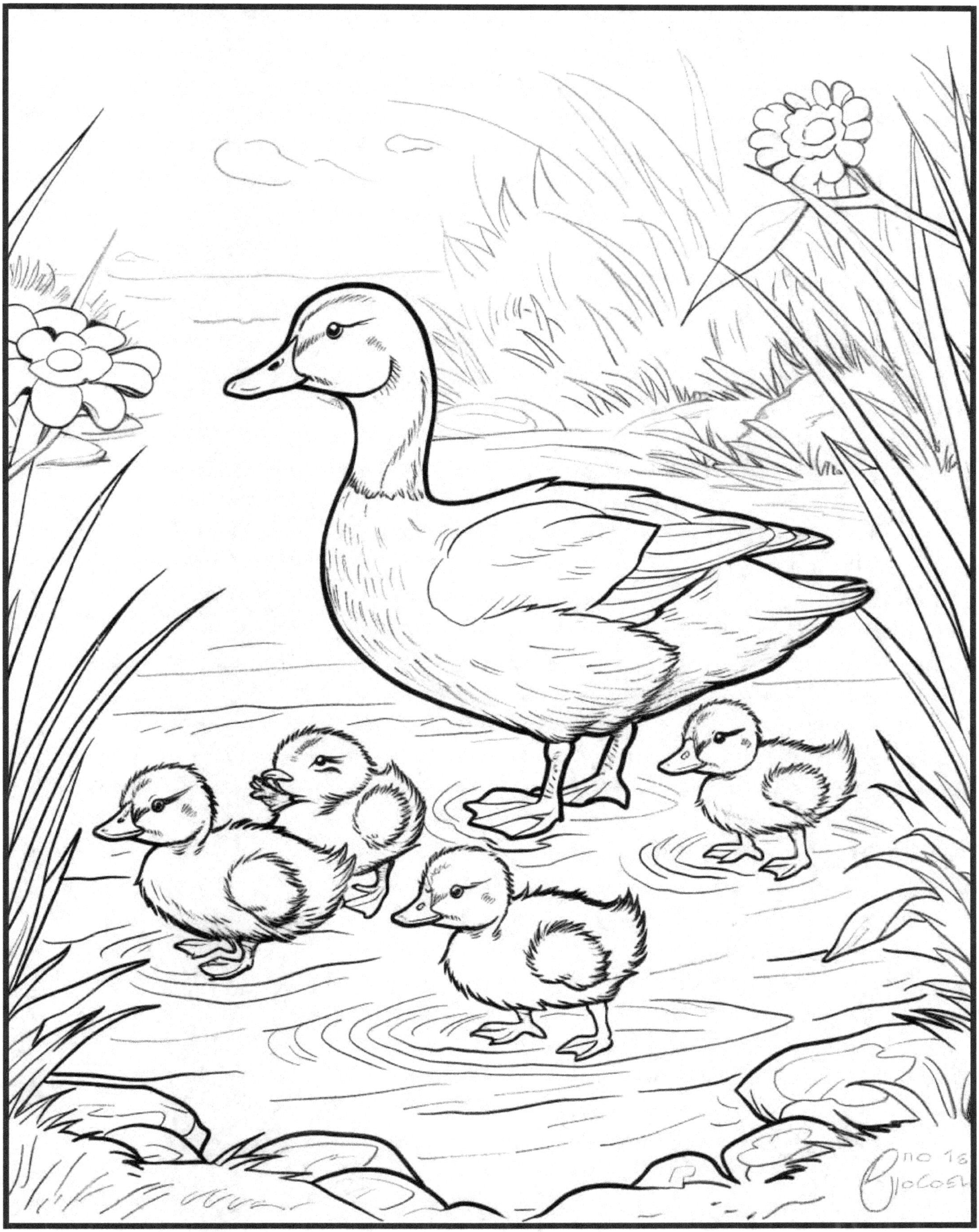

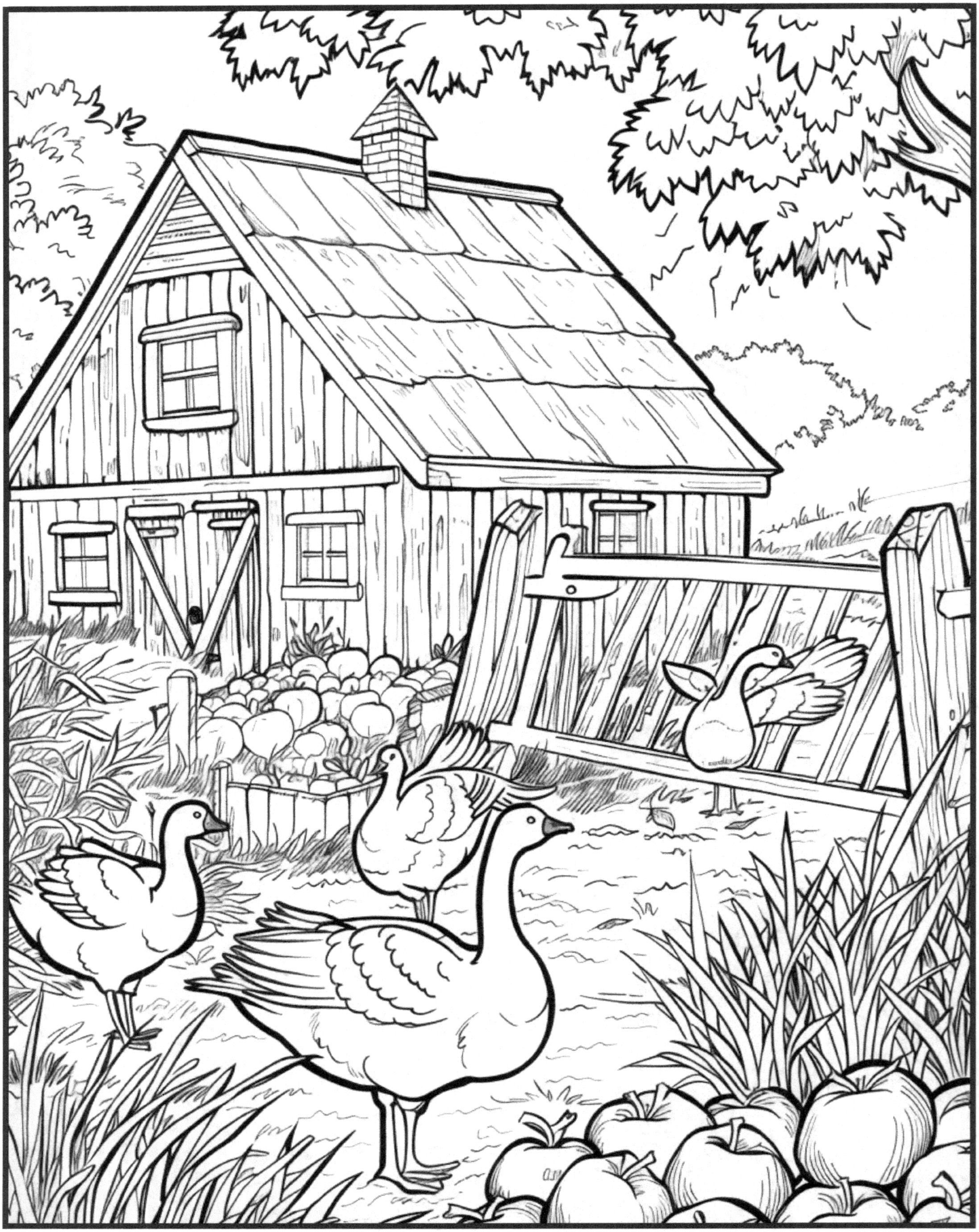

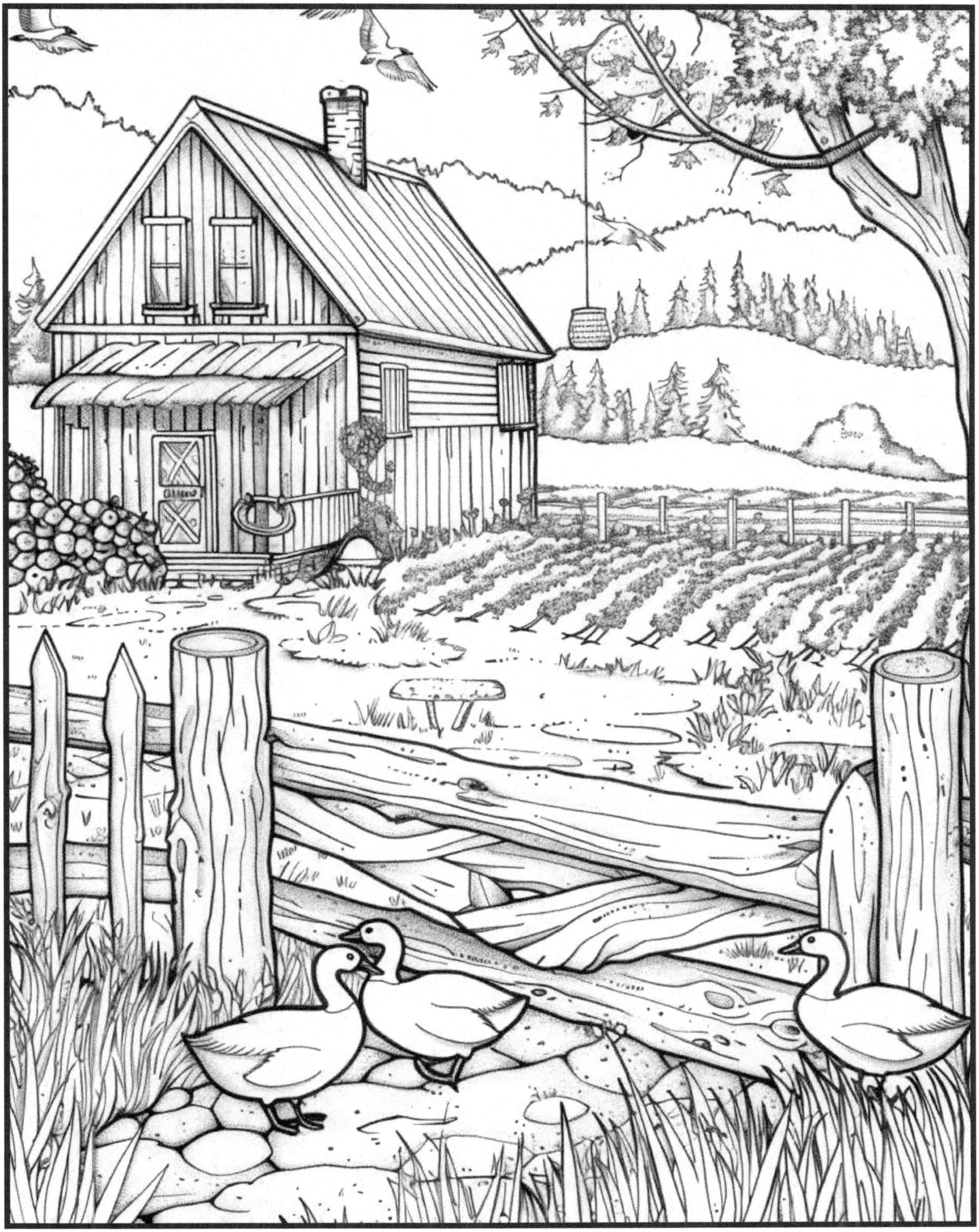

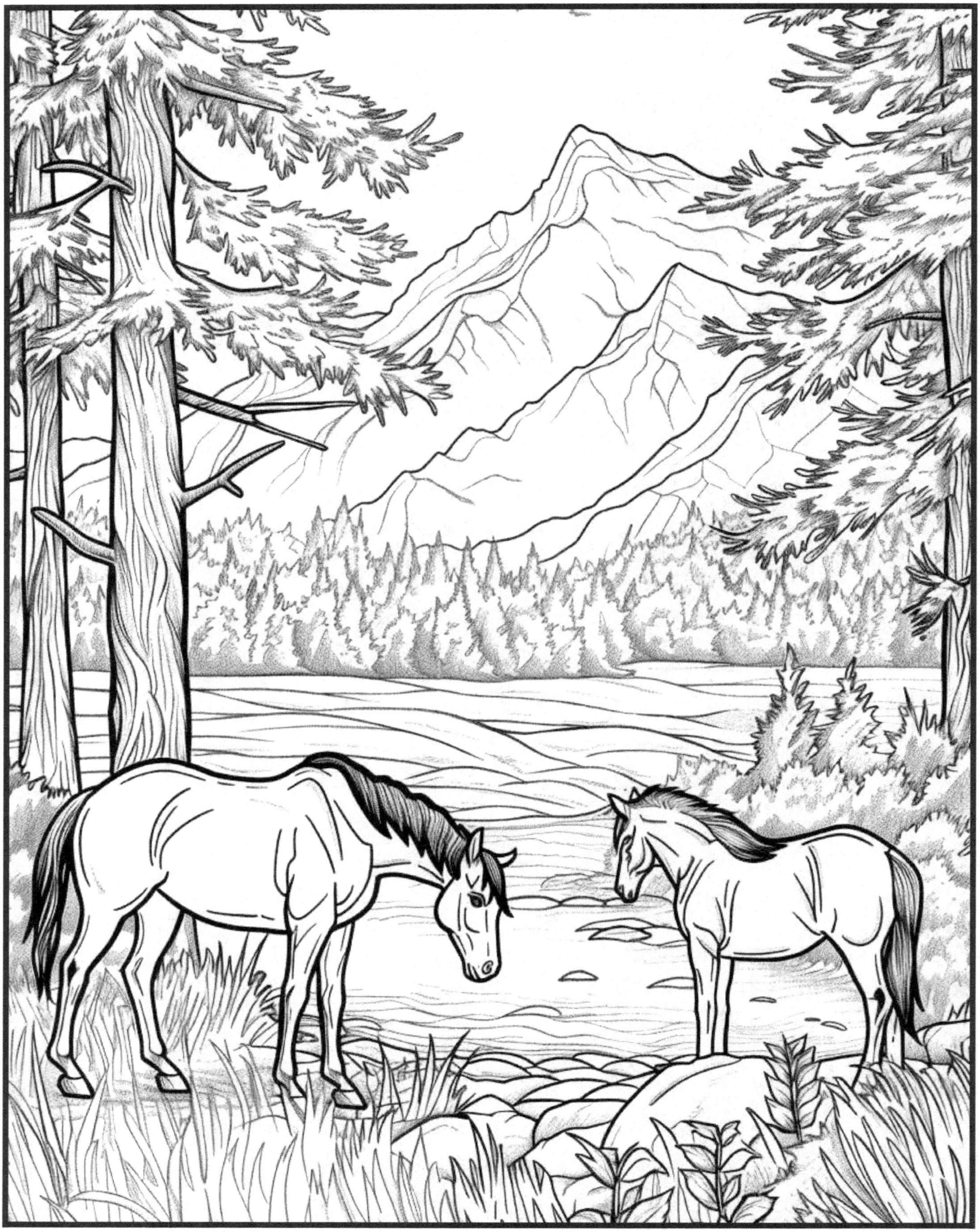

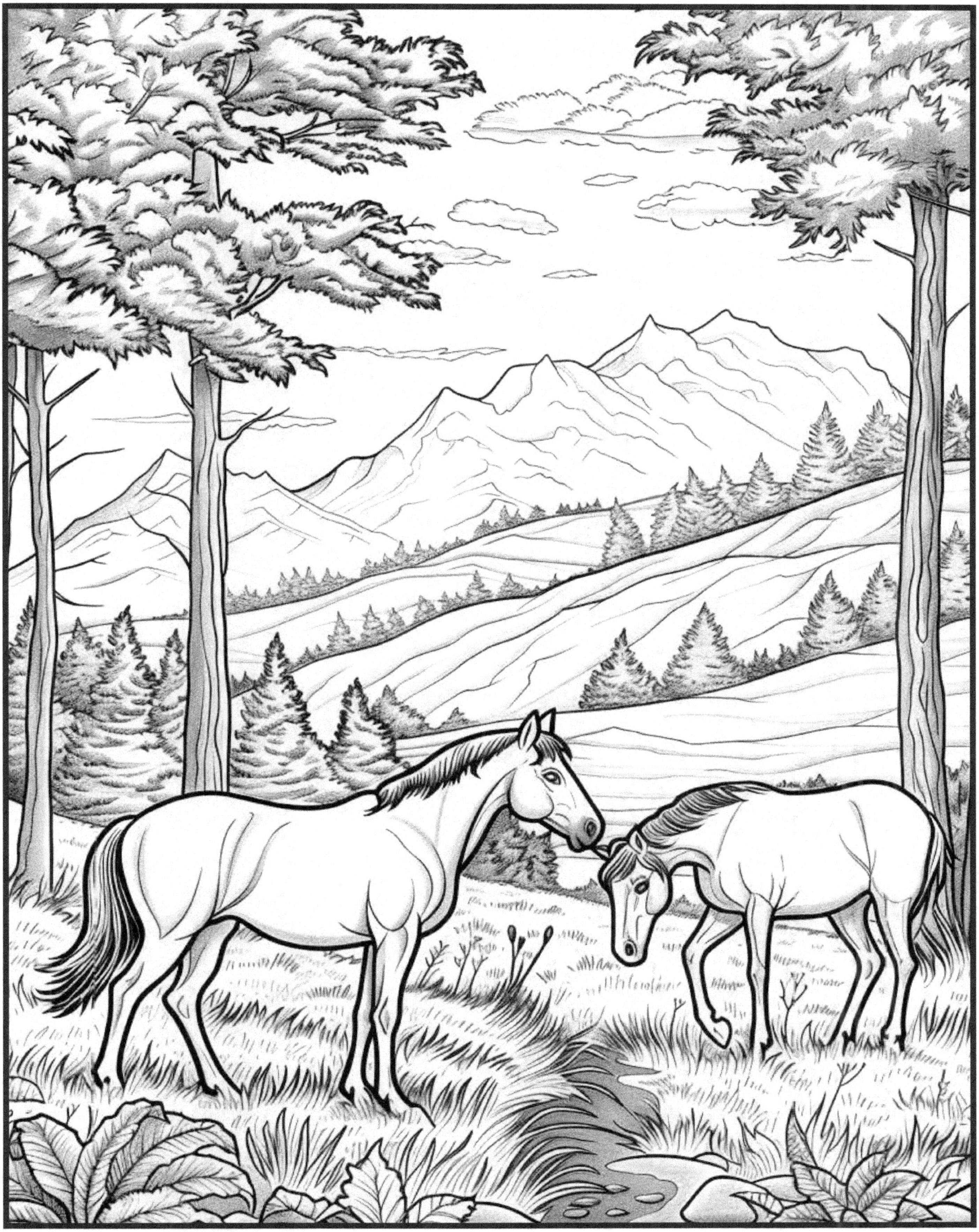

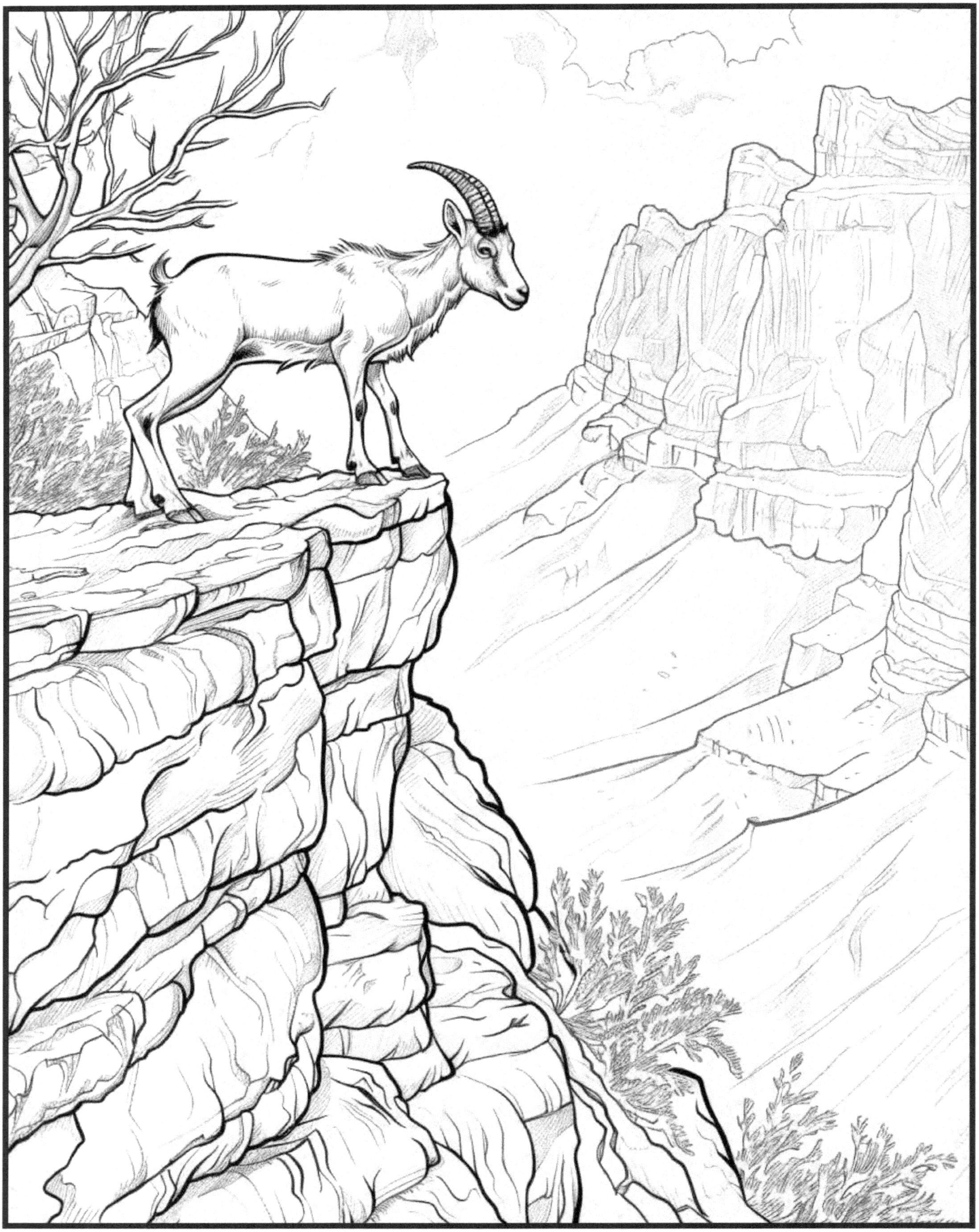

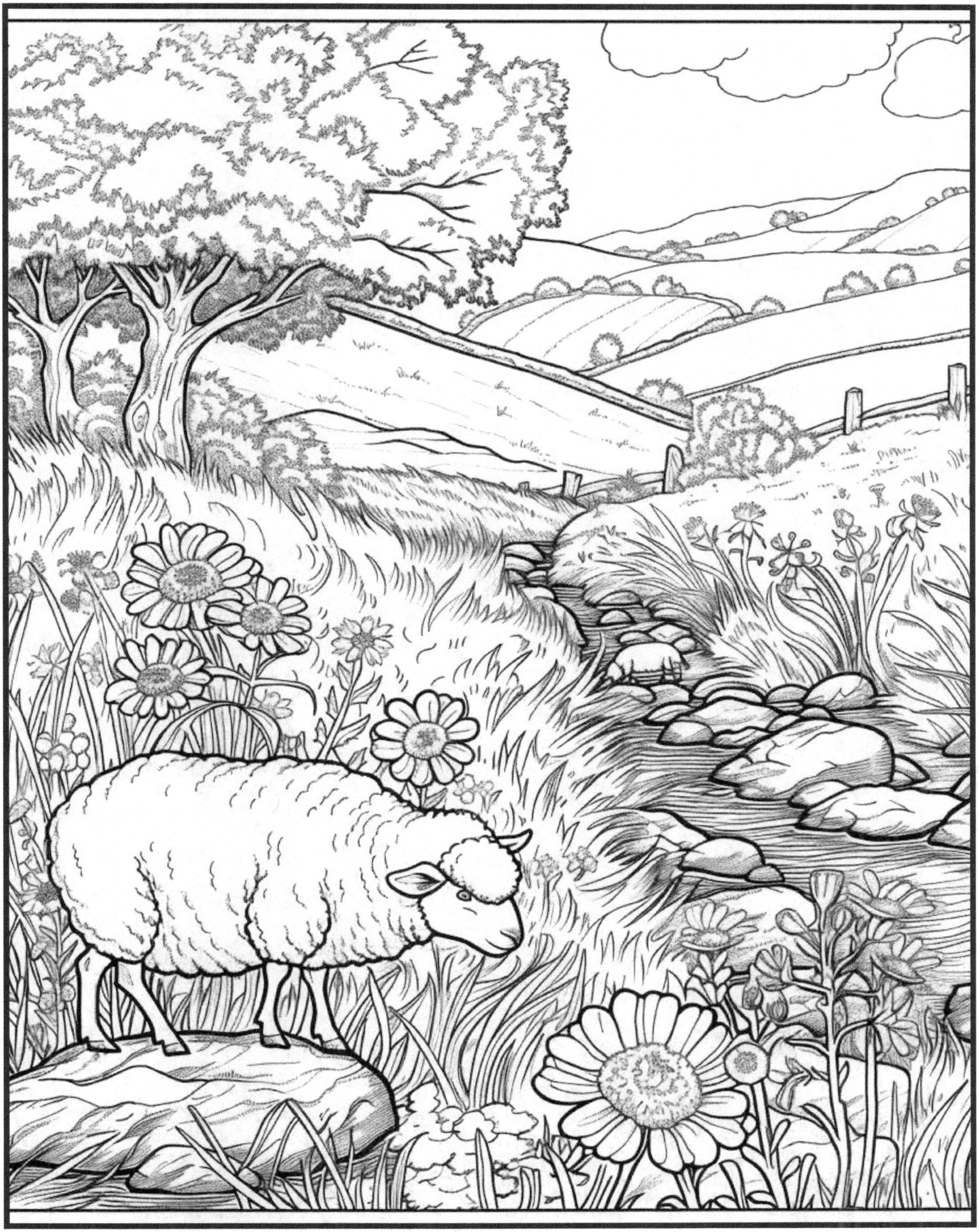

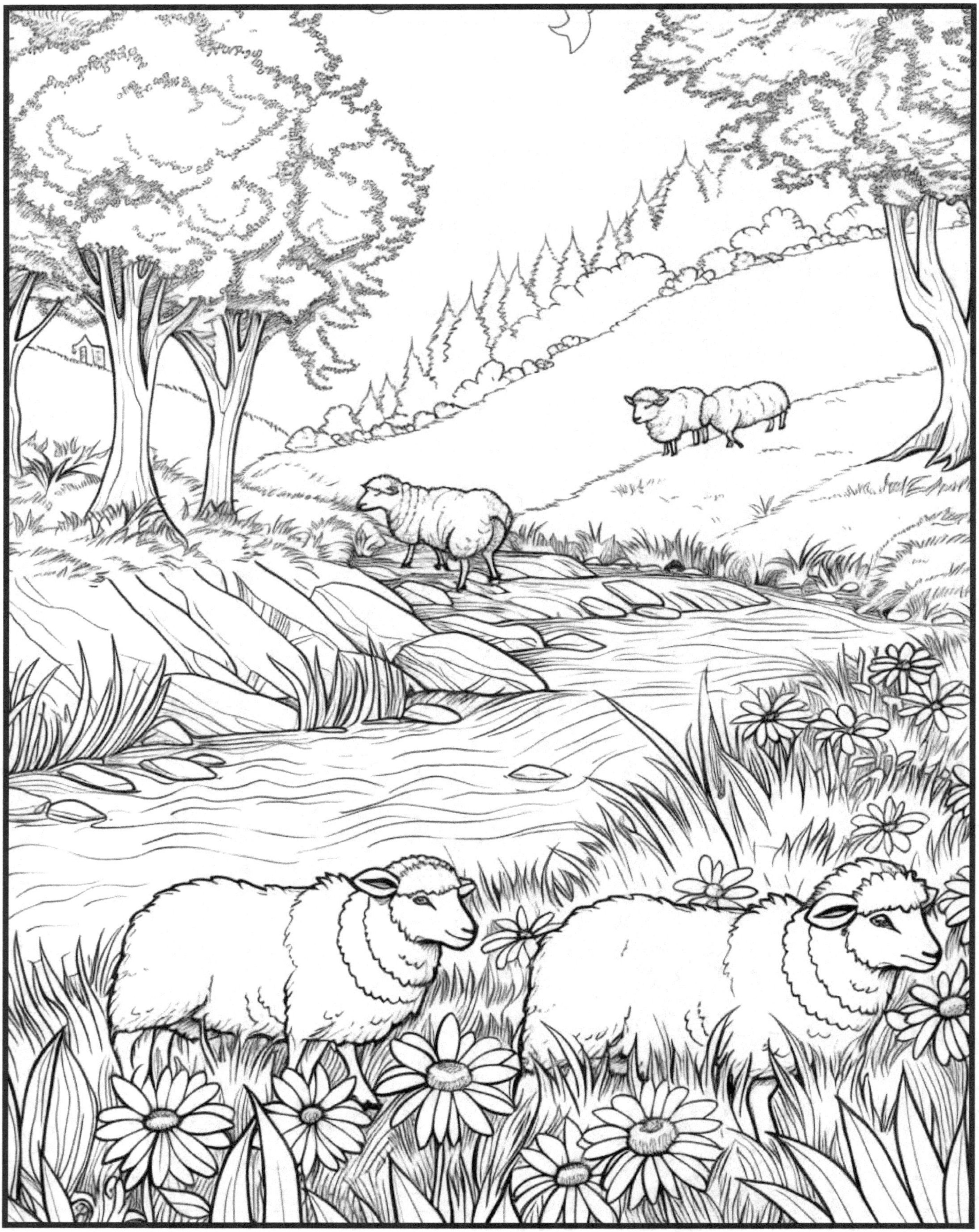

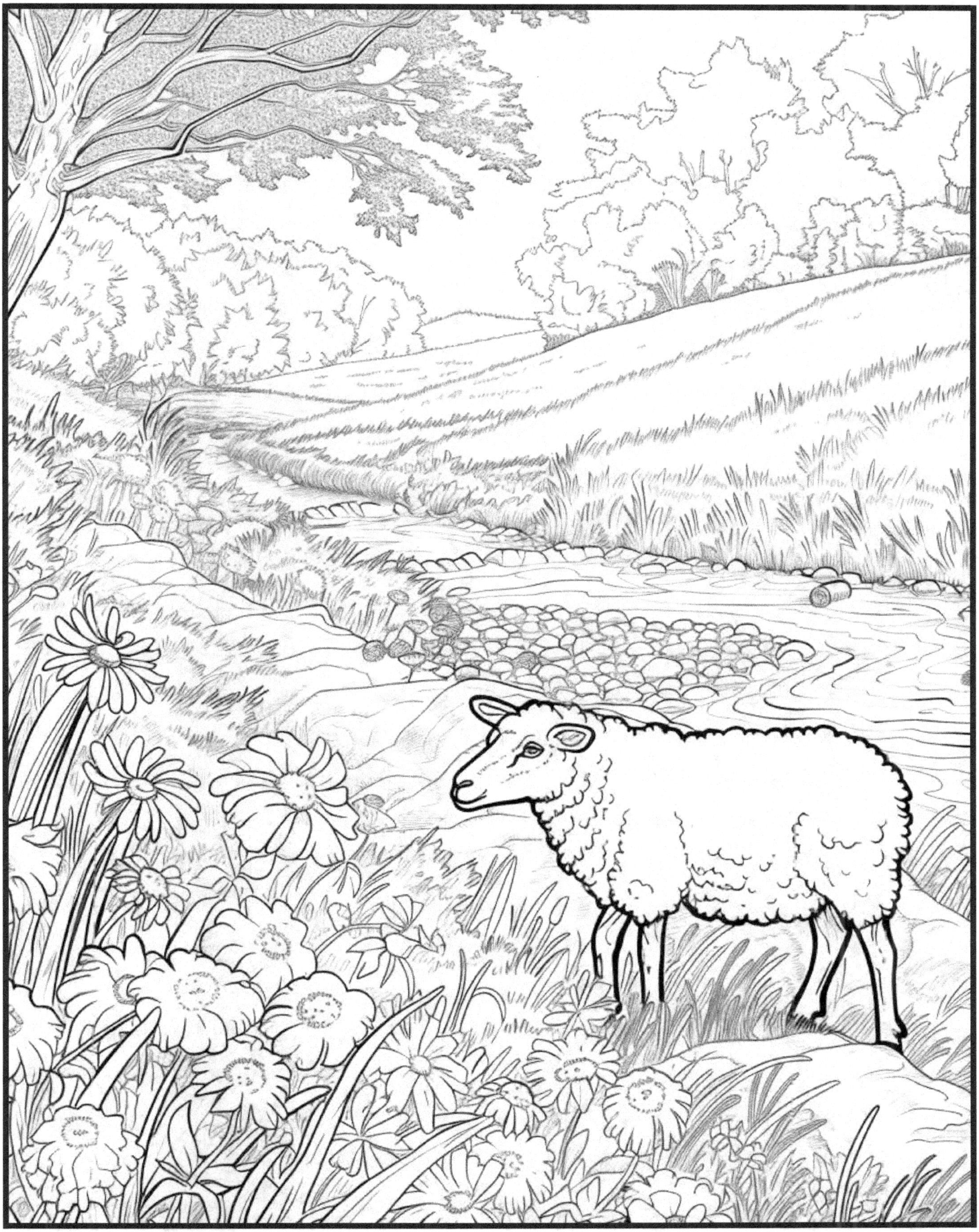

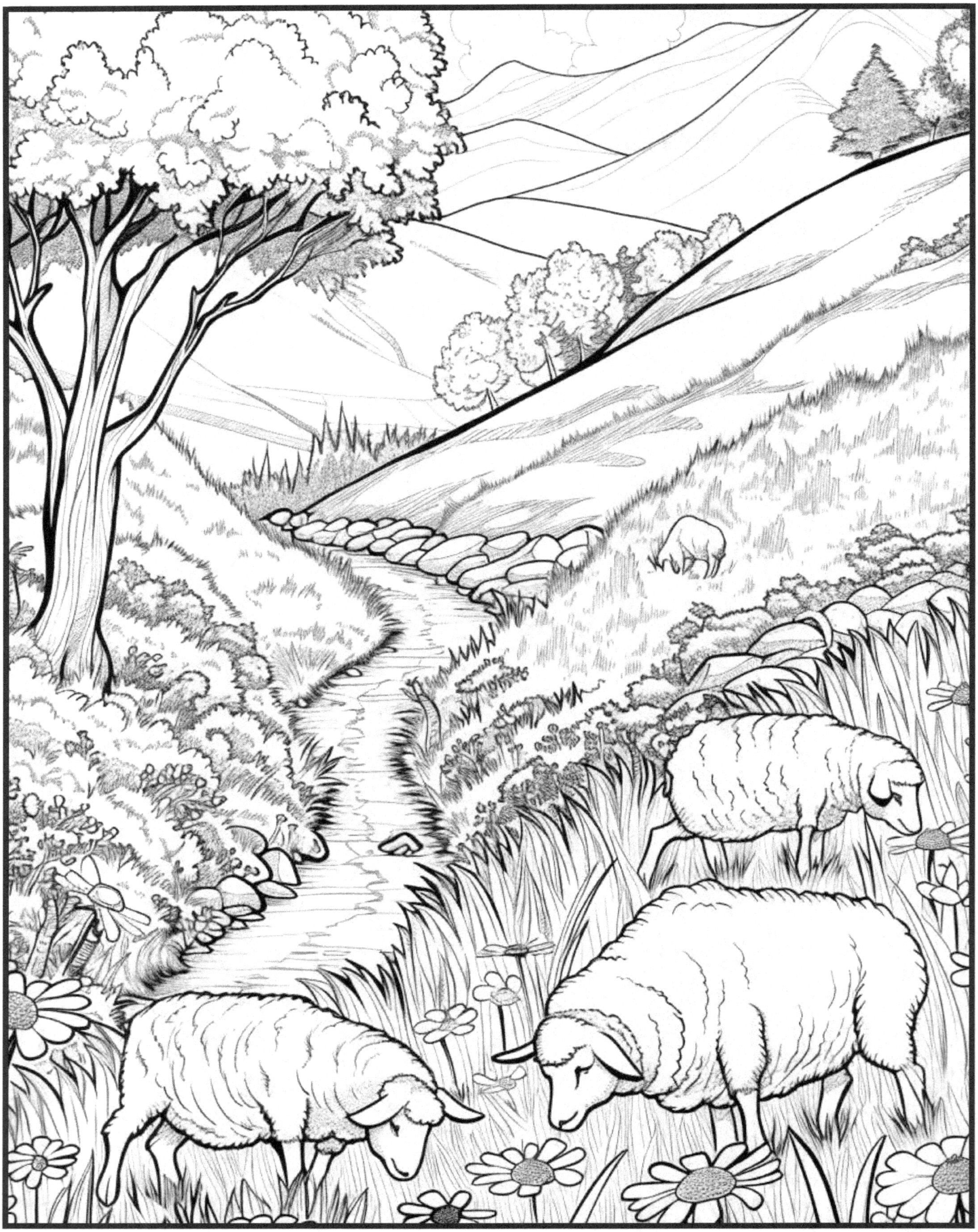

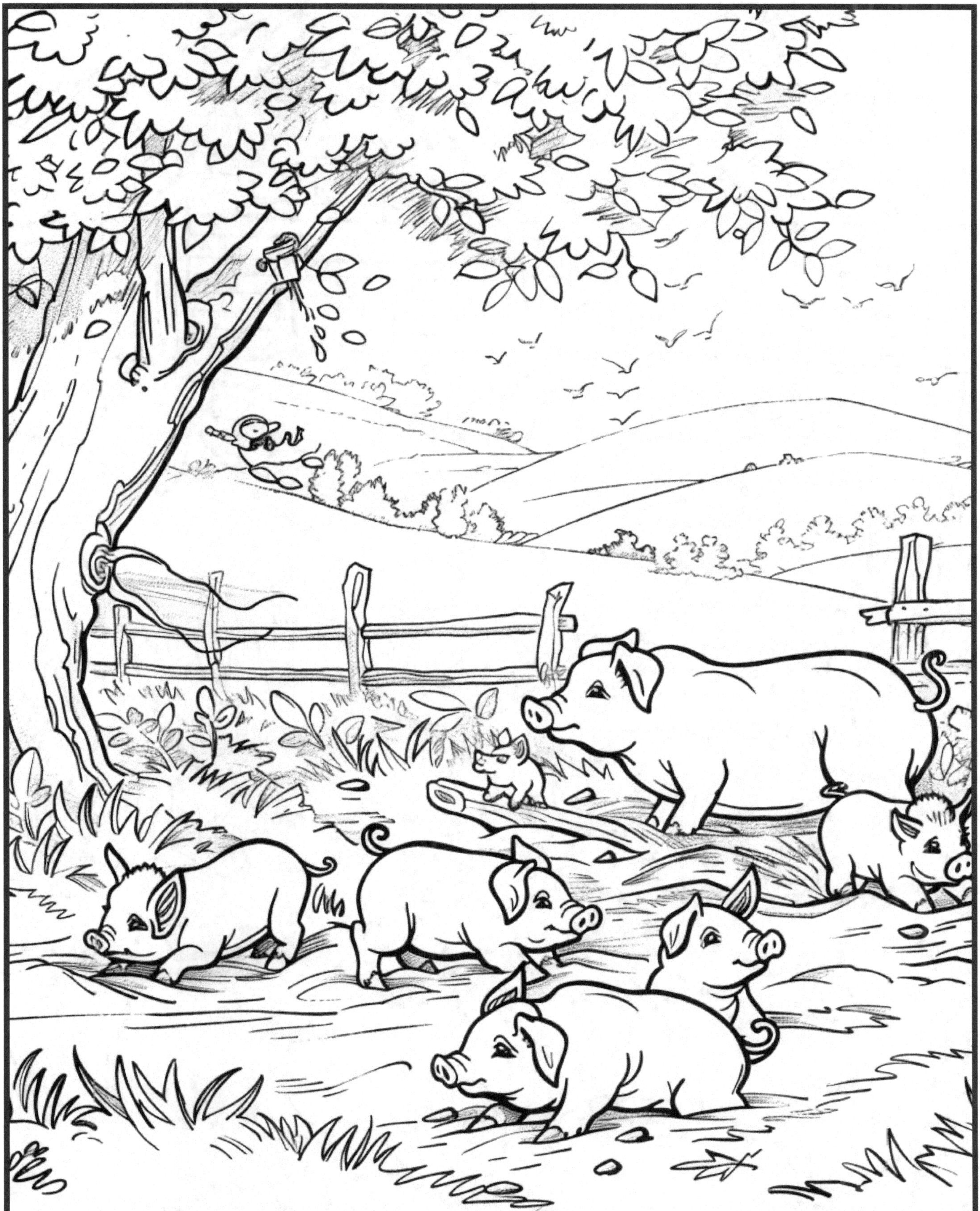

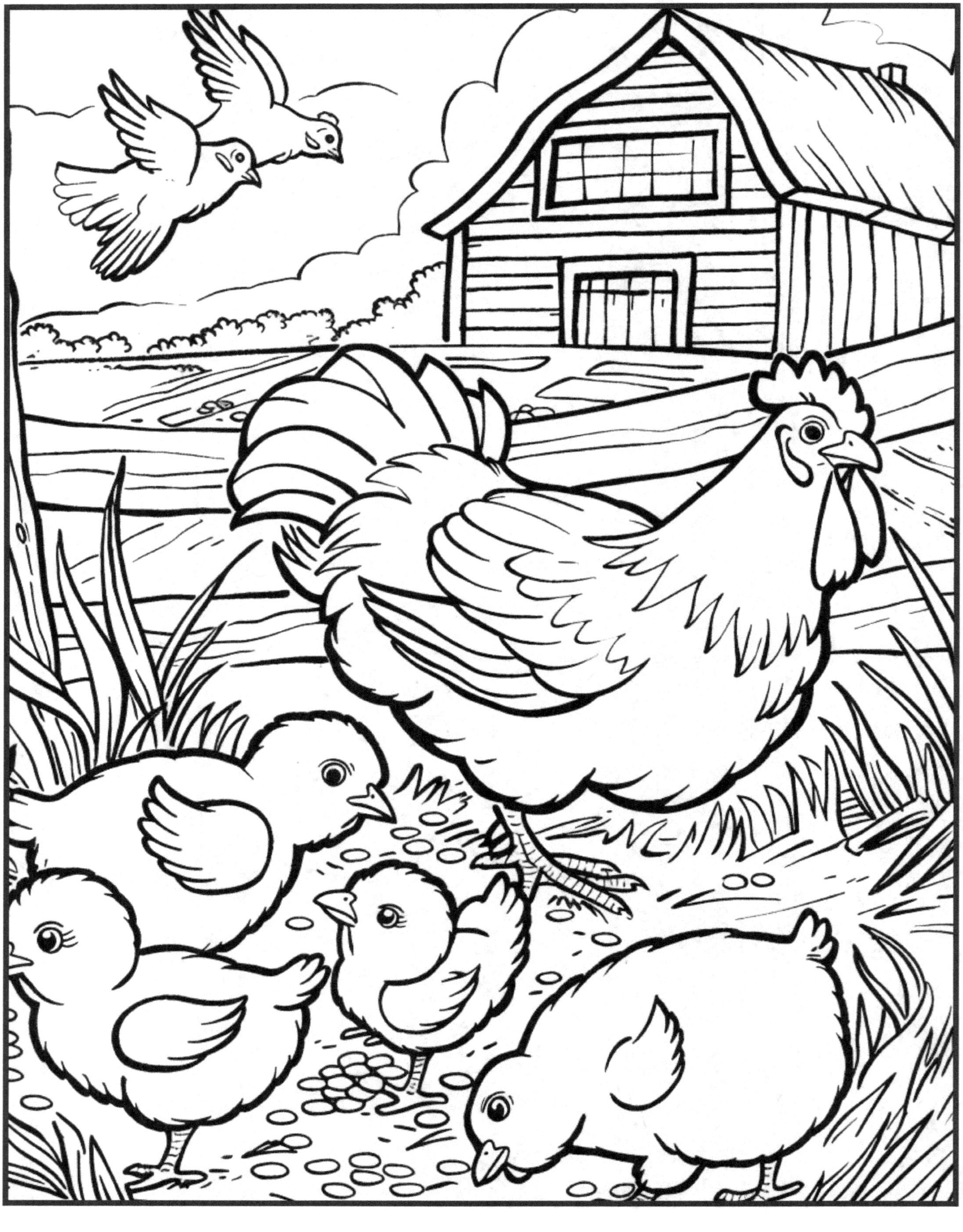

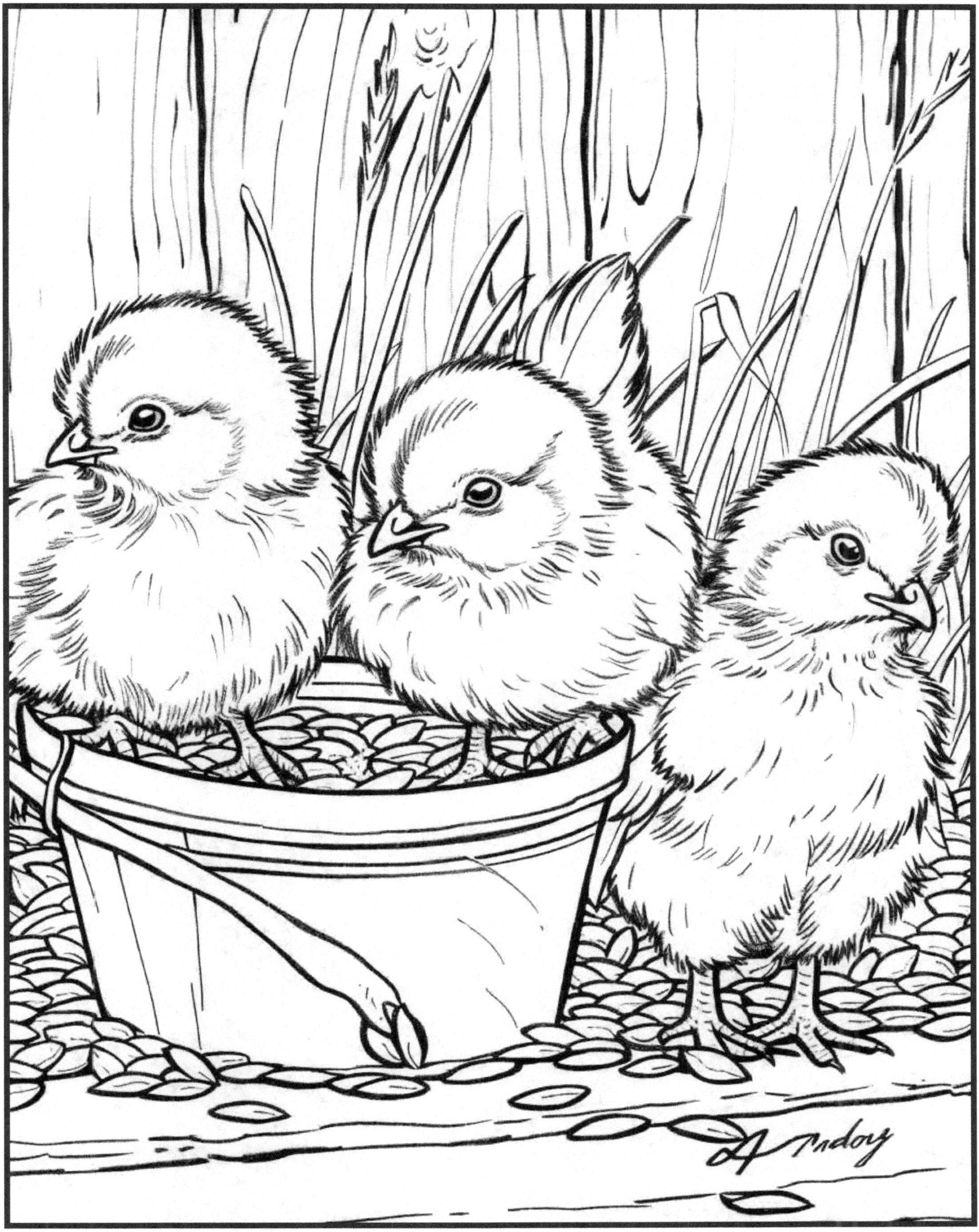

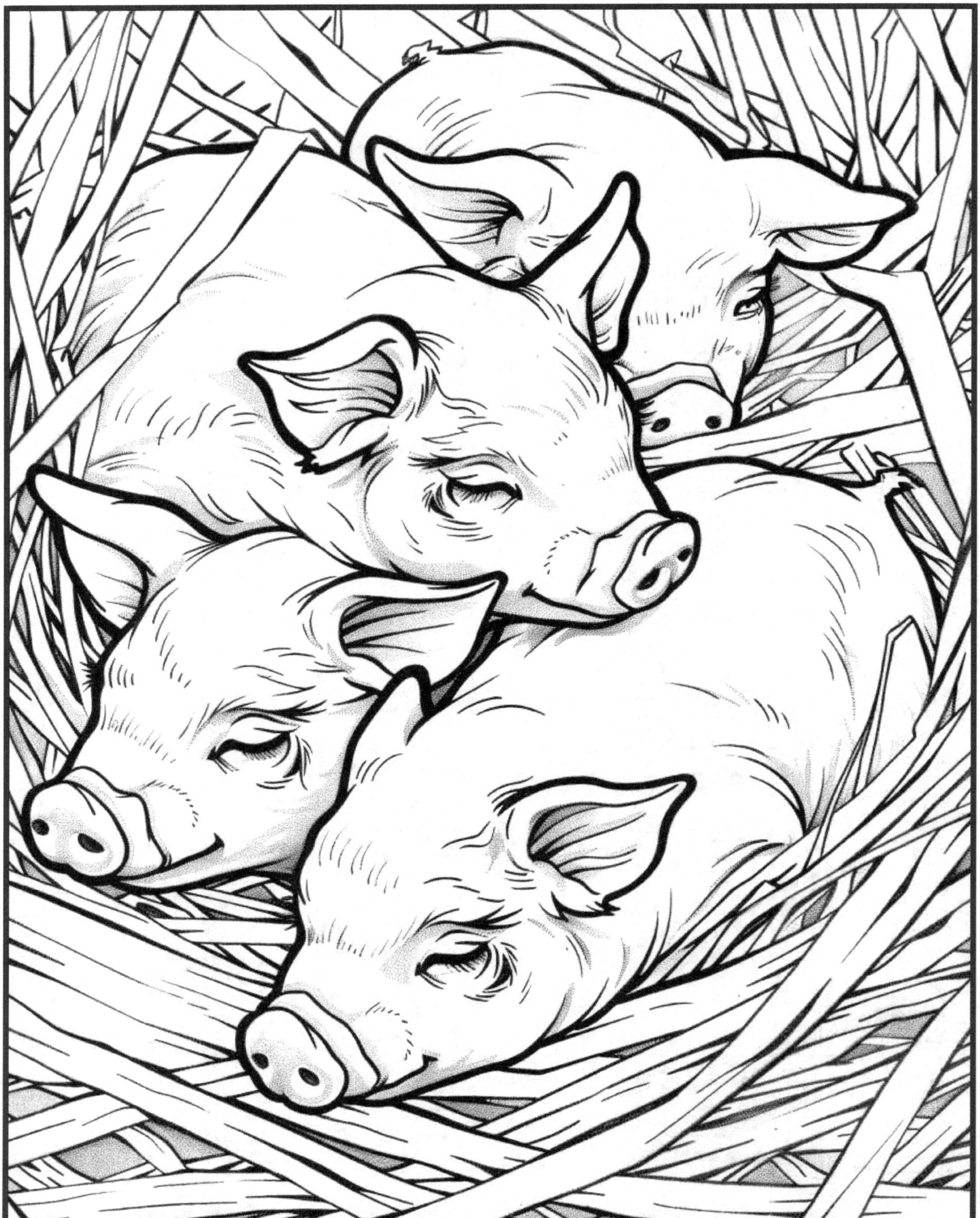

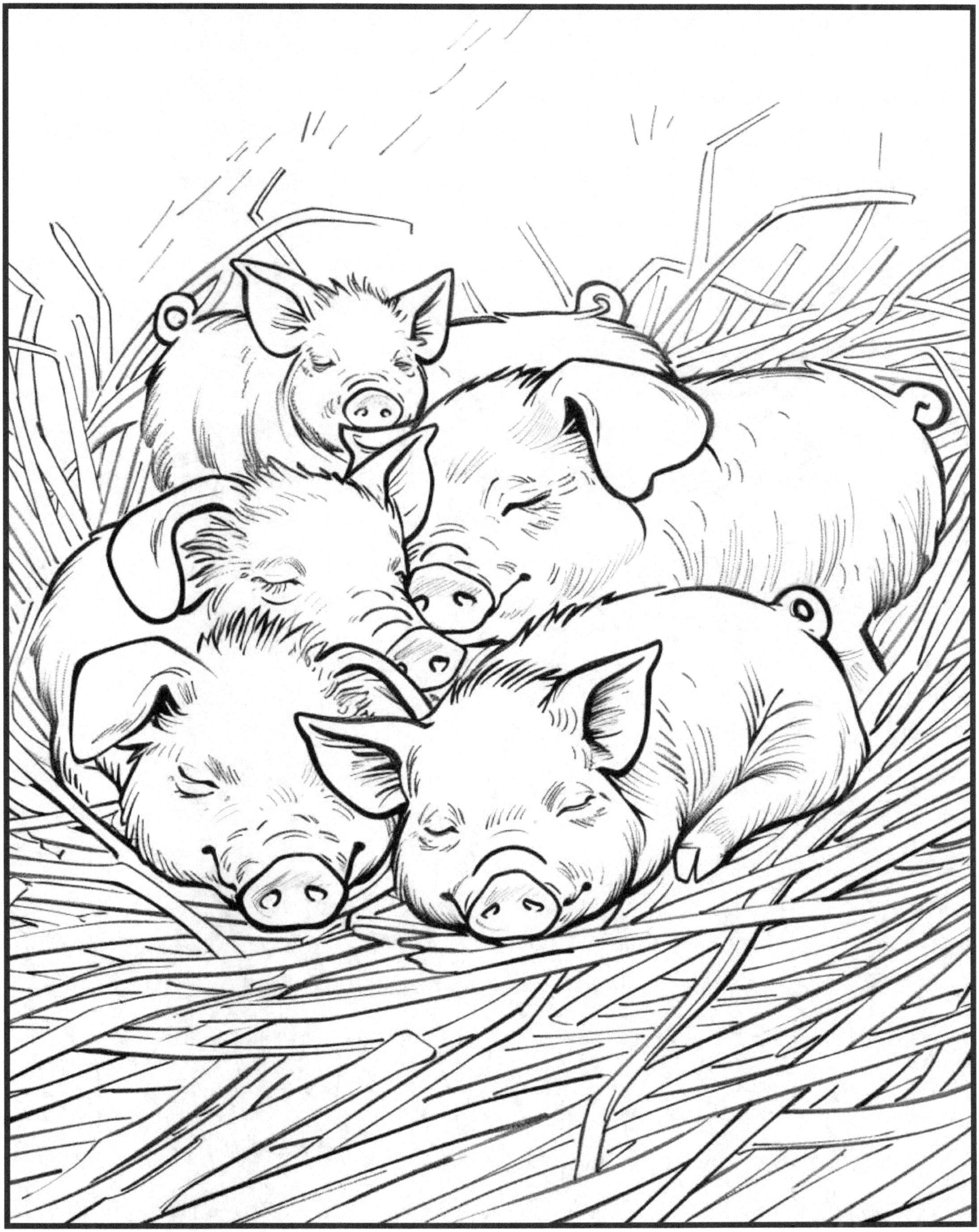

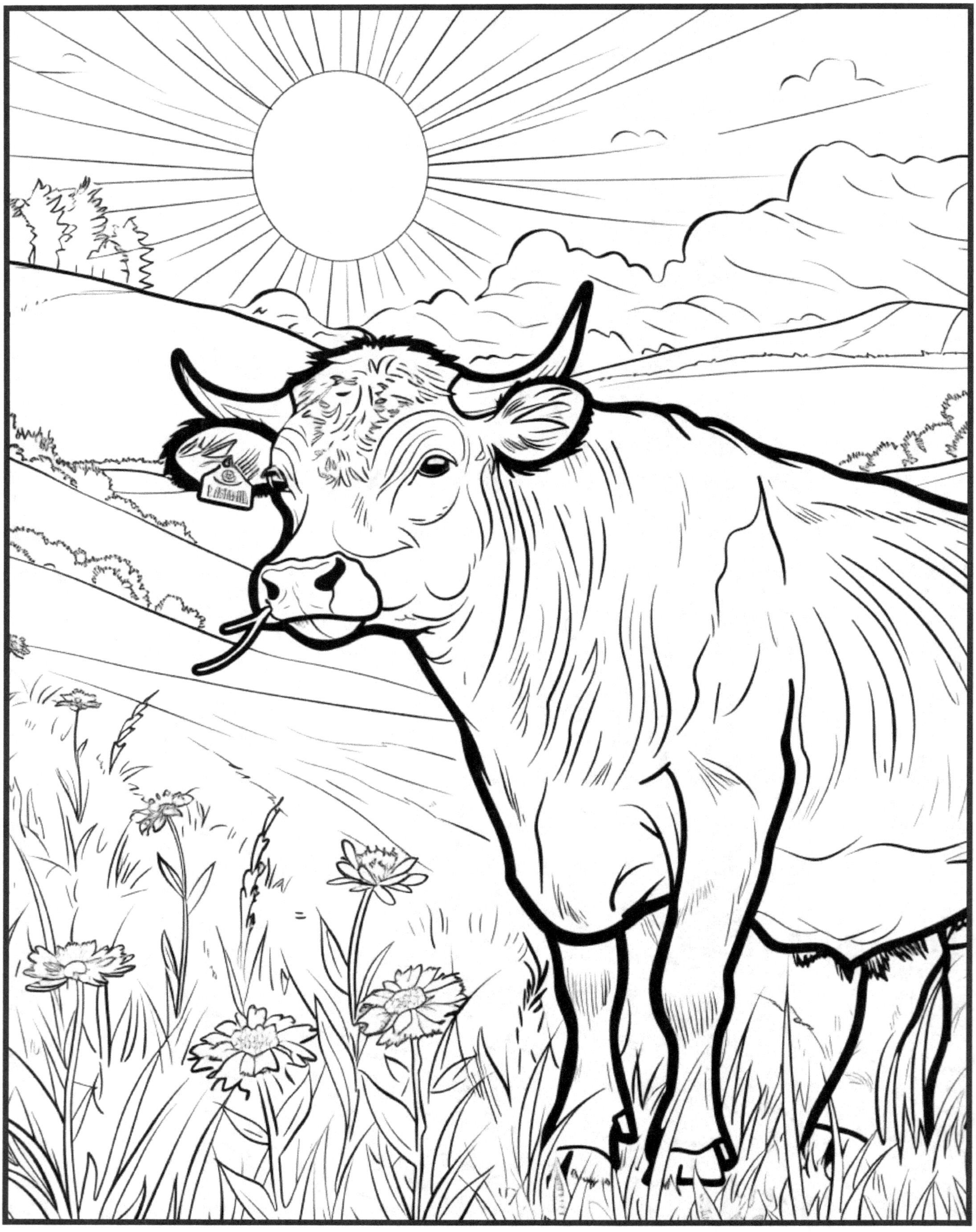

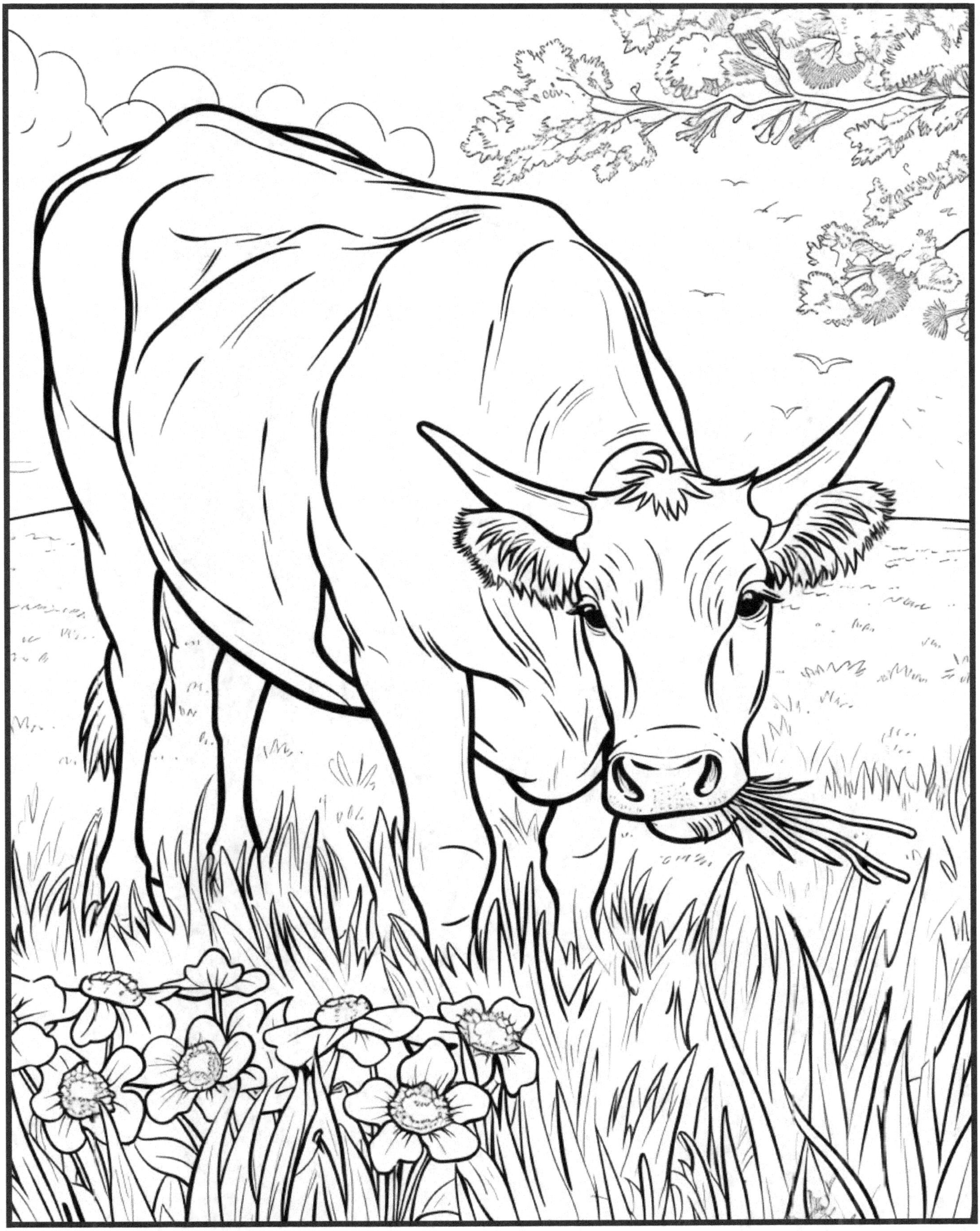

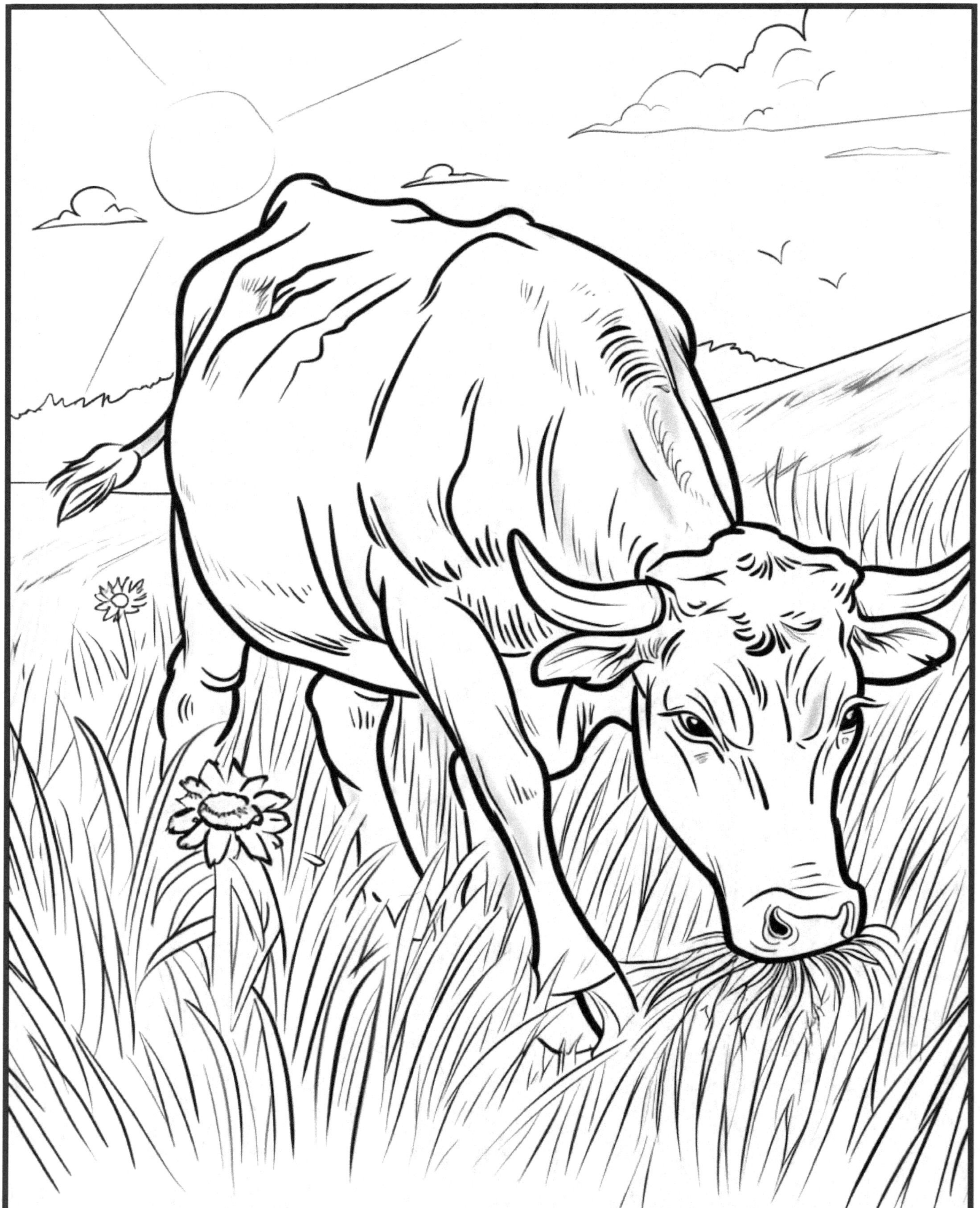

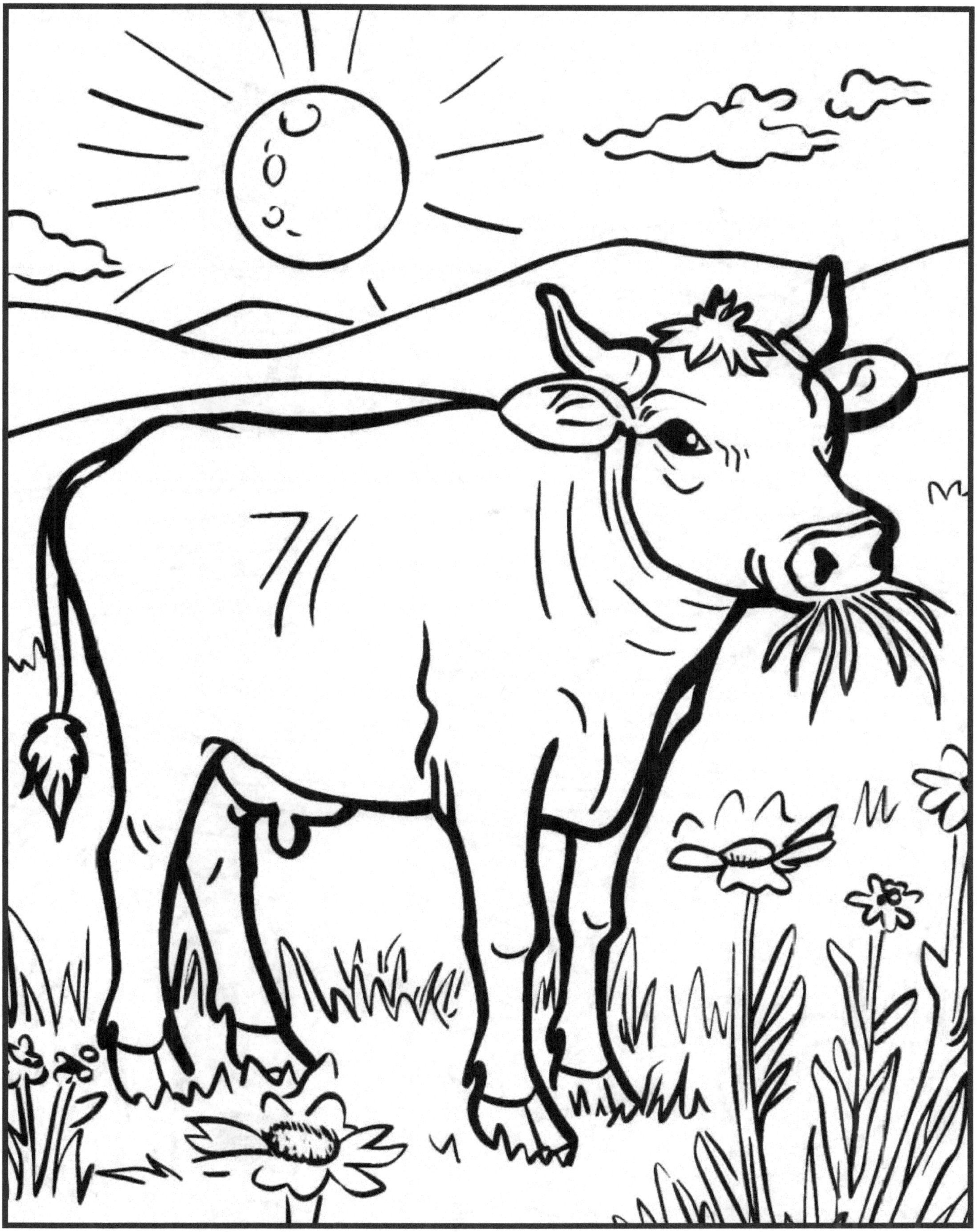

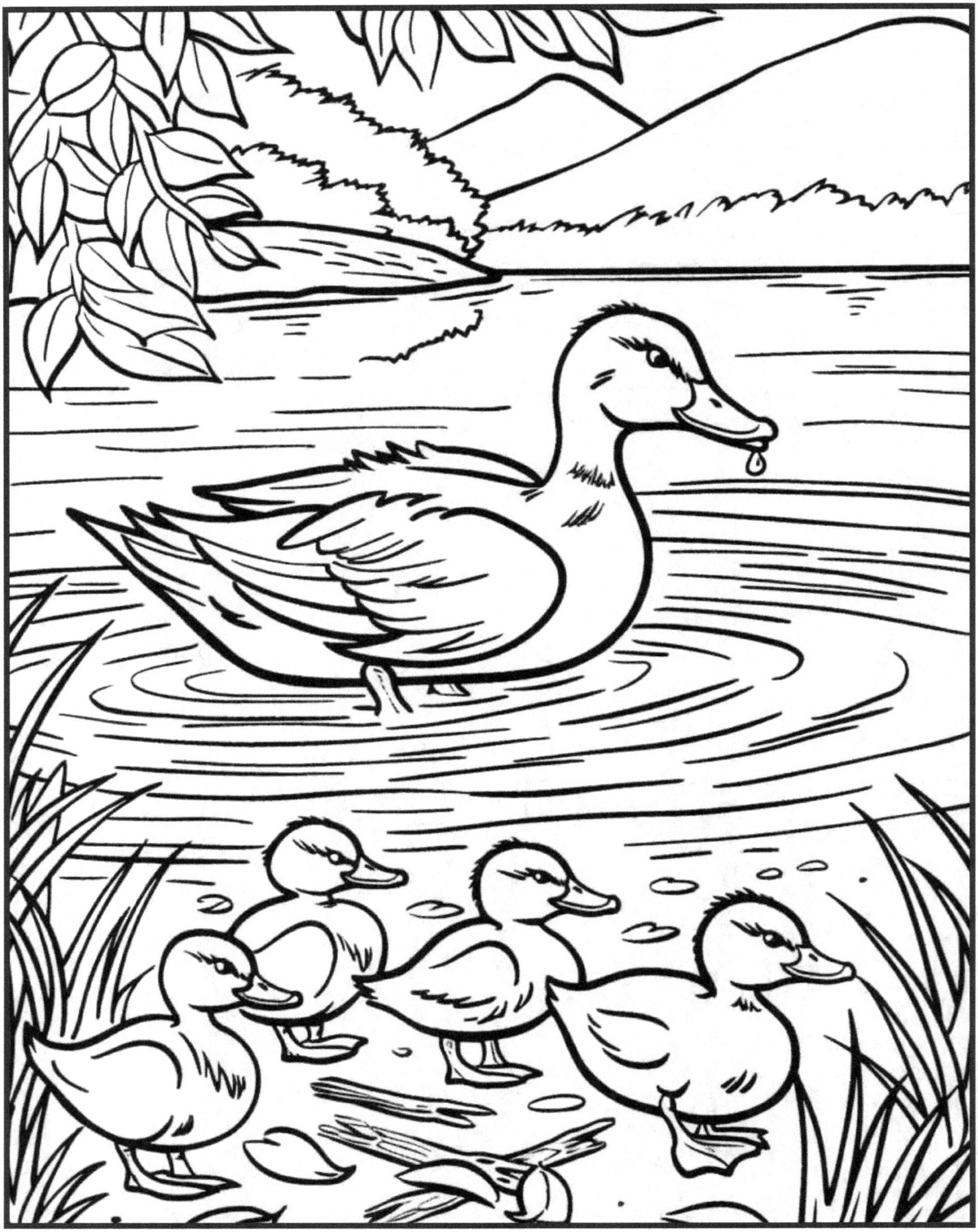

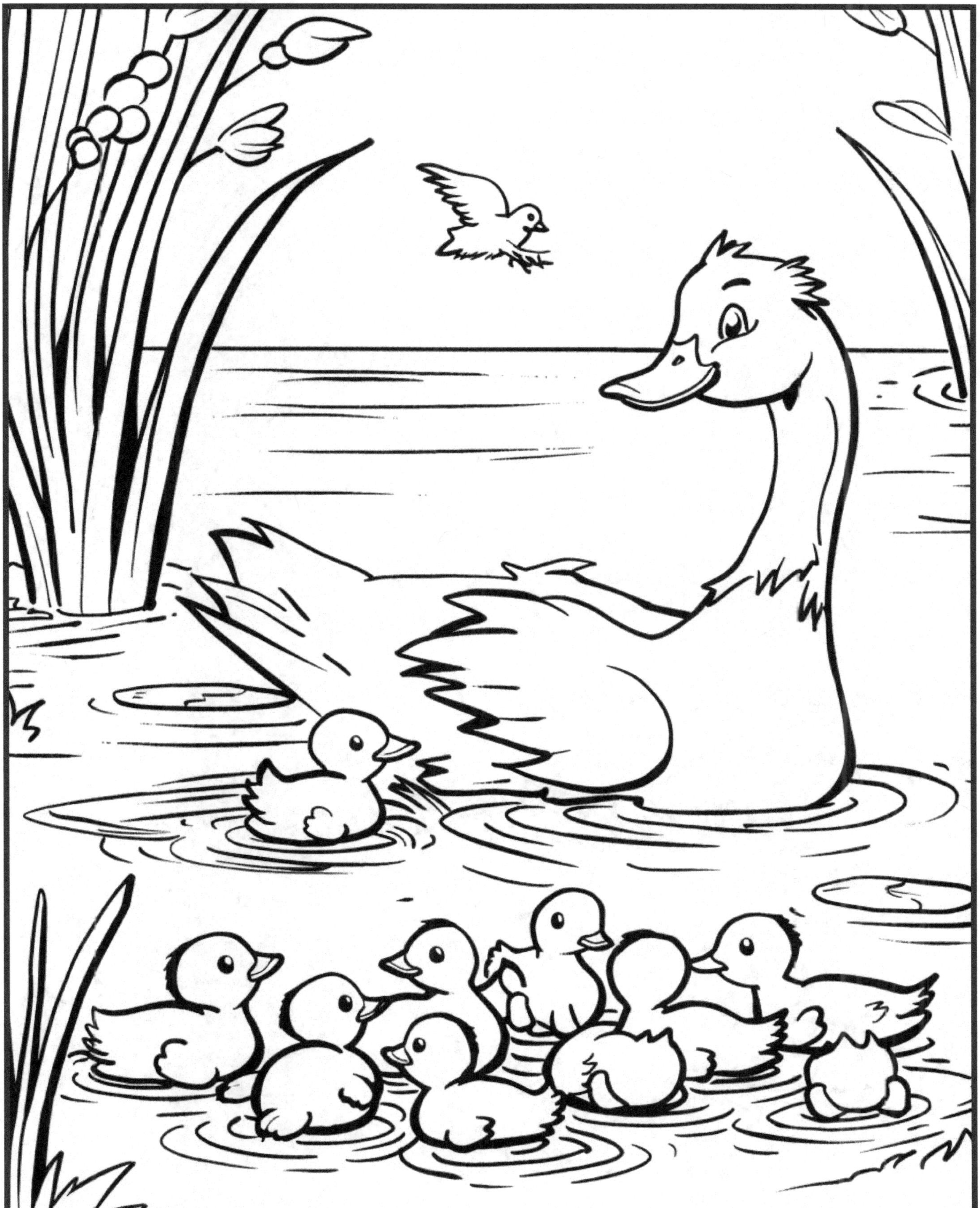

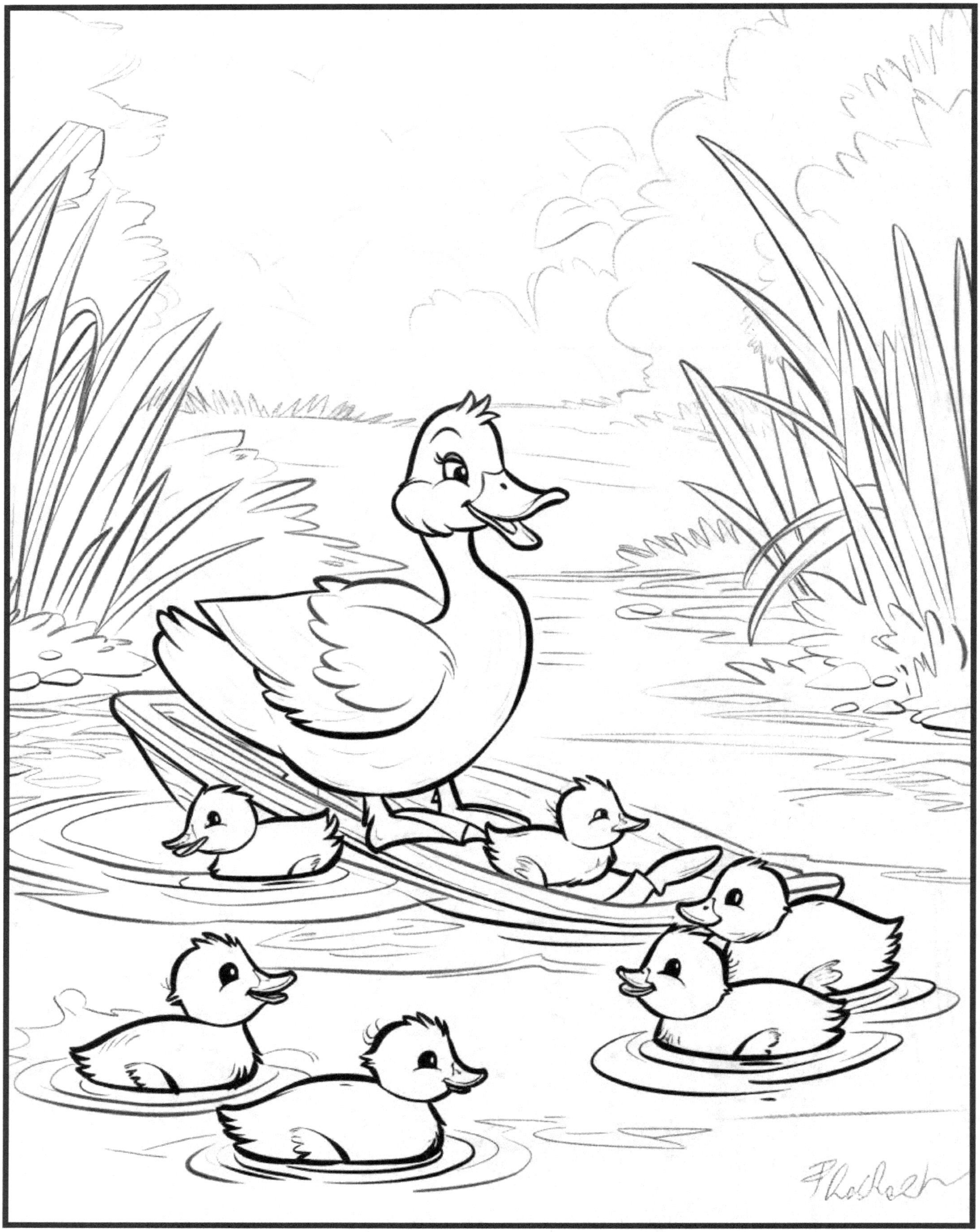

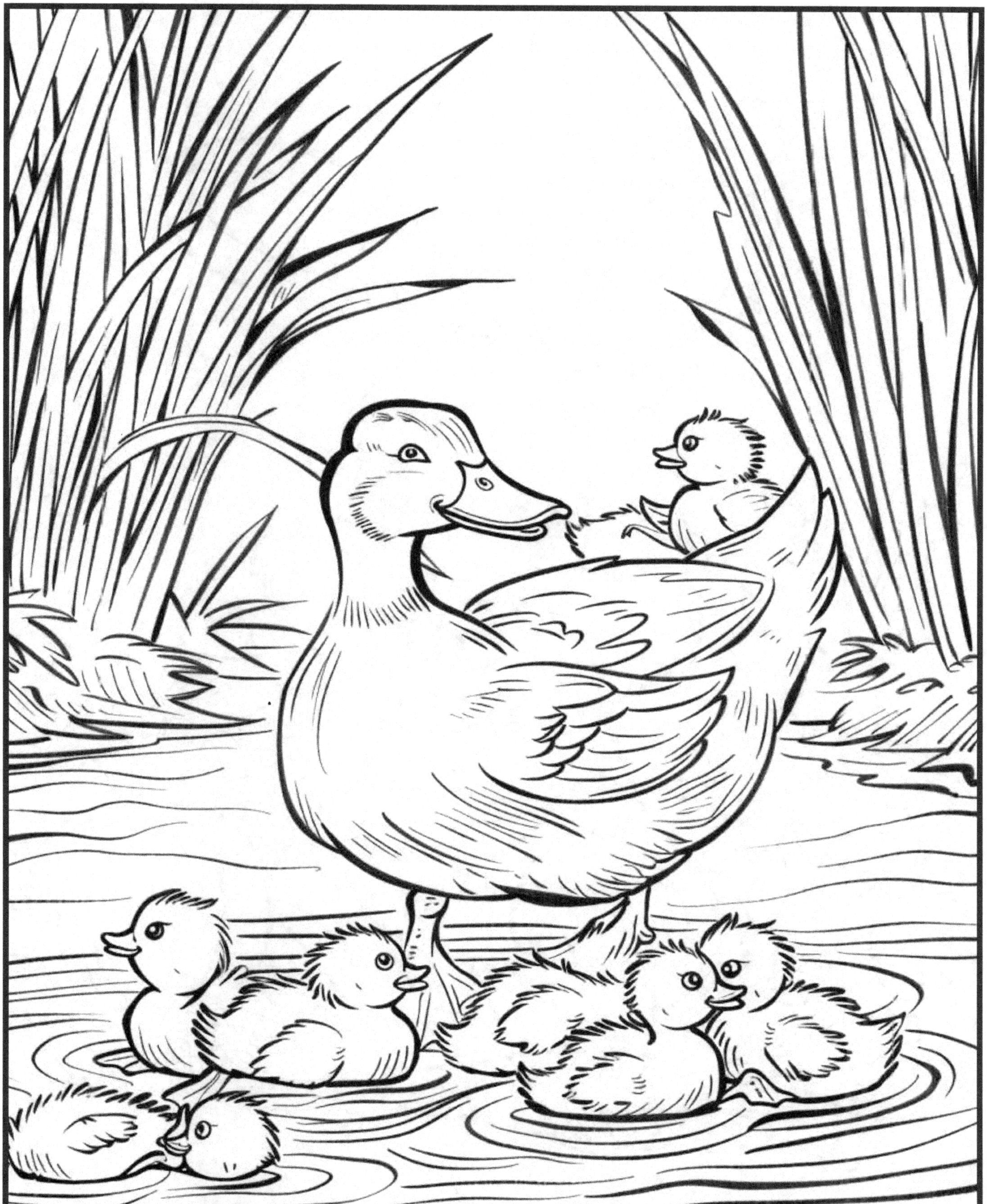

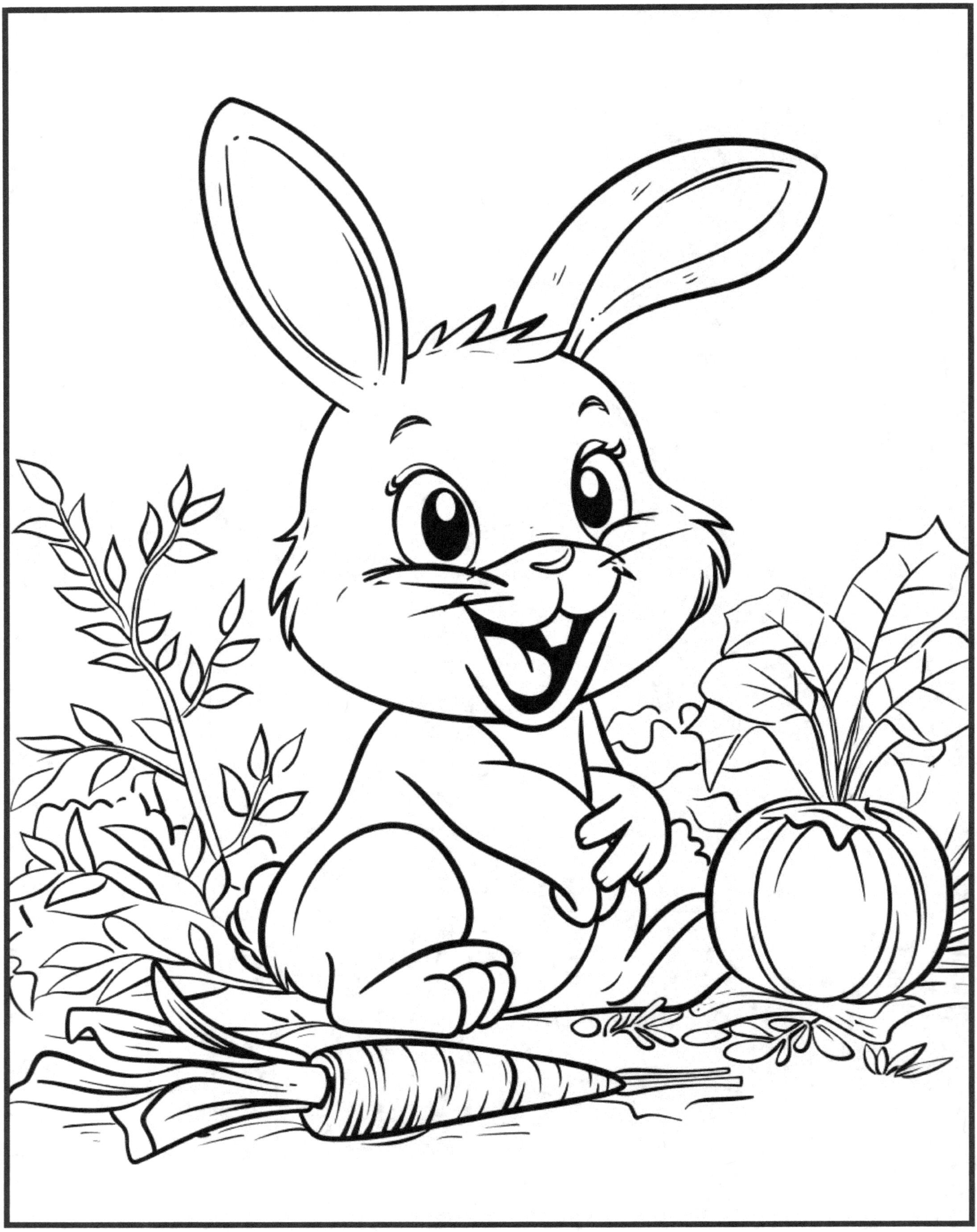

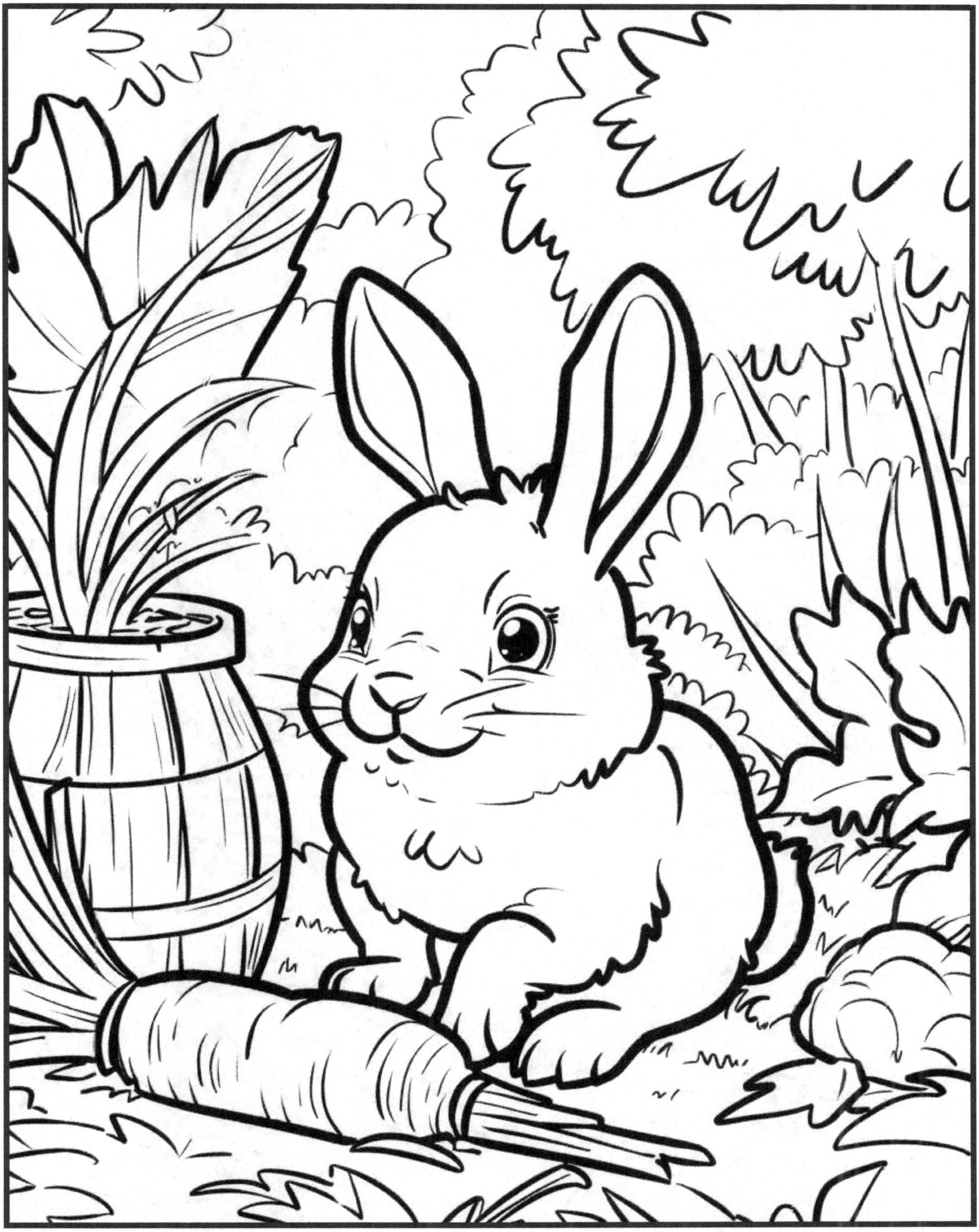

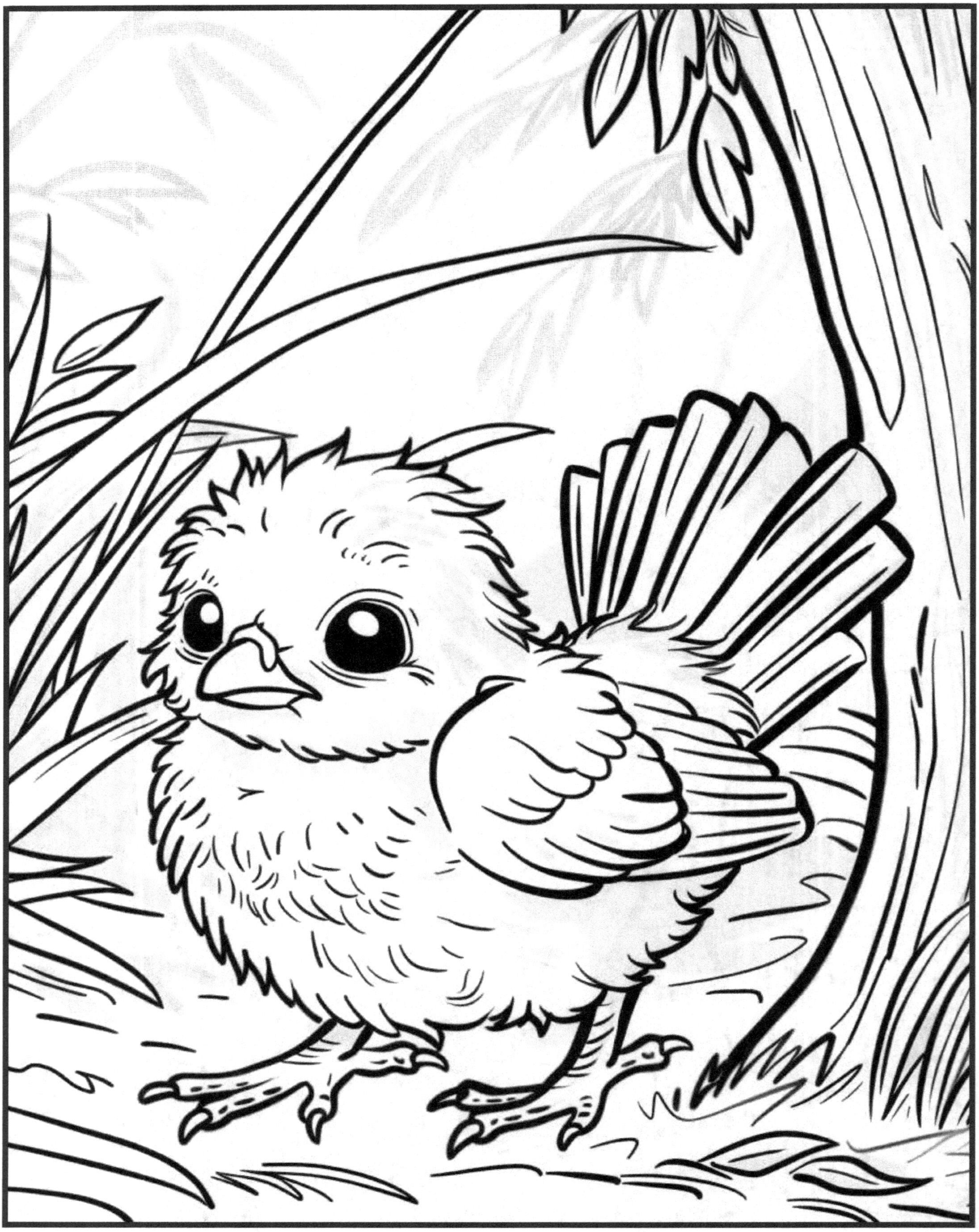

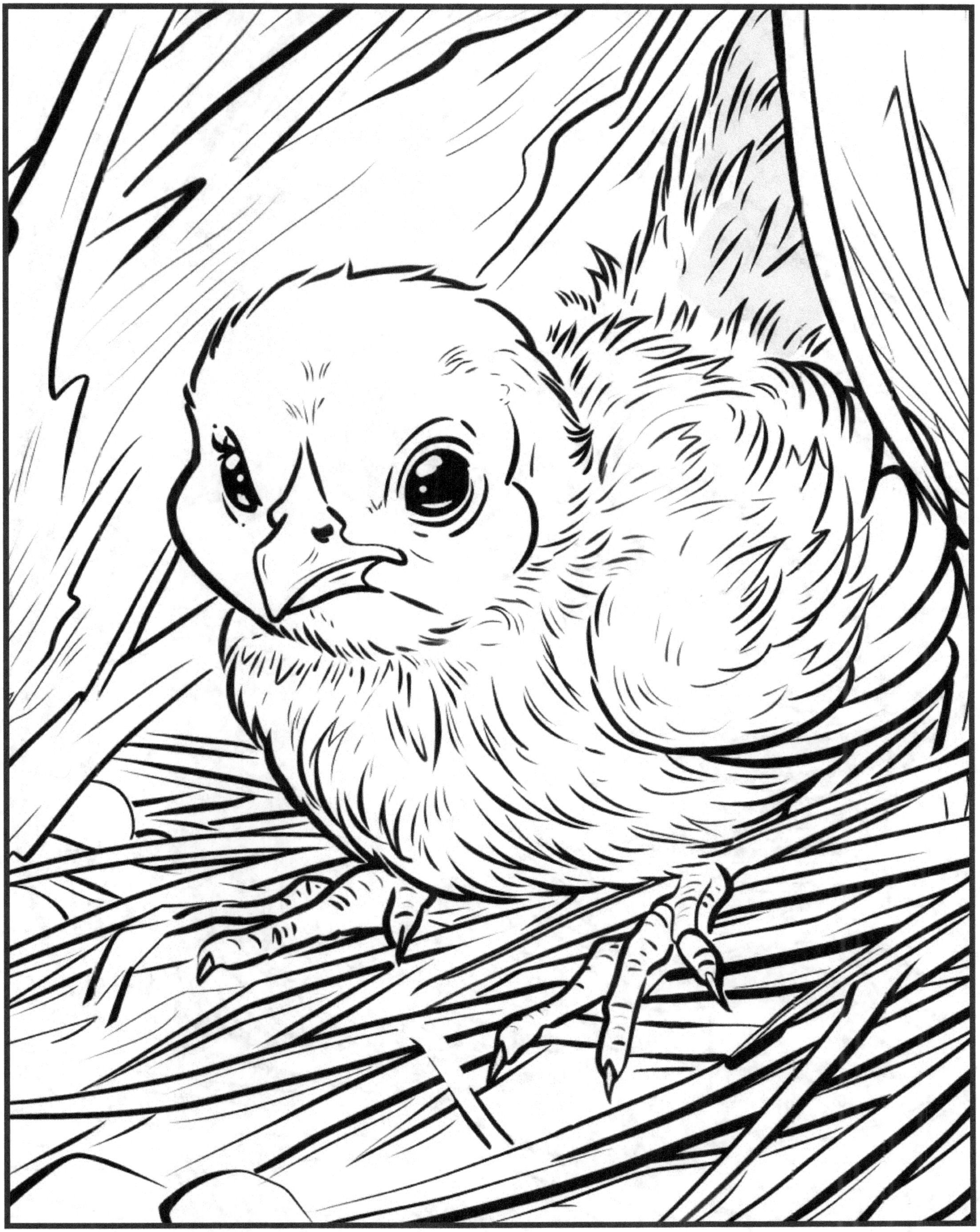

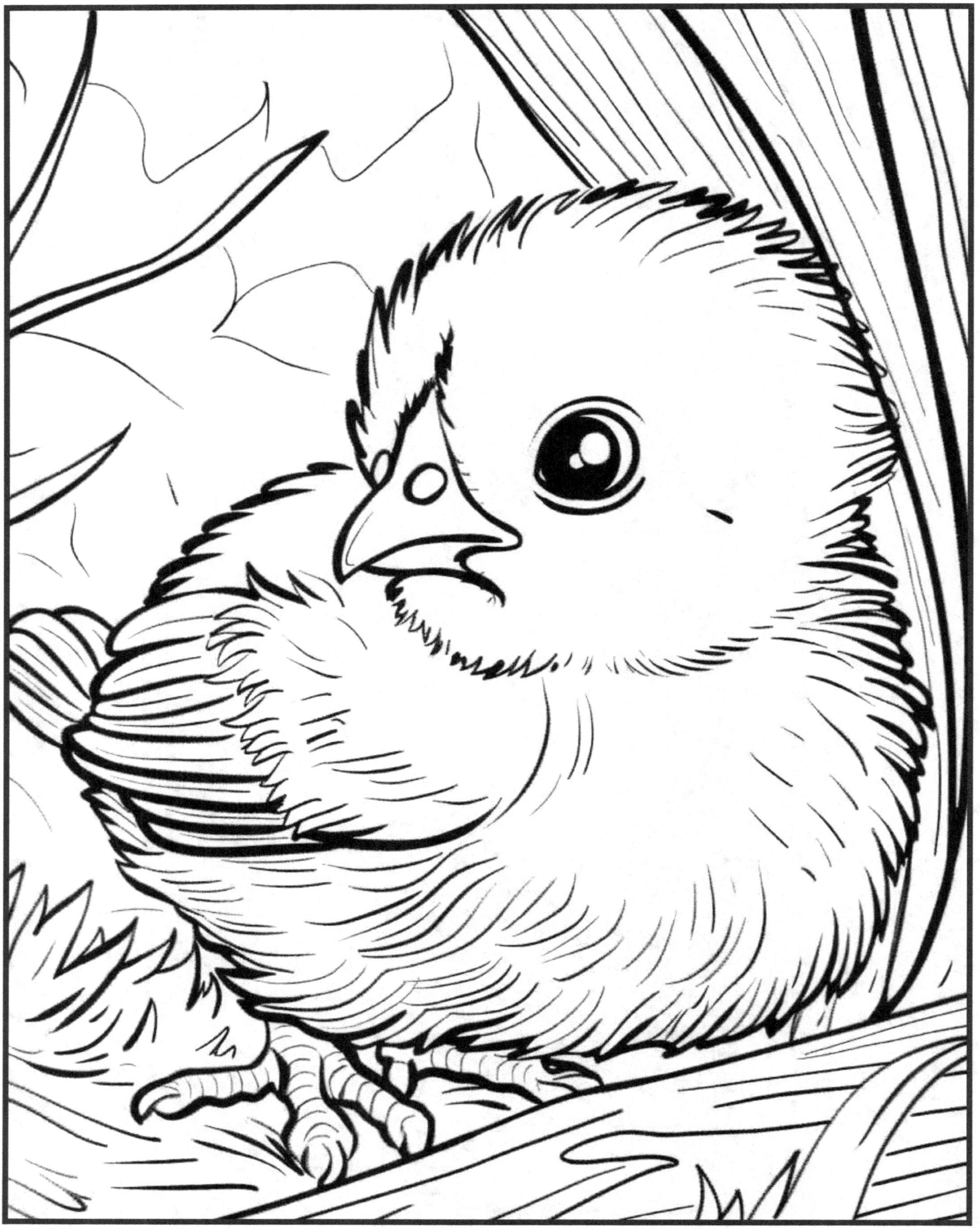

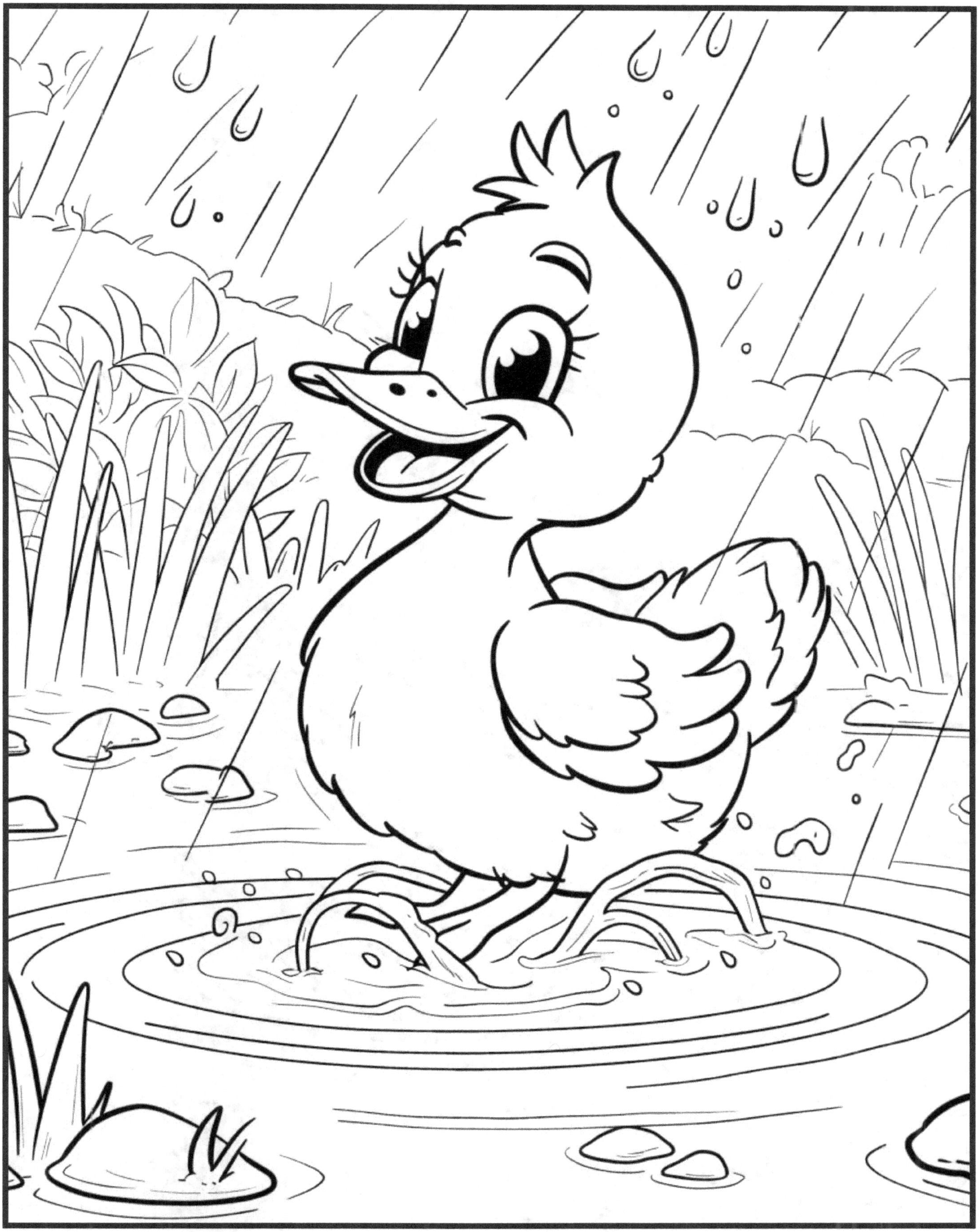

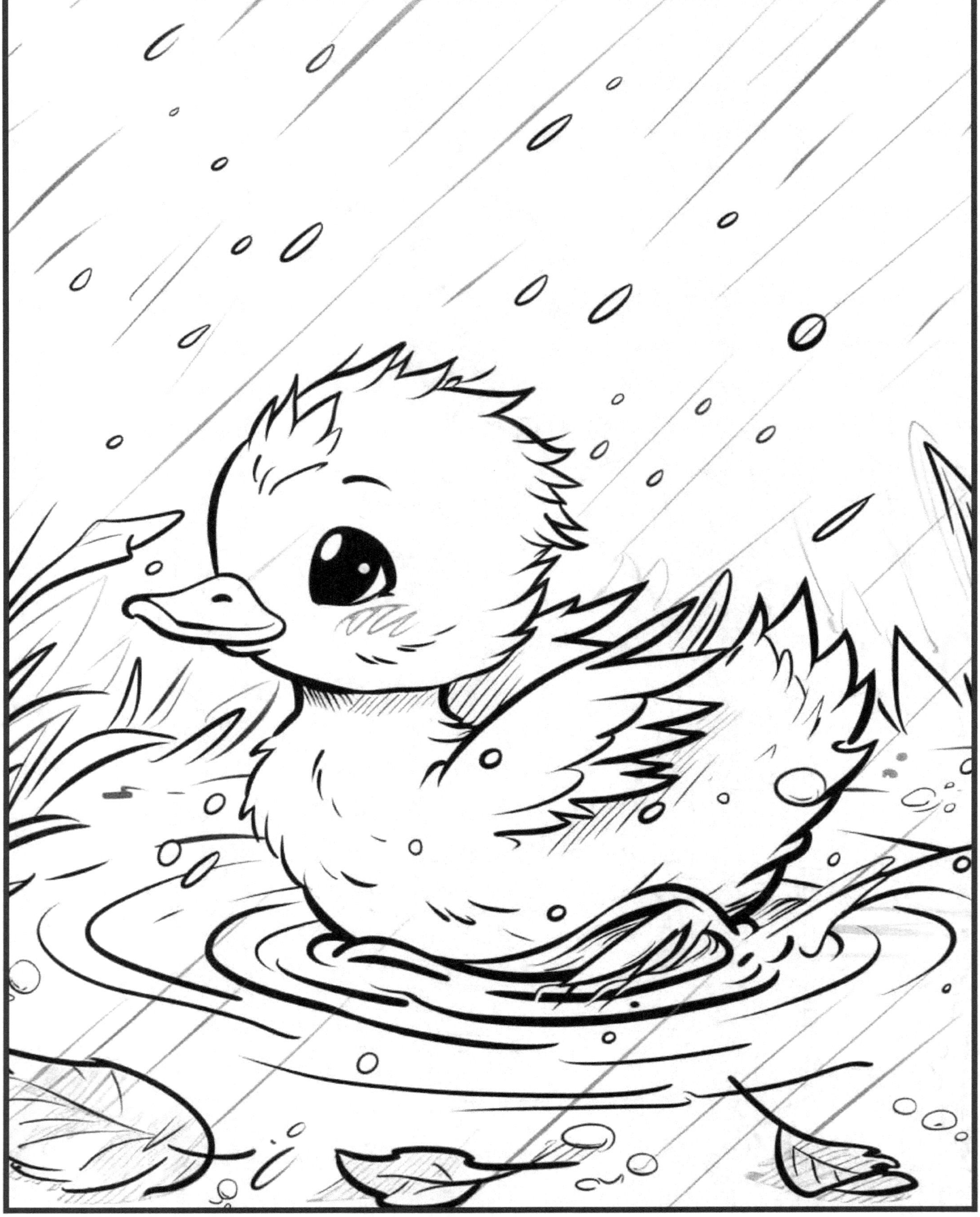

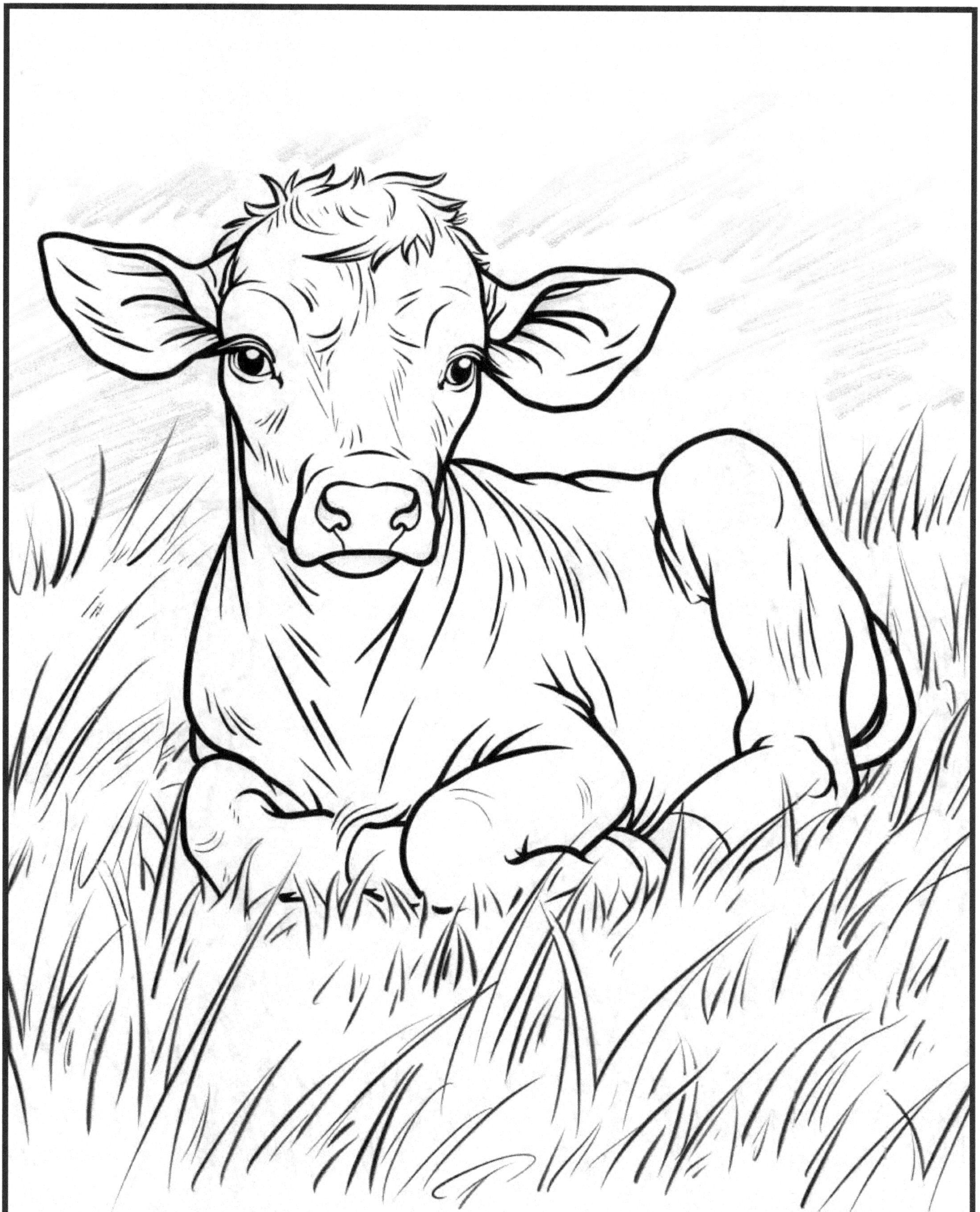

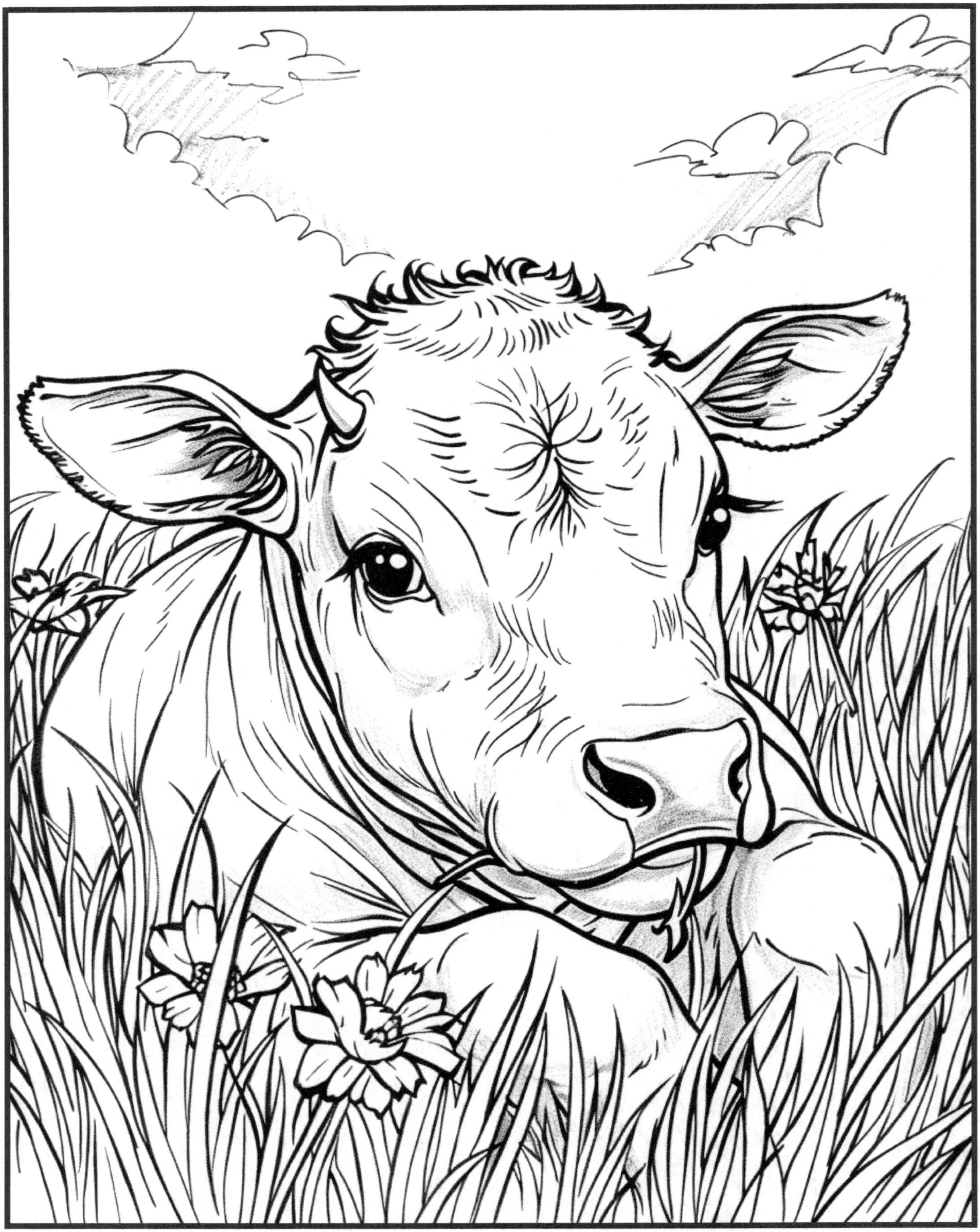

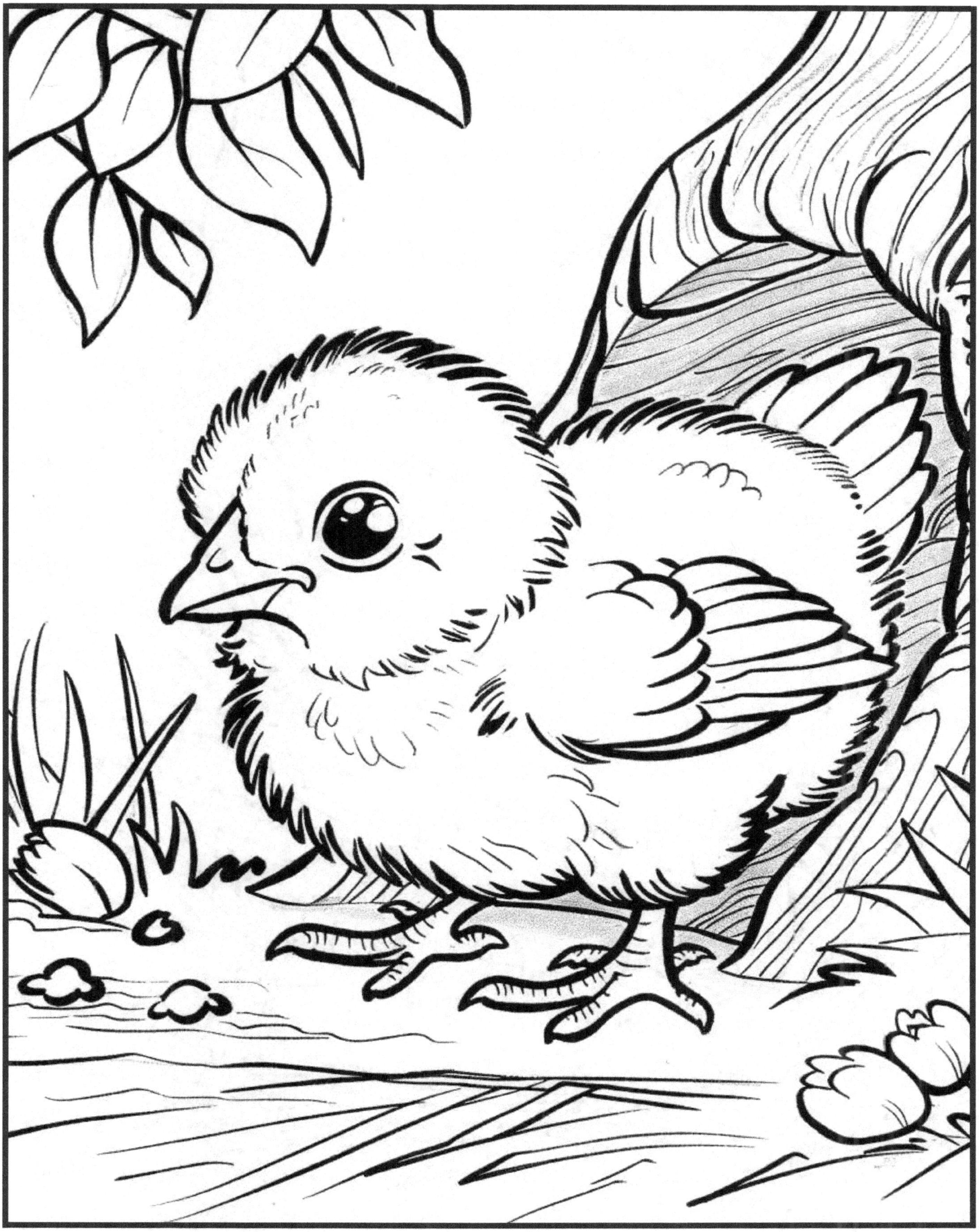

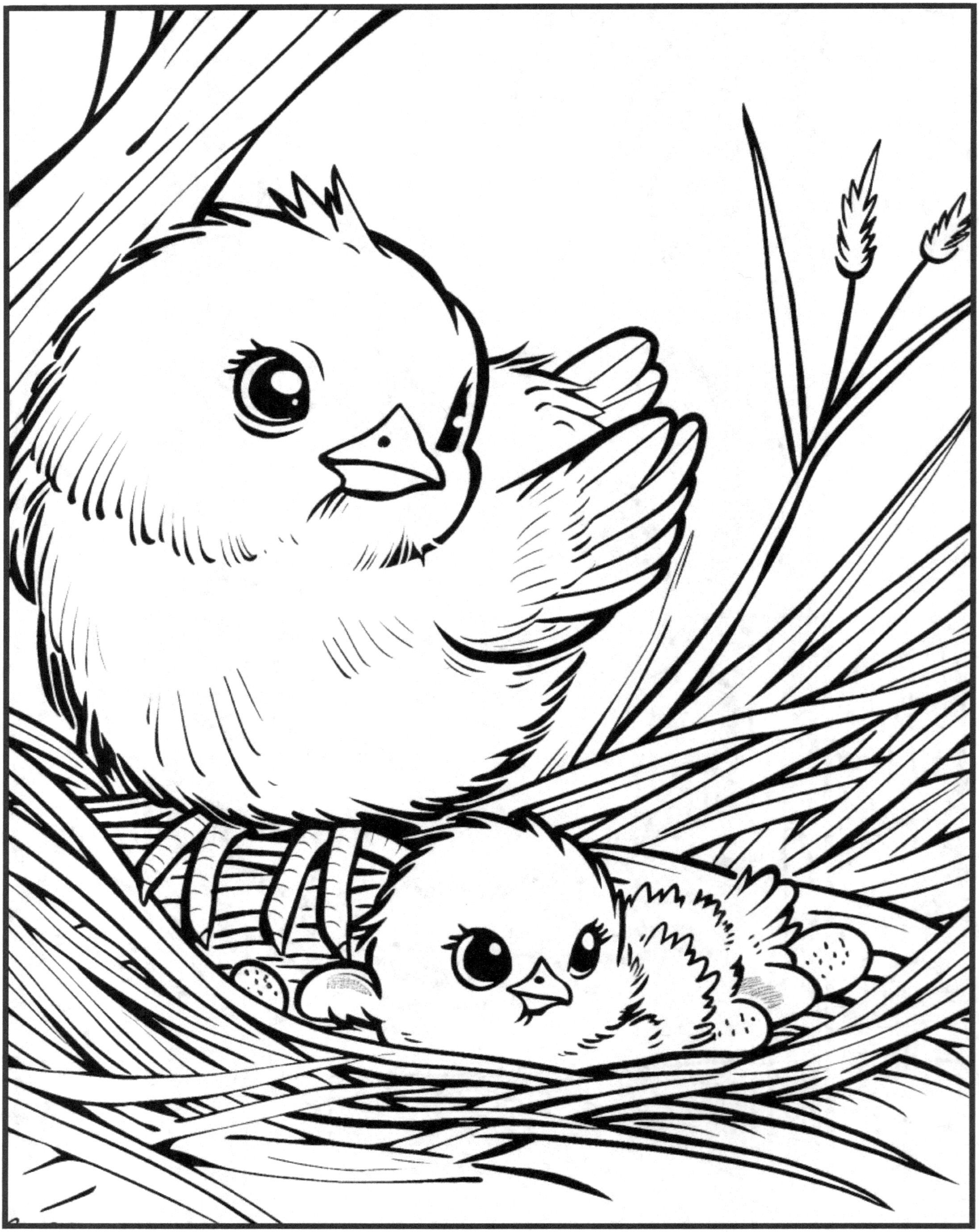

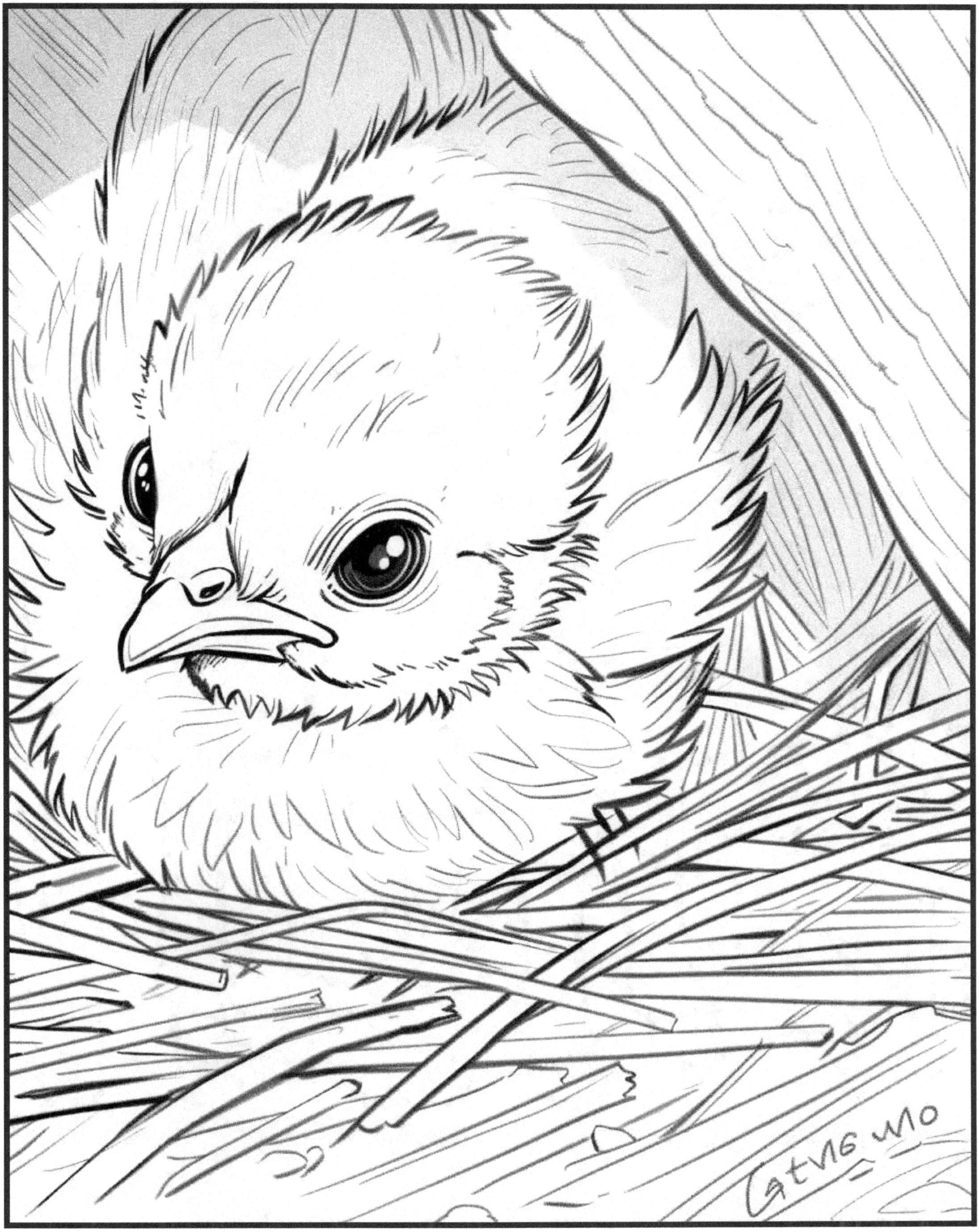

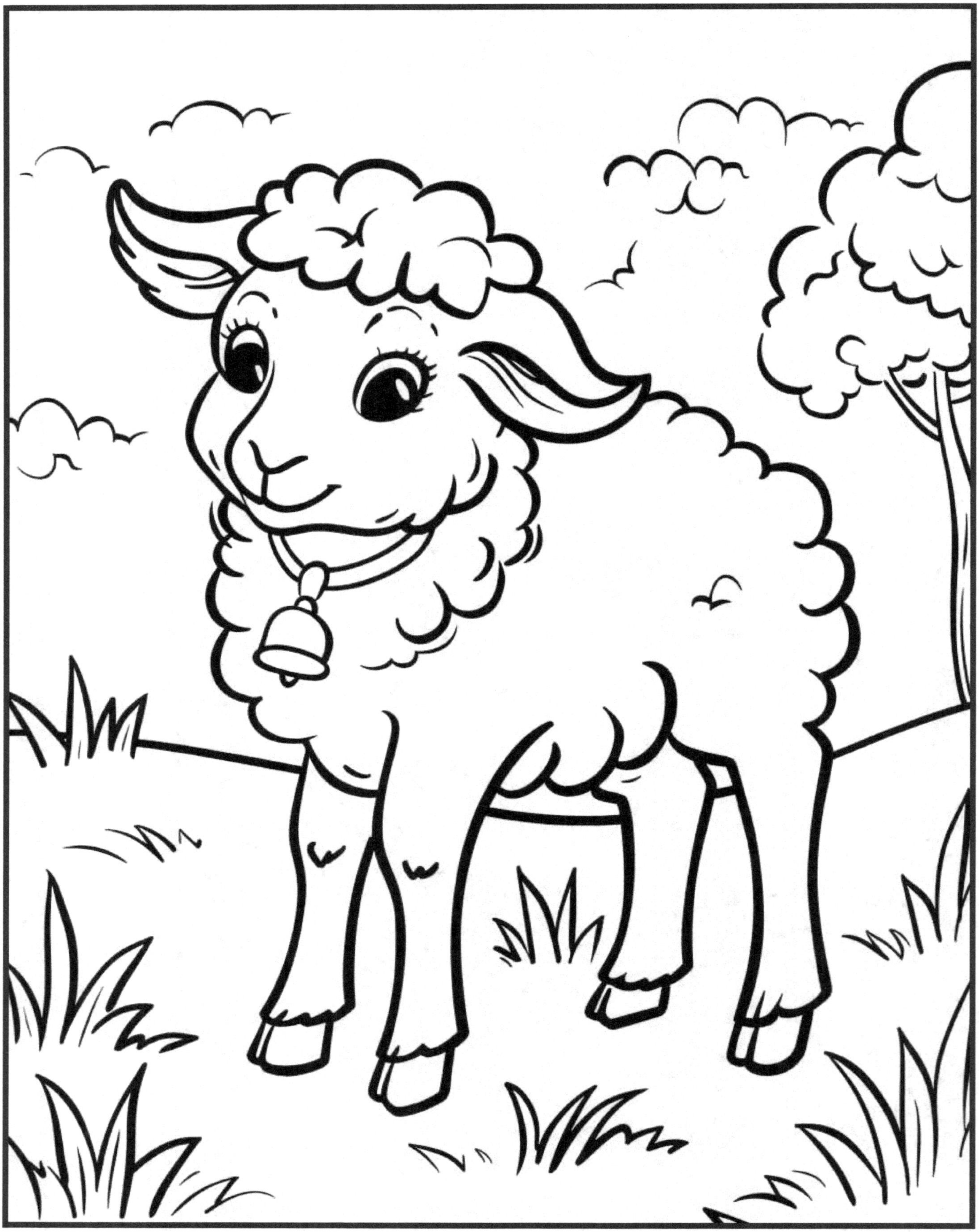

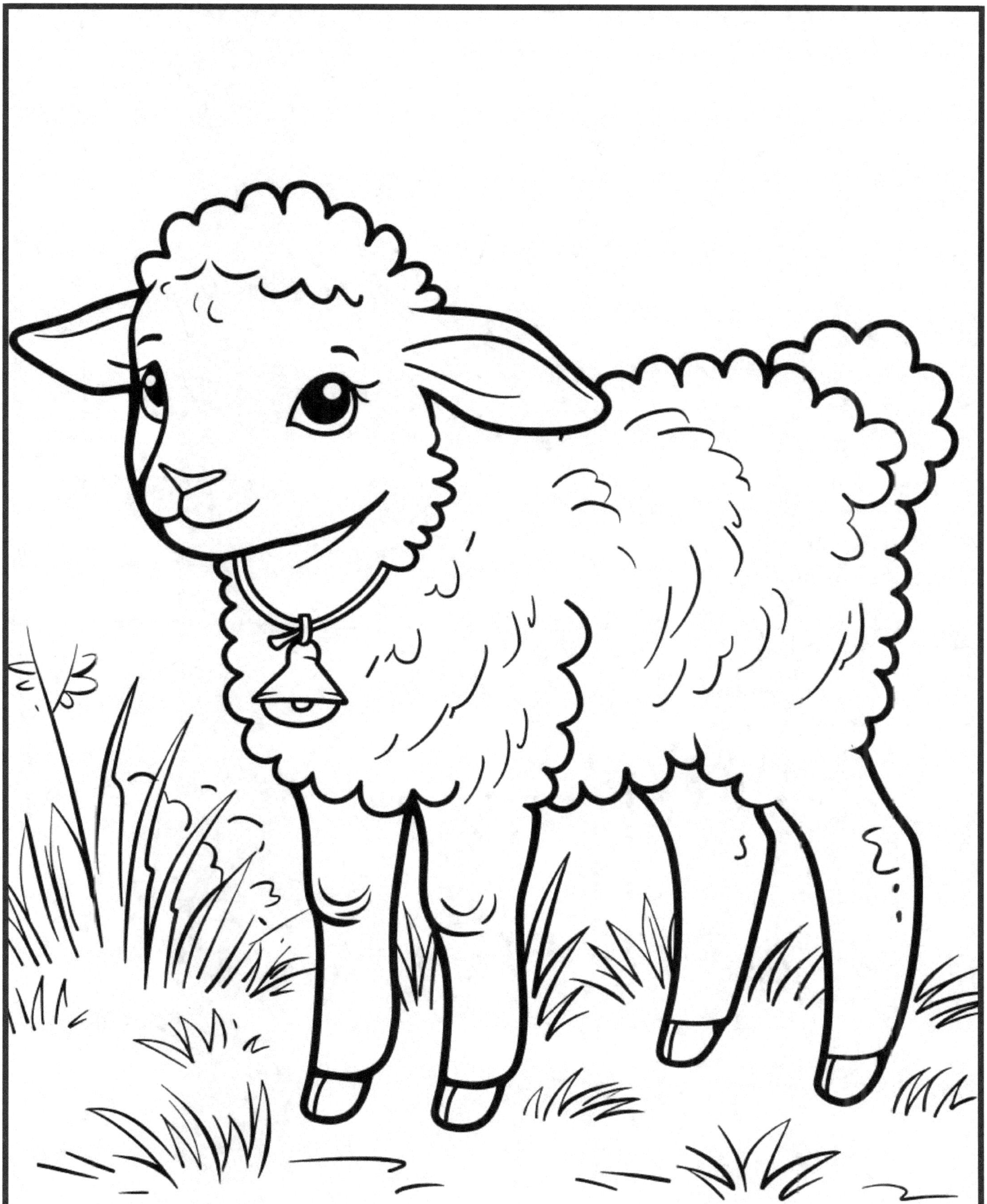

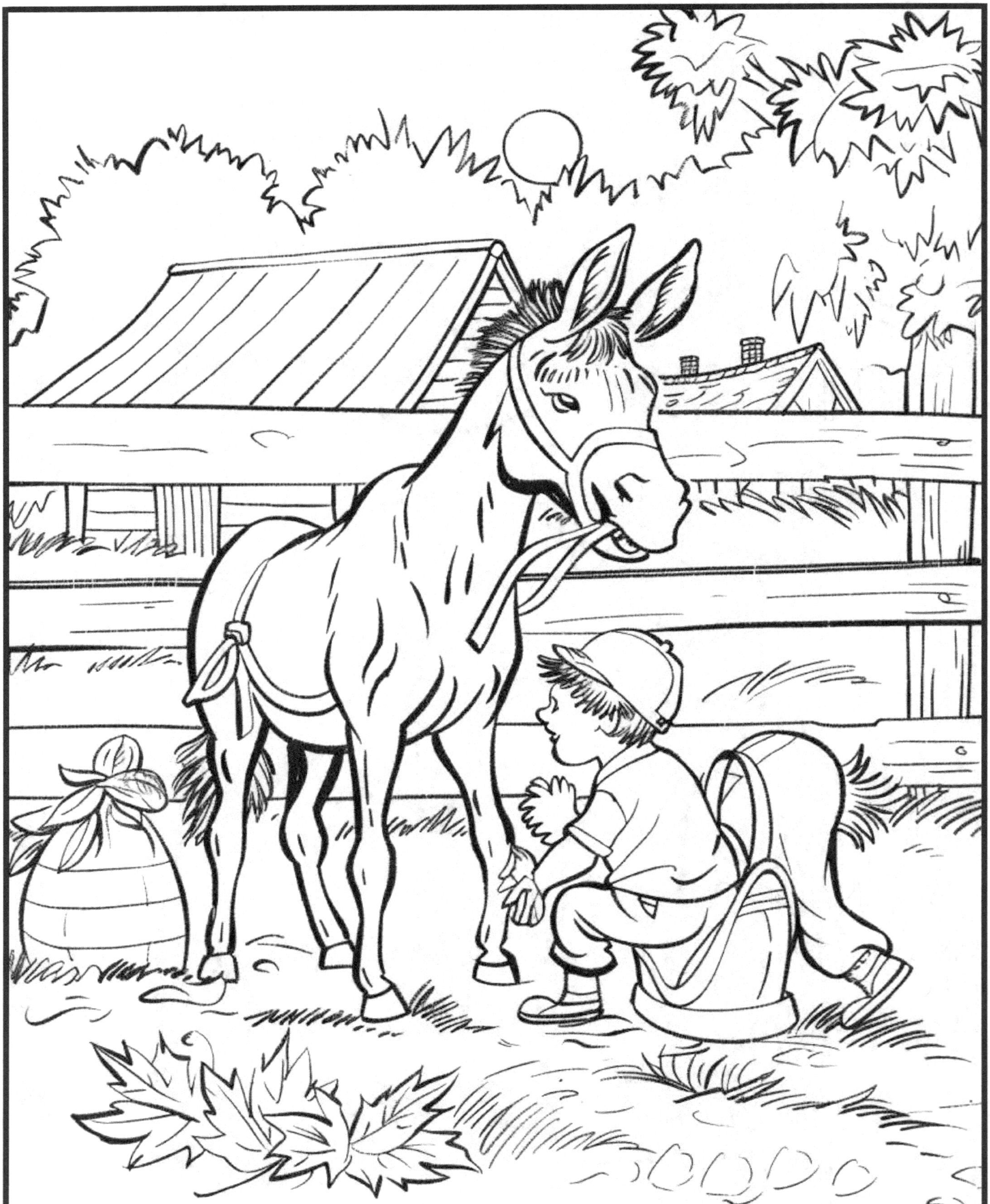

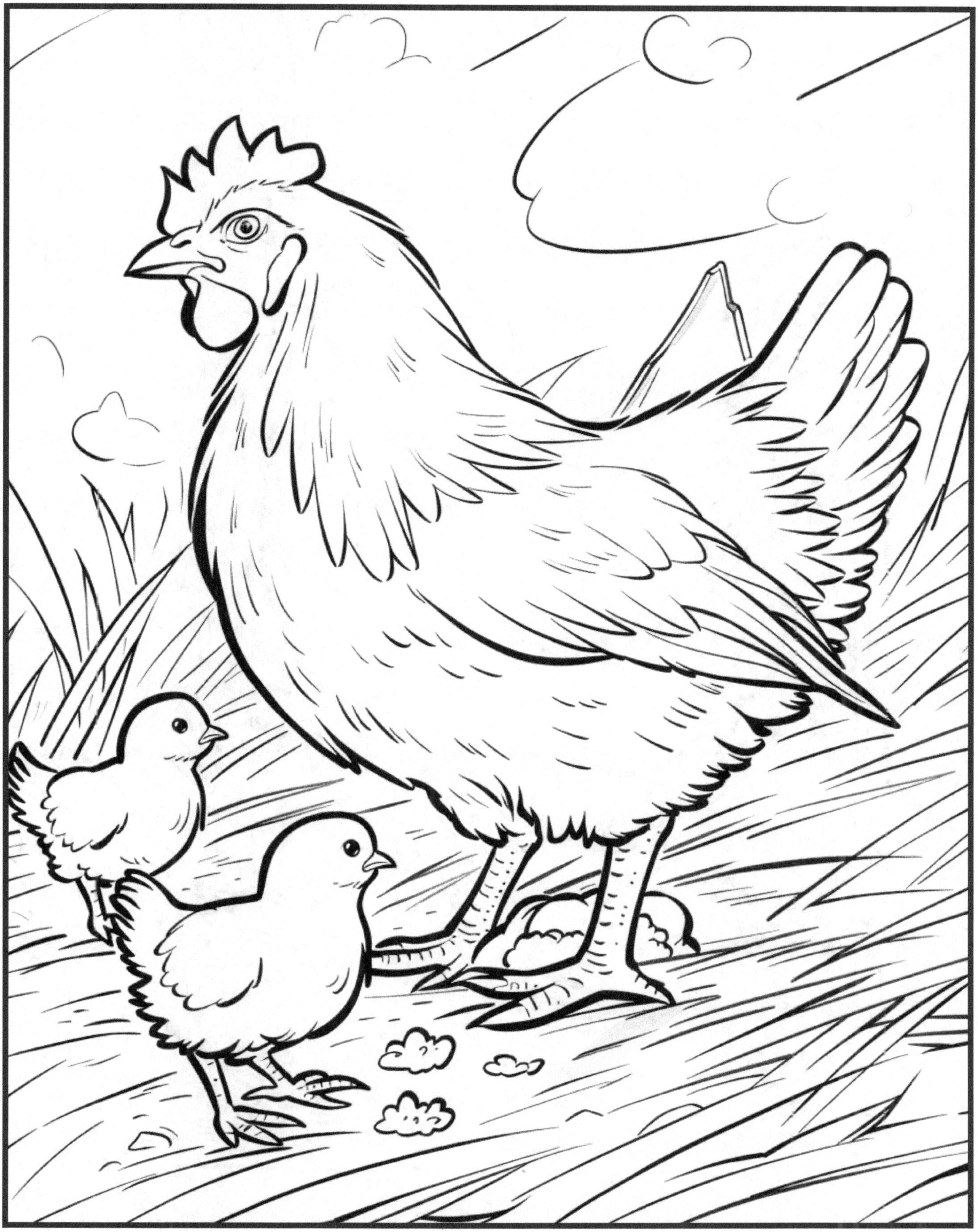

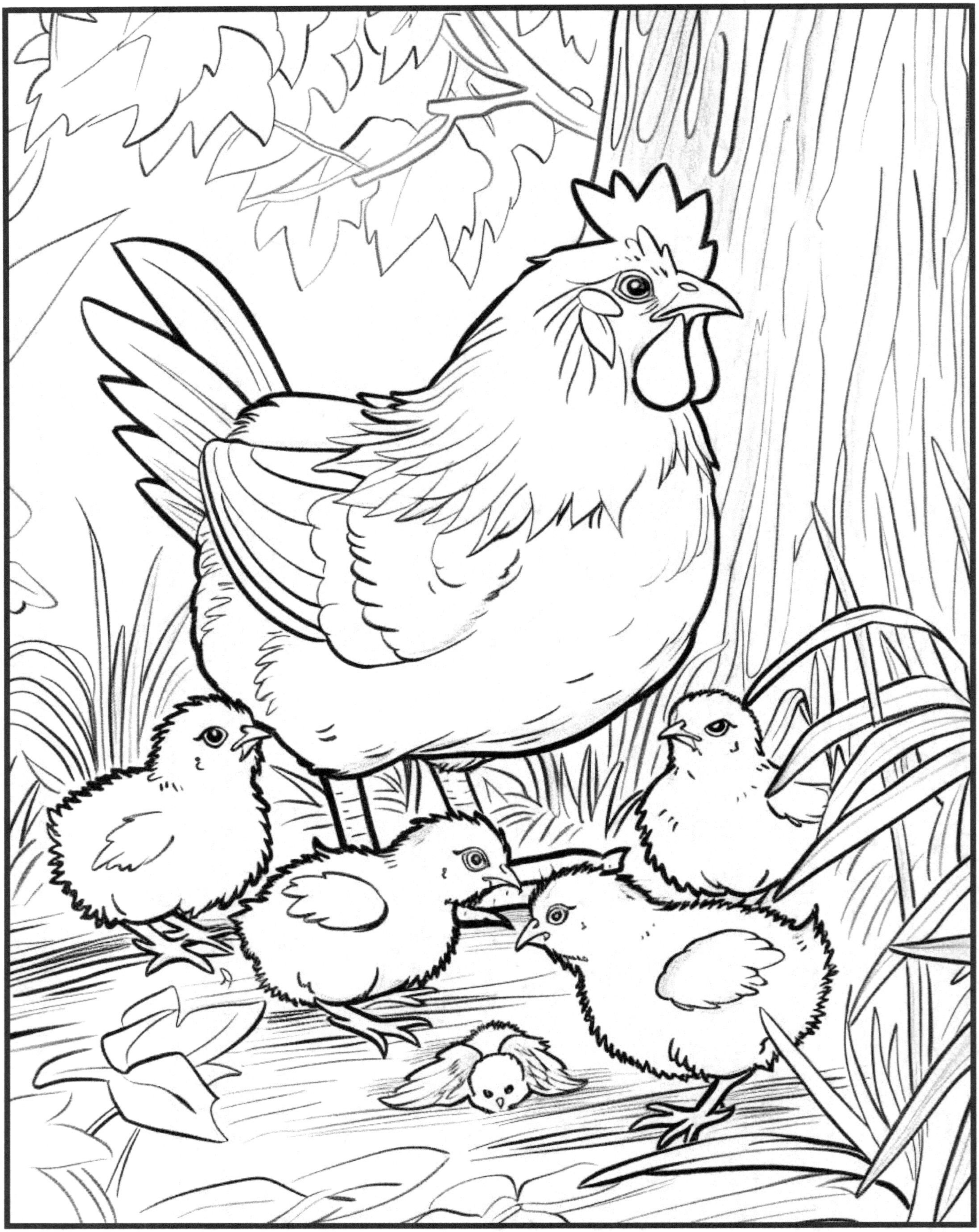

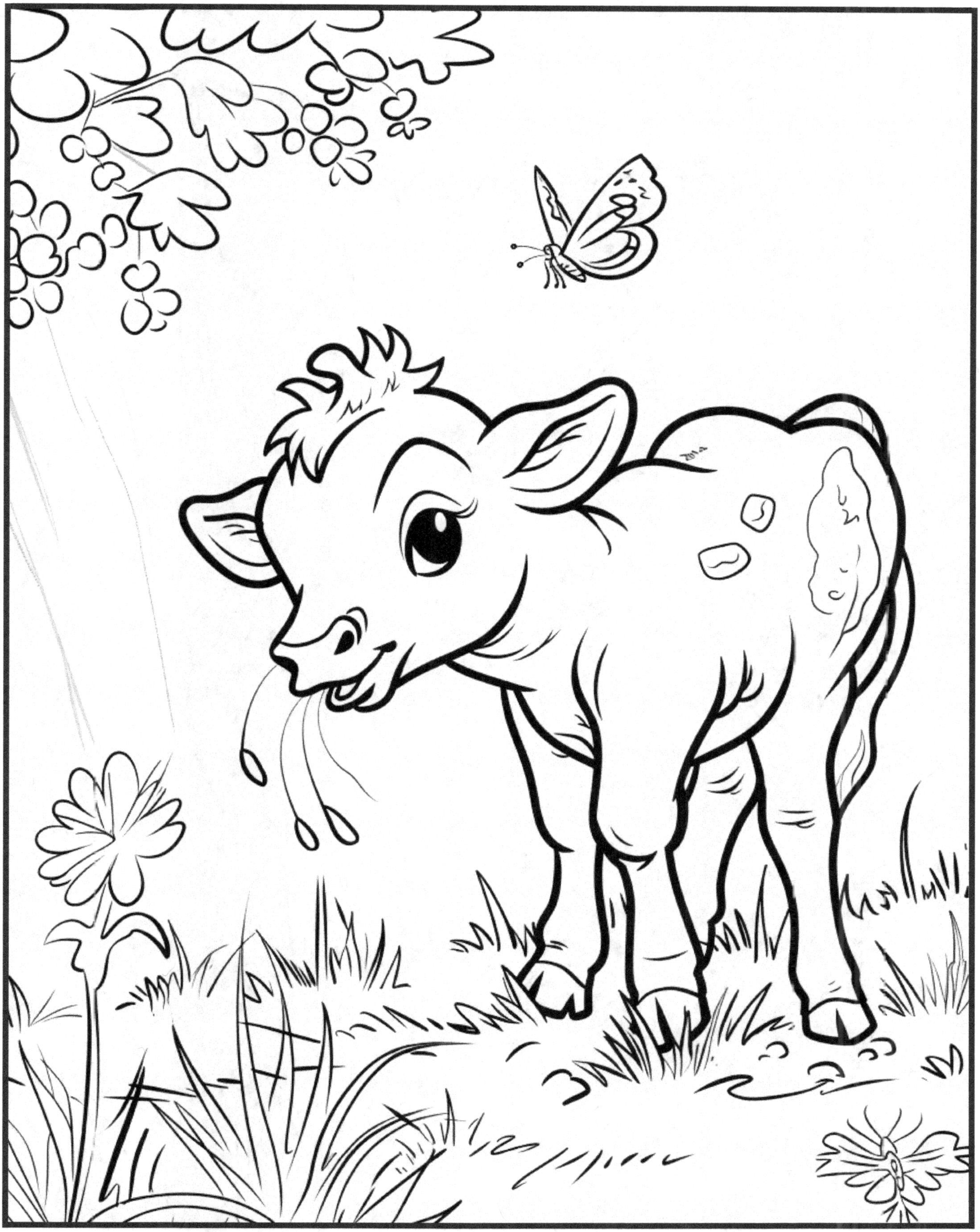

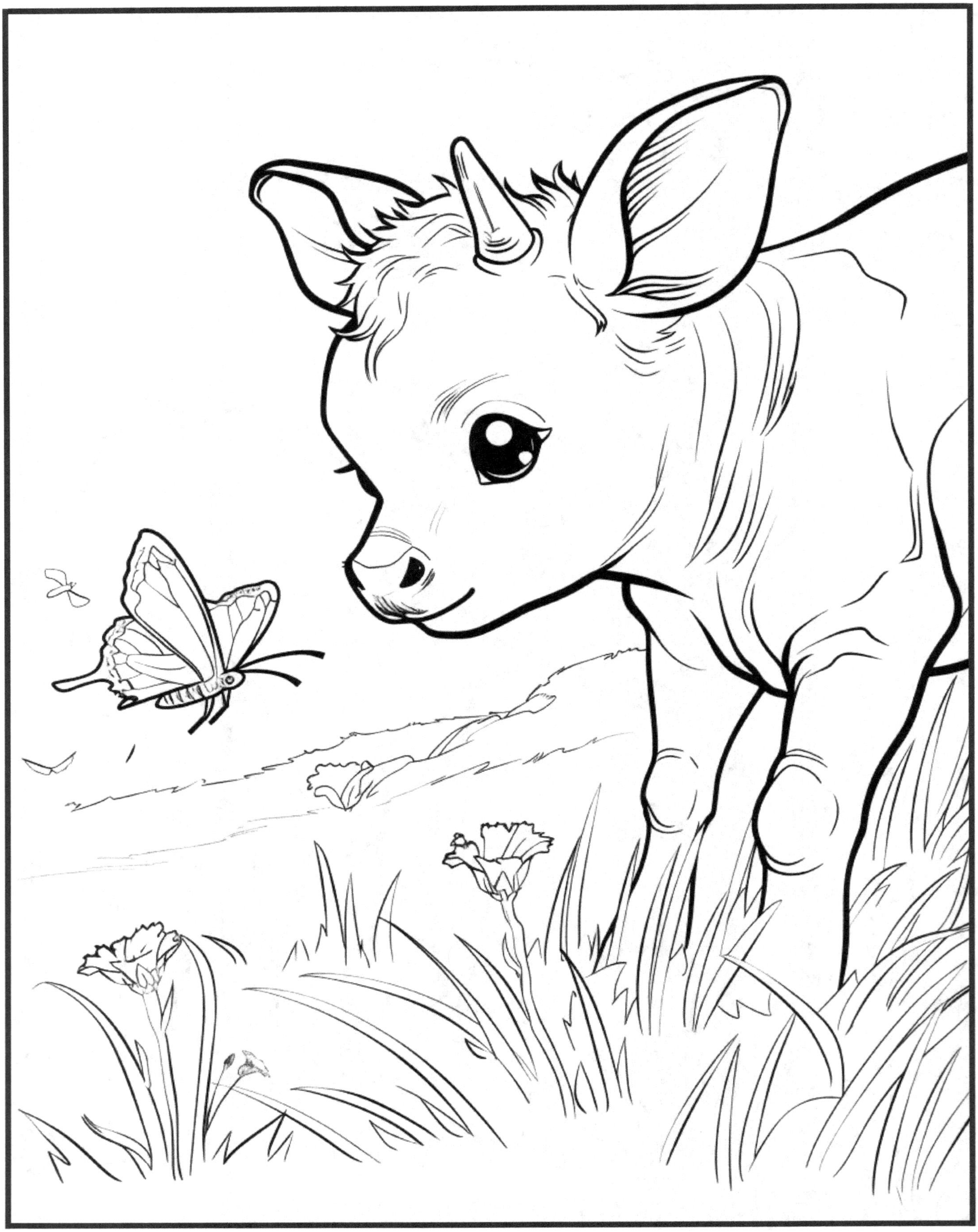

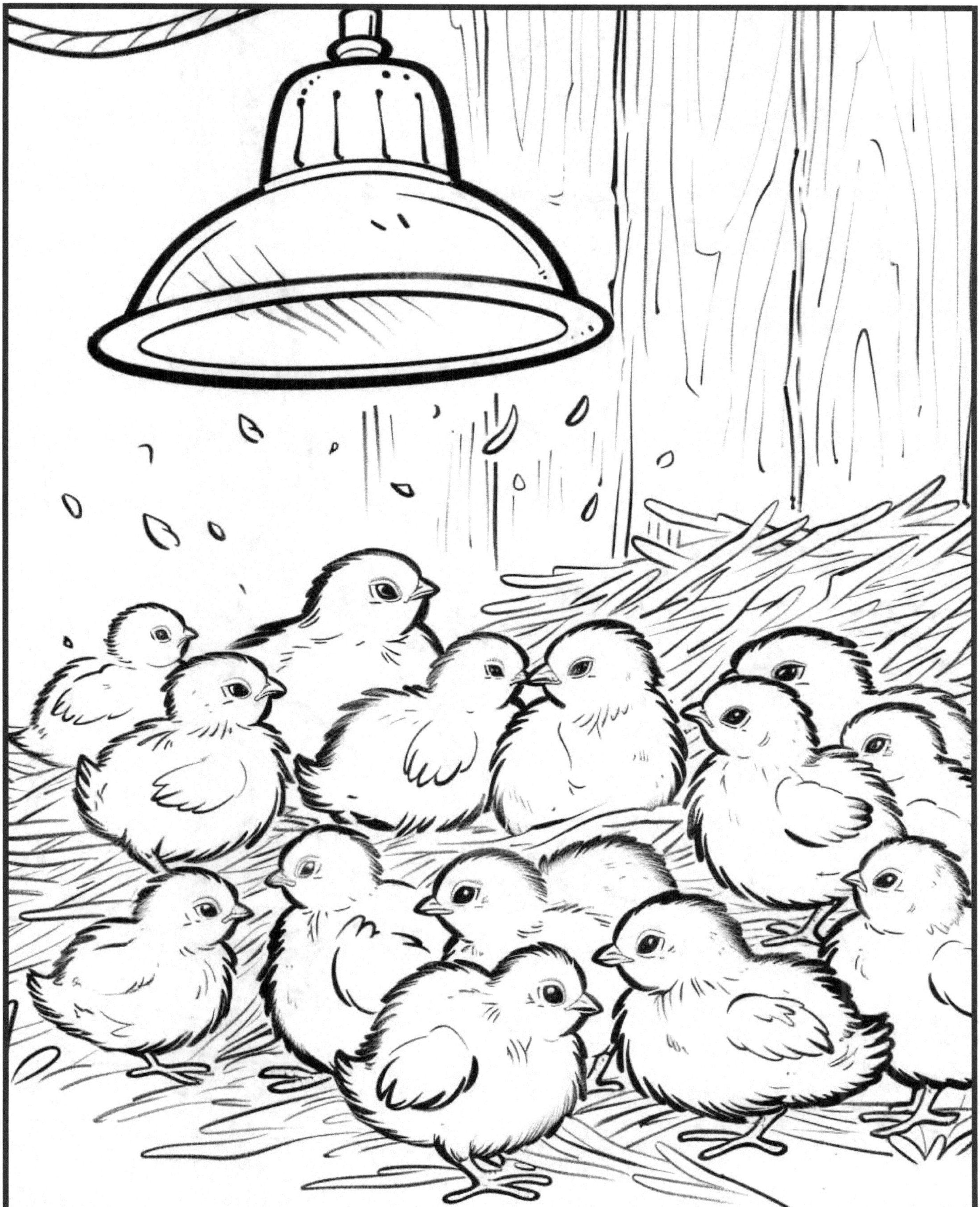

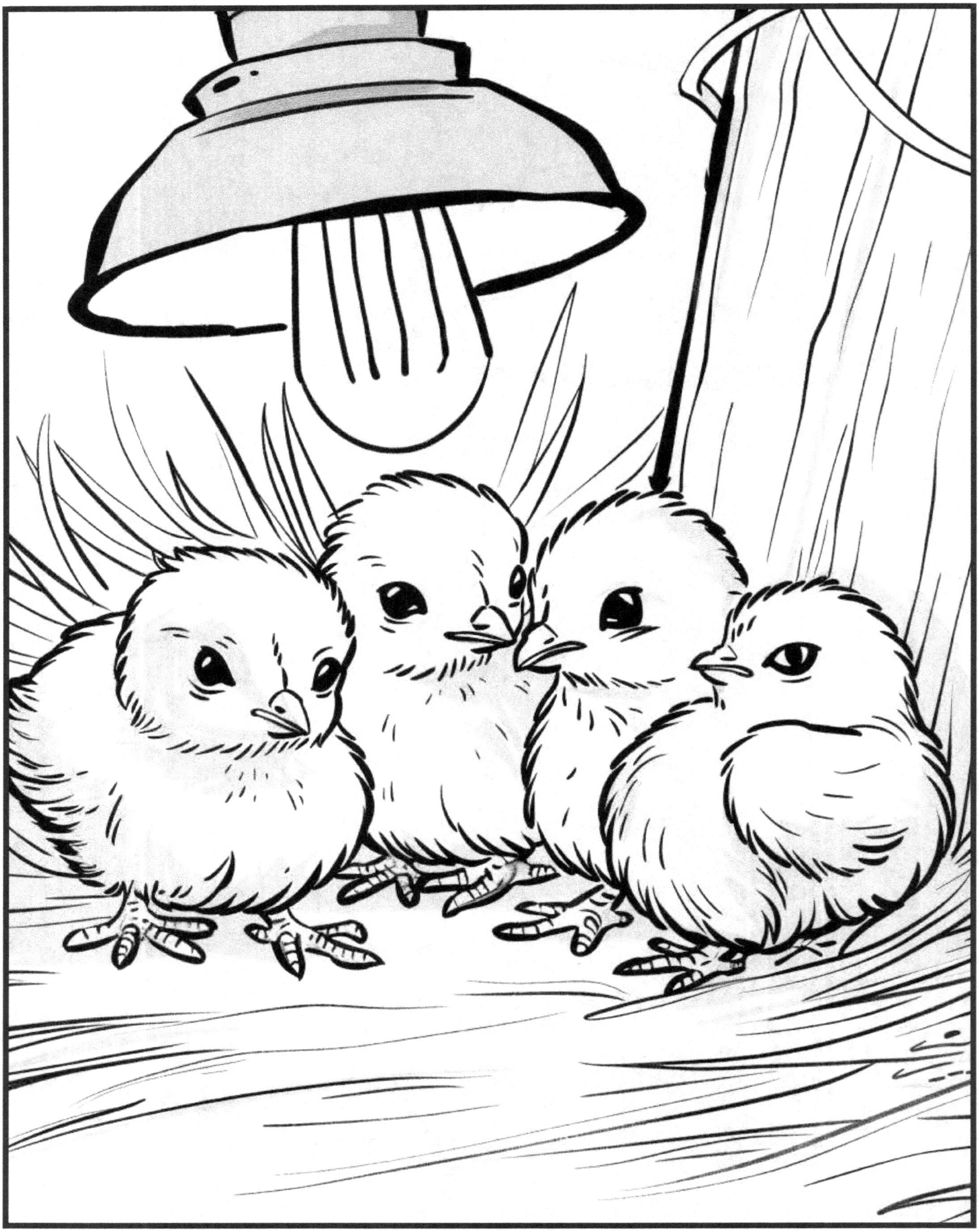

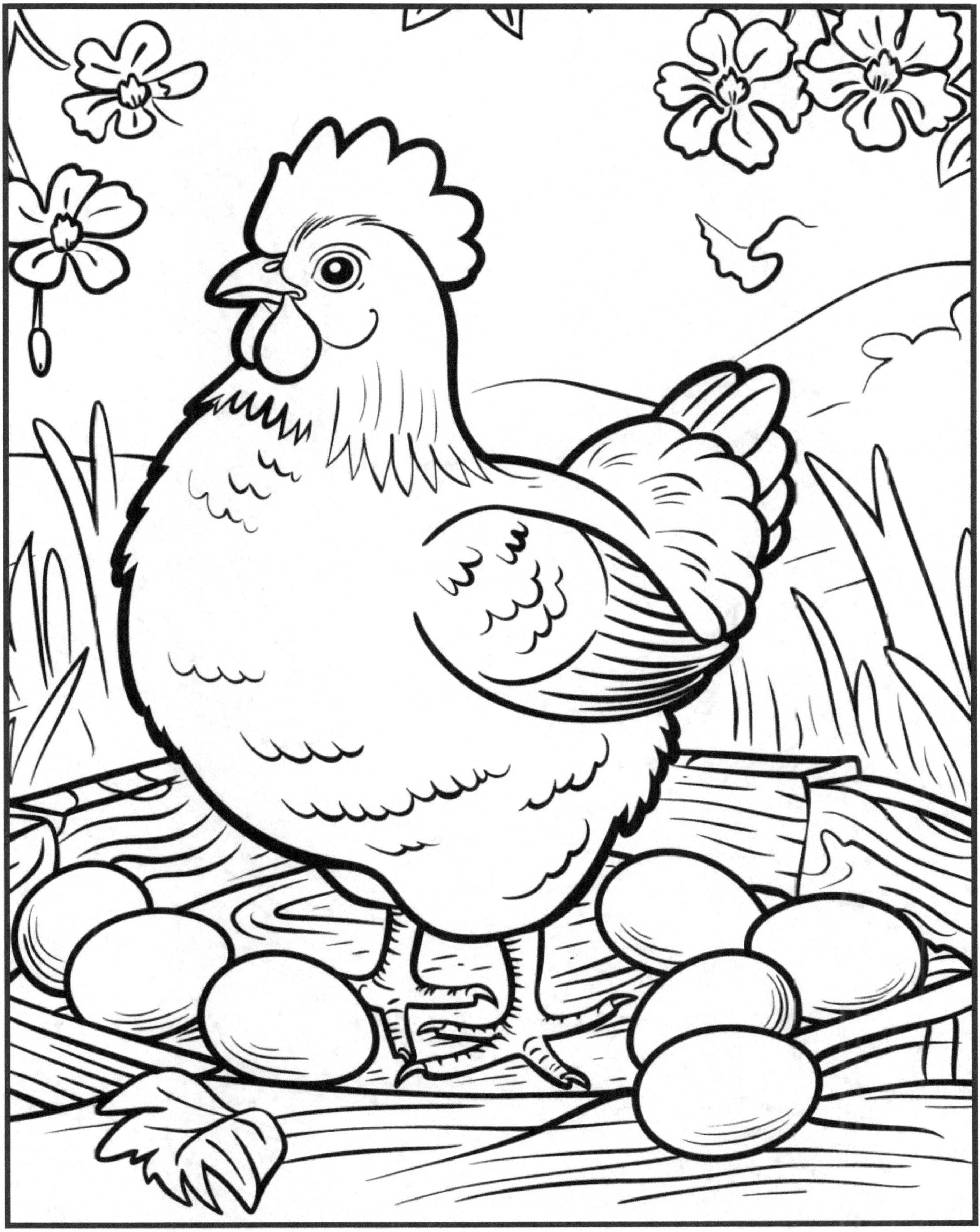

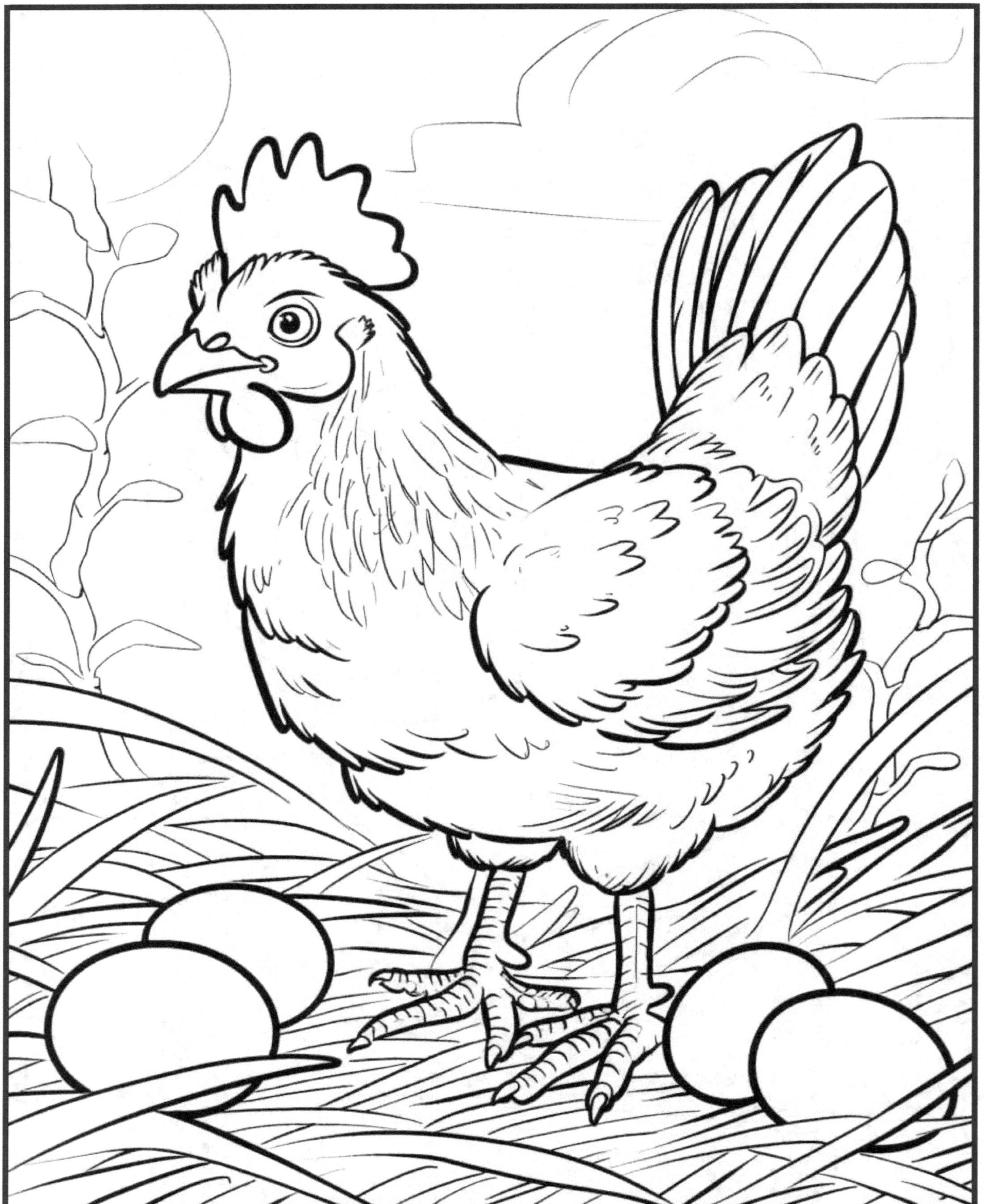

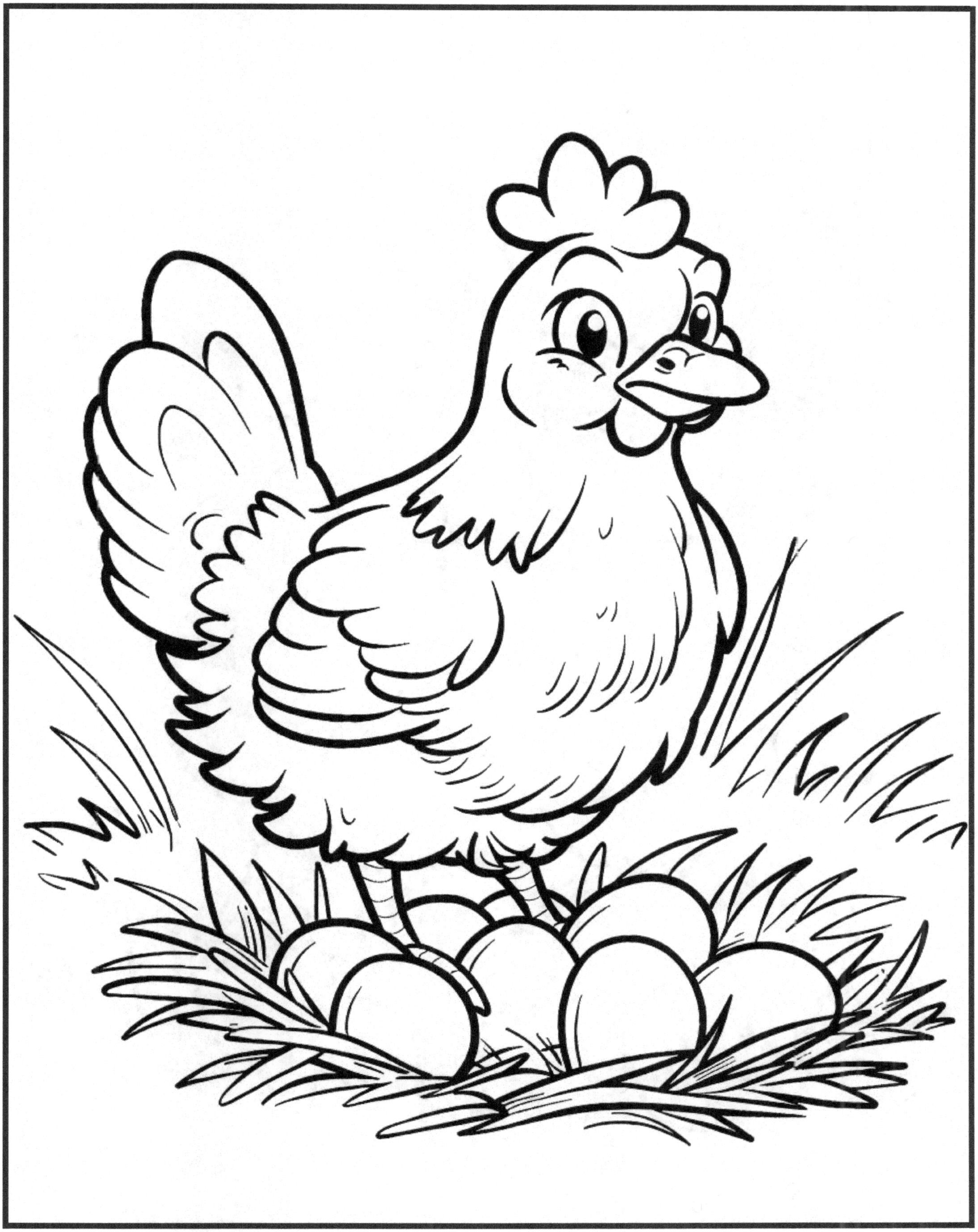

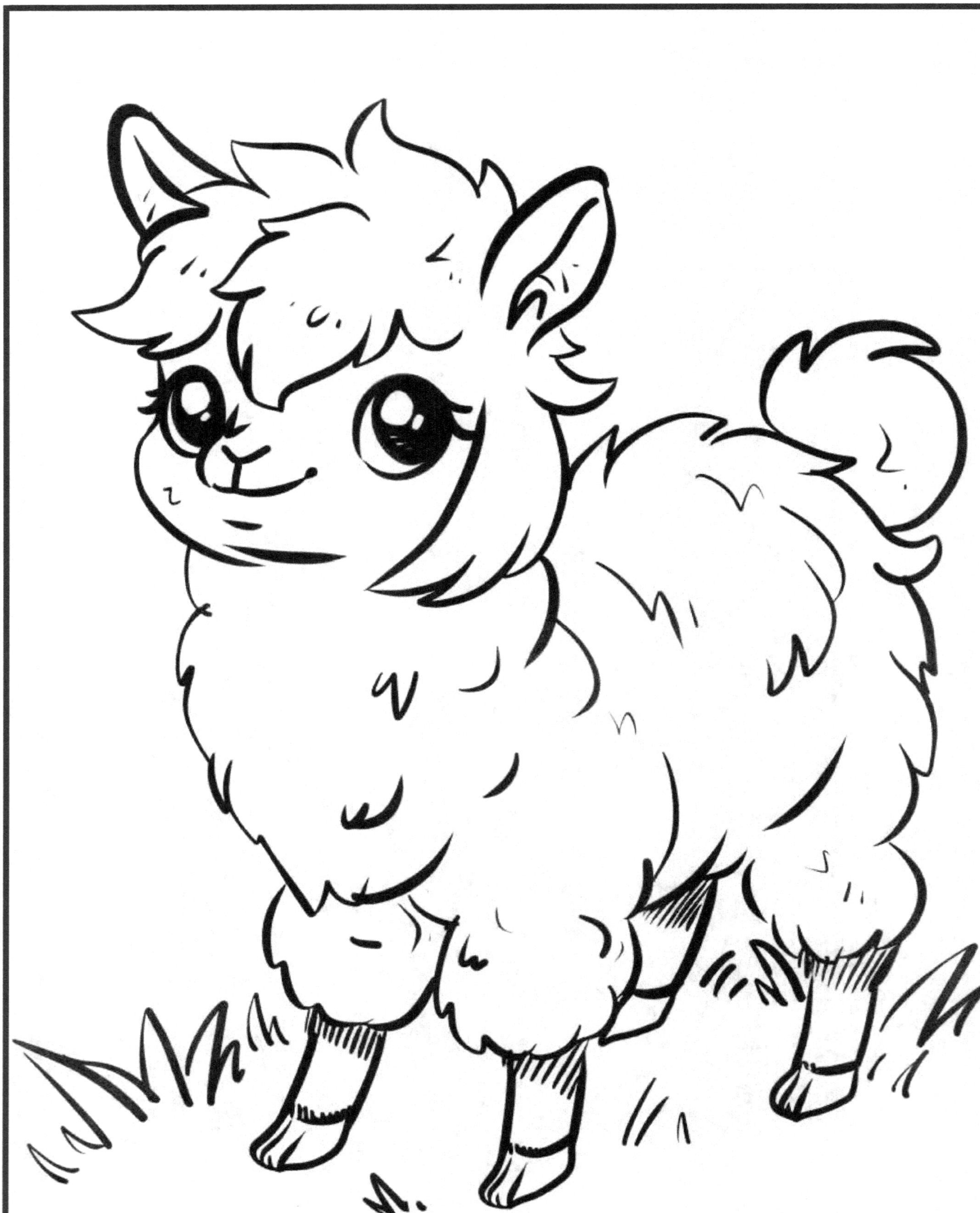

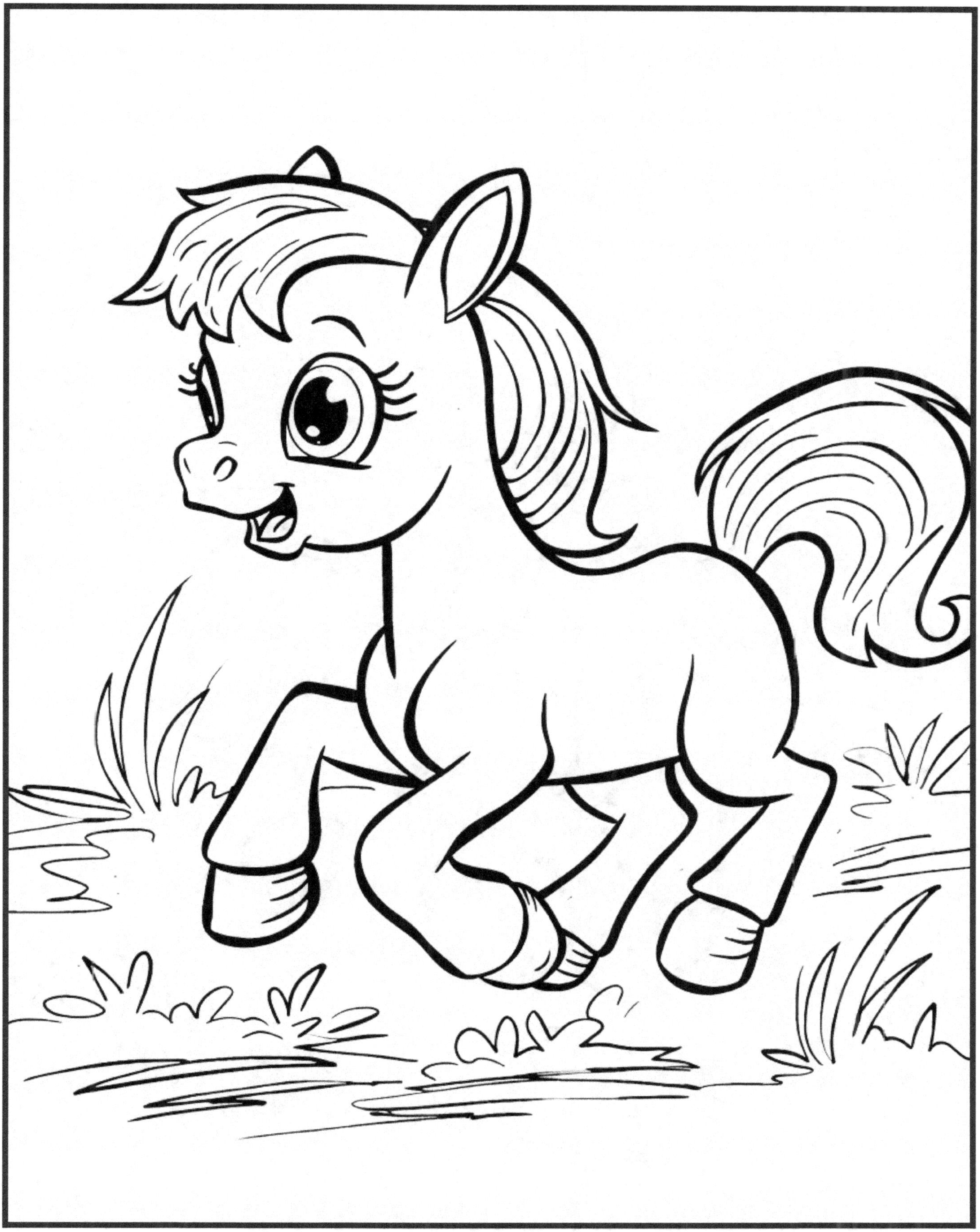

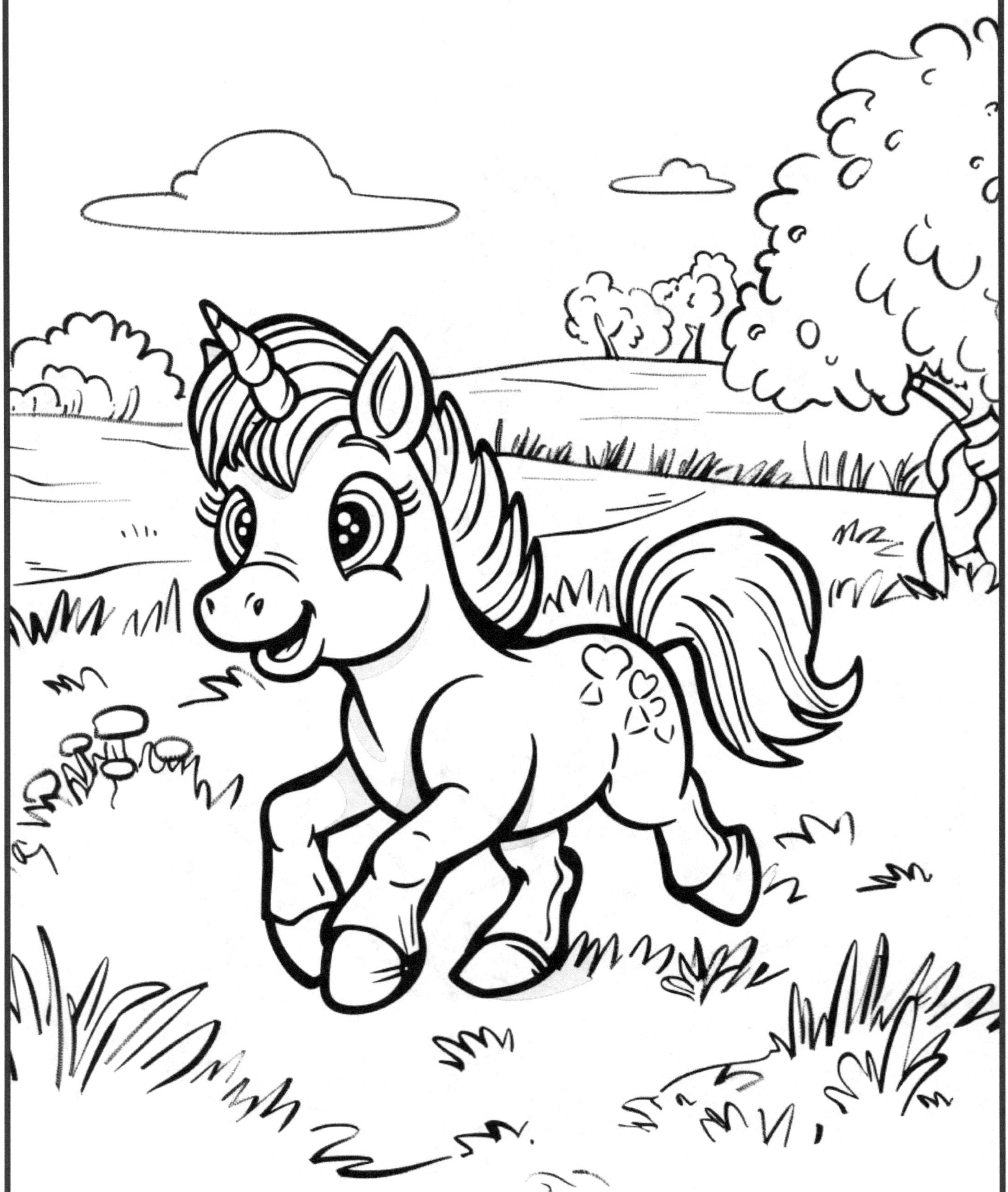

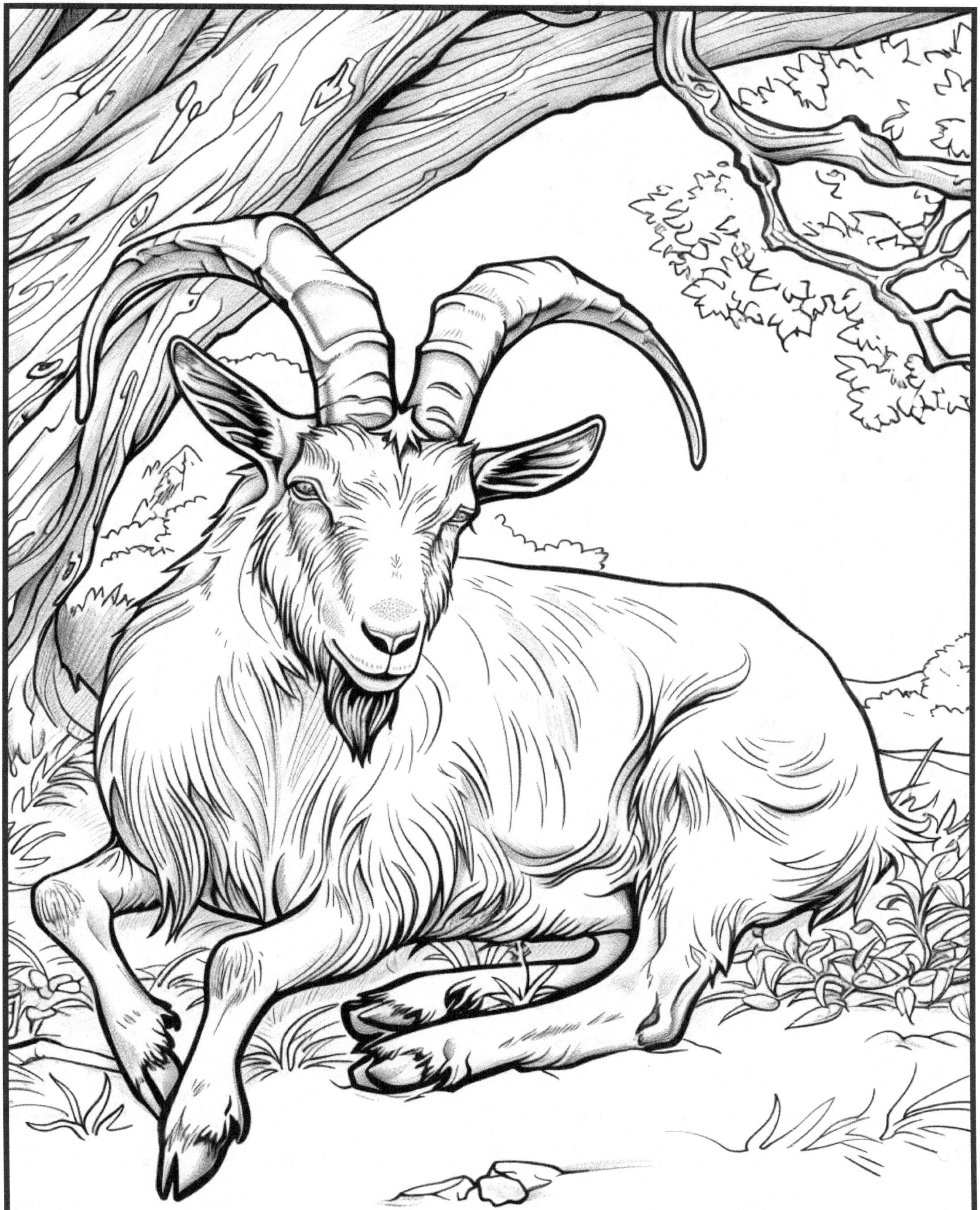

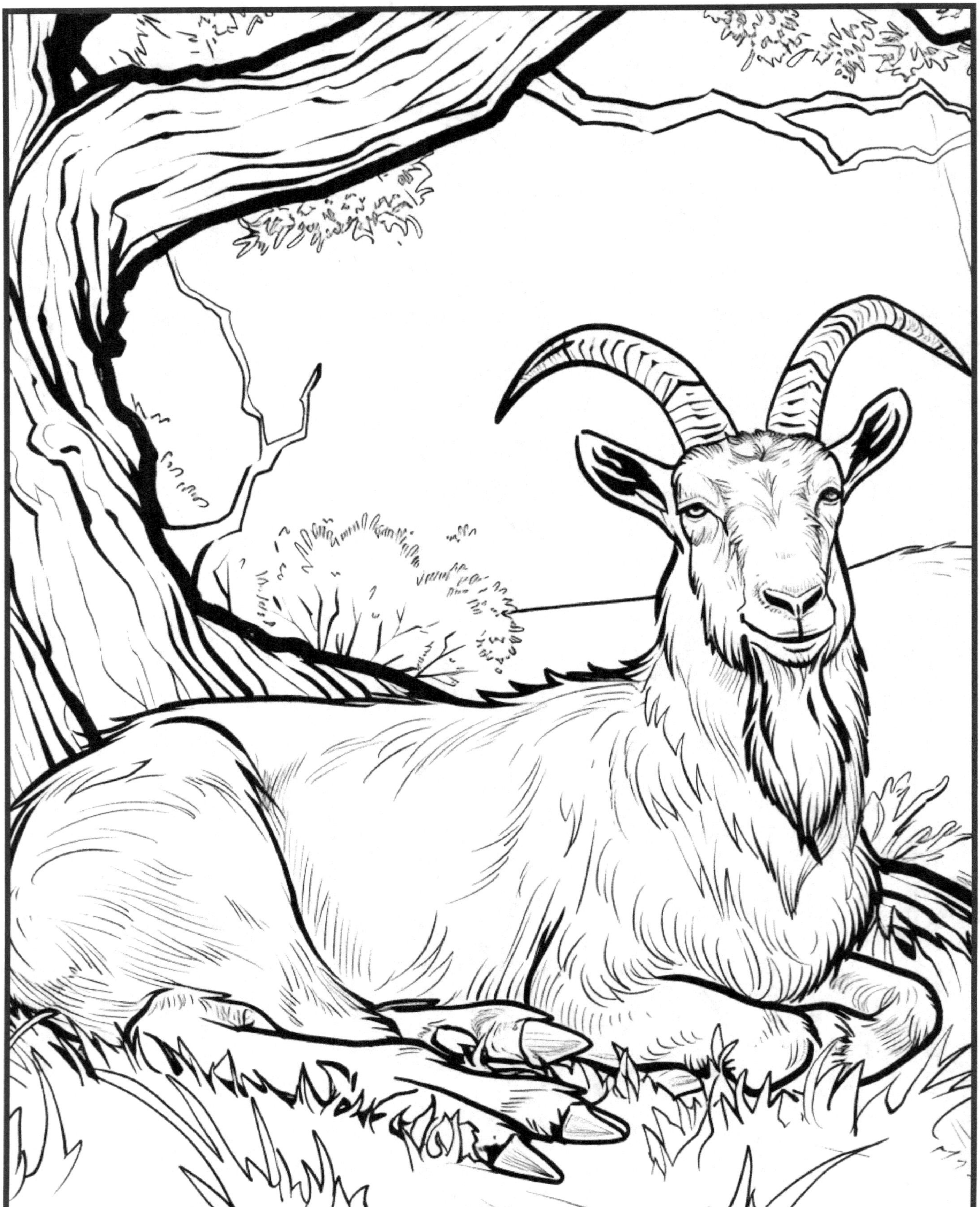

www.ingramcontent.com/pod-product-compliance
Lightning Source LLC
Chambersburg PA
CBHW062108220526
45471CB00010B/3645
9798323096091